日本語と中国語の
ヴォイス

日中対照言語学会

白帝社

刊行の辞

　地球は60億年前に誕生し、地球に生命体が誕生したのは40億年前であると言われている。生命体の誕生には宇宙から来たものと地球の海底で誕生したものとの2説がある。生命体に必要な生体分子（アミノ酸）の非対称性は、星座の円偏光によりできるので、前者が有力な説となっている。しかし、生命体の誕生に必要な生体分子（アミノ酸）がどこから来たのかは、まだ定説となるまでには至っていない。

　現代医学のDNA鑑定によれば、二足歩行の人類は350万年ほど前、生命体の誕生よりはるかに遅れ、食料の豊かなアフリカの大地に誕生する。猛獣に比べ体力的に弱小な人類は、二足歩行であるがゆえに、食糧獲得のため、空いている手により動物を殺す武器を持ち、自然発火から食事を作るために必要な火が使えるようになる。火を使って、柔らかい物が食べられるようになると、人類の口は徐々に小さくなり、多くの音を出すことができるようになる。多くの音は次第に体系化され意思を伝える声となる。声により仲間に意思が伝えられるようになると、脳がますます発達する。脳の発達に伴い会話が体系化され、仲間同士の協力体制が確立する。

　アフリカに生息する人類は160万年ほど前になると、食料確保のために移動を始める。環境の変化によって、長い年月をかけ北方に移動した人類は白人となり、アジアに移動した人類は黄色人種となり、南方に移動した人類は褐色となる。しかし、もとをただせば、私たち人類はアフリカに誕生した同一種族である。人類は人類であり、究極のところでは、人間としての上下関係はまったくなく、皮膚の色が違っても同じ人類である。

　人類は共通の言語を話せることにより、生きるために仕事をして恋愛をし結婚をする。人類同士だから、国が違っても肌の色が違っても子供が生

まれる。現代では、国際結婚をするそういう人たちがたくさんいる。彼らは各職場で活躍している。その子供たちも生活の中に複数言語を話す言語環境があることにより、一般には何か国語かを話せ、立派に成長し、世界各国で活躍している。言葉は国家や人種の壁を超え人類同士の懸け橋となっている。そうであるとすれば、言葉は同一人種や同一国家の交流だけでなく、異なる国家間や異なる人種間の懸け橋となっているとも言える。

現段階では、国際連合加盟国だけで世界に193の国がある。政治や文化の違いは、これ以上あると言えるであろう。民族や宗教が違うため、あるいは経済的利益や領土問題のため、国家間で衝突が起こる場合もある。しかし、国が違っても人種が違っても、英語圏や中国語圏などのように、それぞれ同一の言語圏であれば共通の言葉を話せることにより、会話が成り立ち、異国人・異人種同士であっても交流ができ話し合いがもたれる。異なる言語圏では、交流相手の対象言語を話す必要があれば、一方の言語を学ぶことにより会話ができるようになると、交流はますます盛んになる。現在では言葉の交流によって、多くの問題が解決できる。また、これこそが人類の知恵であり、人類の発展に大いに役立っている。

言葉の学習は実用に重点があるが、それを支える言語学は個別言語学であり、理論に重点がある。一方、外国語学習の必要性から、母国語と対照言語との異同を理解し、外国語学習に役立たせるため、それぞれの言語を対照比較する対照言語学が誕生する。対照言語学も理論に重点がある。どちらも言葉の学習には欠かせない学問であり、相補う関係にある。たとえば、古いところでは、日本には江戸時代まで形容詞という概念はなく、いまの形容詞は動詞の仲間であった。明治になると英語学の概念が入り、形容詞が独立する。連語や談話の概念も外国から導入される。言語は言語接触と言語研究とにより、両者の異同が明確になり、過不足が整理され体系化される。対照言語学は、外国人との接触と外国語学習の必要性により誕生する。現今の国際交流の発展に伴い、各国ではますます対照言語学が必要な時代になってきている。

個別言語学が重要なことは言うまでもないことであるが、対照言語学も同様に重要である。個別言語学を研究すると、母語の大きな体系が分かり、細かな研究もできるが、その特徴がどこにあるのか、なかなか分かりにくい。しかし、母語と対象語とを比較対照してみると、両者の特徴が分かり易くなる。たとえば、今回の特集となっているヴォイスの研究を例にとってみよう。日本語には能動態・受動態・使役態などによる動詞のヴォイスの体系とそれを用いる文があるが、中国語には単語レベルでのヴォイスがない。しかし、同一の現実を表す主述文・"把字句"・"被字句"などの文レベルでの言葉の体系があり、使役表現もある。両言語を対照比較すると、主述文・受身表現・使役表現は共通している。両言語を対照研究するのであれば、相違点を切り捨てるのではなく、相違点も拡大解釈し、特徴として捉える必要があるであろう。さらに、同じ主述文（能動文）・受身表現・使役表現であっても両言語が全く同じ特徴を備えているとは限らない。これらの表現に関する両言語の体系を研究することにより、日本語と中国語の異同が明らかにされる。

　中国語学と日本語学では、それぞれ独自に主述文・受身表現・使役表現などの研究が行われてきた。その研究成果は高く評価できる。これからもいっそう素晴らしい研究成果が出て来るであろう。一方では、両国民の交流と理解を深めるため、現在では両言語の対照研究を視野に入れ、両言語の異同を明らかにし、両言語の学習と研究にいっそう役立たせる必要のある時代が訪れていると言えるであろう。本特集号の論文の中にも、そのような意味での優れた研究成果が多々ある。世界のグローバル化を推進するためにも、日中対照言語学会は大きな責任の一翼を担っているのである。

日中対照言語学会理事長
高橋弥守彦
2012年9月16日
西台自宅

目　次

刊行の辞　i

[特別寄稿]

日中対照研究「ヴォイス」― 受身を中心として ―……　中島悦子　1

ヴォイスの中核とその周辺――新しい文法研究をめざして――
………………………………………………………………　田中寛　20

[日中対照研究]

"被字句"と対応する日本語について …………………　高橋弥守彦　39

日本語の受身文に対応する中国語について ……………　張岩紅　66

使役表現の教え方と日本語訳について ……………………　竹島毅　82

日本語の受身文と中国語の受身文 …………………………　李所成　100

日汉语被动句识解对比研究 …………………………………　王黎今　115

中日同形語と受身 ……………………………………………　何宝年　128

日本語の格と中国語の介詞構造―「デ格」と"被（bèi）"構造の関係―
………………………………………………………………　廖郁雯　147

［日本語研究］

使役動詞を条件節述語とする文の意味と機能 ………… 早津恵美子　167

日本語における「有対自動詞」のヴォイス性に関する考察
　………………………………………………………… 姚　艶玲　191

［中国語研究］

汉语句式系统的认知类型学的分类——兼论汉语语态问题 ‥ 张　　黎　211

"把"構文について ………………………………………… 続　三義　230

汉语被动句研究说略 ……………………………………… 尹　洪波　252

中国語の"被留学"について ……………………………… 王　学群　269

編集後記 …………………………………………………………………　283

英文目次 …………………………………………………………………　284

執筆者紹介 ………………………………………………………………　286

日中対照研究「ヴォイス」
― 受身を中心として ―

A Japanese-Chinese Contrastive Study on the "Voice"
―Centering on the Passive Voice―

中島　悦子
NAKAJIMA Etuko

要旨　ヴォイスの中で特に受身を中心として日中対照を行った。『暗夜行路』を資料に、日本語の直接受身文および間接受身文に対応する中国語を分析したところ、直接受身文との対応においては「被」受身文との対応率が非常に低く、その多くが他動詞文や自動詞文、語彙的受身との対応或いは無対応であった。間接受身文に関しては中国語では成立しないといわれているが、中国語においても日本語の間接受身文と同様の構文的特徴をもつ、目的語が文中に残る受身文や自動詞の受身文が成立する場合があり、その成立条件を仮説として提起した。

キーワード：　直接受身文、「被」受身文、他動詞文、自動詞文、語彙的受身、無対応、間接受身文、目的語が文中に残る受身、自動詞の受身

目次
1. はじめに
2. 受身と日中対照
3. 直接受身と日中対照
4. 間接受身と日中対照
5. おわりに

1. はじめに

次の(1)は日本語の自動詞「ぬれる」を「ぬれられる」とした中国人の日本語学習者の誤用例（Cは中国語、Jは日本語、＊は非文）である。

(1) a C：　雨把衣服淋湿了。
　　　J：　雨が衣服をぬらした。
　　b C：　衣服被雨淋湿了。
　　　J：＊衣服が雨にぬれられた。

(1)aの日本語の他動詞「ぬらす」に対応する自動詞「ぬれる」は、中国語ではbCのように受身文で対応する。従って、(1)bJの「ぬれる」を「ぬれられる」とした中国語話者の誤用は、他動詞文に対応する自動詞文ではなく、受身文（"被雨淋湿了"）としての理解から生じた誤用であろう。

(2)は『暗夜行路』の自発に対応する中国語訳（孫日明他訳）である。

(2) J：　彼にはしみじみさう思はれるのだった。
　　C：　他不禁盼望秋天快点到来。

「彼にはしみじみ思はれる」という日本語の自発文は、中国語では"他不禁盼望"（彼が思わず思う）という基本文（元の文即ち他動詞文）で対応している。「思はれる」を「思う」とした自発の非用（水谷1985）である。

自・他の対応や自発は、日本語ではヴォイスとして文法的に確立しているが、中国語ではヴォイスのカテゴリーとして確立していないようだ。

本稿では寺村（1982）や益岡・田窪（1989）等の先行研究を踏まえ、ヴォイスを次のように定義する。ヴォイスとは、動詞の形態的変化に伴って起こる格形式の規則的な交替現象であり、同一の事象内容を2つの異なった視点から述べる文法機能である。受身、使役、可能、自発、自・他の対応は相関関係にあり、ヴォイスが関わる表現形態に位置づけられる。

(3) a　太郎が計算の誤りを見つけた。
　　b　計算の誤りが（太郎によって）見つけられた。
　　c　計算の誤りが見つかった。

(3)bのように無生名詞主語の受身文は、動作主が文中に現れないことが多く、cのように他動詞文に対応する自動詞文へと連なる。他動詞文と受身文との対応は、他動詞文と自動詞文の対応の1つと考えられる。自動詞文は一種の受身文ということになり、他動詞文のみで、対応ある自動詞文がない時は受身文が自動詞文の代替をすることが多い。中国語においても同様で、事実(3)cの日本語の自動詞文に対応する中国語は、次の(4)bのように受身文となっている。

(4) a C： 太郎发现了计算中的错误。
　　　J： 太郎が計算の誤りを見つけた。
　　b C： 计算中的错误被发现了。
　　　J： 計算の誤りが見つかった。

また、例えば他動詞文と使役文との関連についていえば、

(5) a　乗客が降りる。
　　b　運転手が乗客を降りさせる。
　　c　運転手が乗客を降ろす。

(5)aの自動詞文の主語「乗客」がbの使役文でもcの他動詞文でも目的語となり、新しい主語「運転手」が現れるという構造は、使役文と対応ある他動詞文との密接な関連をうかがわせる。従って日本語では対応ある他動詞がない時は使役文が他動詞文に代替される。中国語も同様、例えば(5)cの日本語の他動詞文に対応するには、(6)bCのように使役文が代替する。

(6) a C： 乘客下车。
　　　J： 乗客が降りる。
　　b C： 司机让乘客下车。
　　　J： 運転手が乗客を降ろす。

中国人日本語学習者に起こる自・他対応、自発或いは受身、使役、可能等の誤用や非用は、日本語と中国語におけるヴォイスという文法範疇のあり方にその違いがあり、これらの諸形態がヴォイスの中の関連ある表現形態として理解されにくいところにその要因があると考えられる。

本稿は、自・他対応、受身、使役、可能、自発等ヴォイス全てを取り上げるべきであるが、紙面の都合上、受身を中心として、それに対応する中国語表現を分析する。資料は、日本語は志賀直哉の『暗夜行路』、中国語はその訳本孫日明他『暗夜行路』(漓江出版社1985)を使い、作例も加える。

2. 受身と日中対照

(7) J： 私は母に烈しく打たれた。
    C： 我被母亲狠狠地打了。

日本語も中国語も動作の受け手「受動者」が主語に立ち、動作の与え手「動作主」は格助詞の「ニ」、介詞の"被"を伴って文中に移動するという受身文の構造は変わらない。中国語の受身の表示形式は"被"の他に"让""给"等があるが、ここでは一括して「被」受身文（木村1992参照）と呼ぶ。一般に日本語と中国語の受身文の対応は、(7)のような例が典型であるが、実際は日本語の受身文に対応する中国語表現にはいろいろある。

(8) J： 茶碗がわられた。
    C： 碗打碎了。

受身文は、話し手の視点が動作の与え手「動作主」よりも、動作の受け手「受動者」にあるため、通常は日中両語とも「動作主」が文中にない(8)のようなものが多い。(8)の日本語の動作主のない受身文に対応するのは、中国語では"被"のない、いわゆる意味受身文（自然被動文）である。大河内(1983)では題述文とされるが、自動詞文とも解釈できる。「"被"＋動作主」が文中に現れないこと、他動詞能動文の目的語が主語の位置に立つところから、形態的には日本語の自動詞文と変わらない。

(9) J： 私は母に死なれた。
    C： ＊我被母亲死了。
(10) J： 母に死なれてから、此記憶は急に明瞭(はっきり)してきた。
    C： 母亲死后，这个记忆忽然由模糊转为清晰。

日本語の自動詞の受身は、中国語では(9)Cのように受身としては成立し

ないという。(10)の「母に死なれてから」という自動詞の受身文は、中国語では"母亲死后"（母が死んでから）と、元の自動詞文に改まっている。
　次の(11)は、日本語では目的語が文中に残る受身文であるが、中国語では他動詞文で対応している。
　　(11) J ： その男に罪の秘密を握られてゐる。
　　　　 C ： 这个男人抓住了她的秘密的把柄。
　次の(12)は、日本語の受身文が中国語では"受"等の動詞を用いる（これらを語彙的受身と呼ぶ）ことによって対応している。
　　(12) J ： 親類縁者からも甚く怨まれ、…
　　　　 C ： 受到亲戚朋友的埋怨，…
　一般に日本語の受身文は、例えば(7)が直接受身、(9)が間接受身と2分類され、中国語の「被」受身文は、直接受身文に対応し、間接受身文とは対応しないというのが定説である。そこでまず直接受身文に中国語がどう対応し、次に「被」受身文に日本語がどう対応しているのかを見る。

3.　直接受身と日中対照

表1　『暗夜行路』における日本語の直接受身文と対応する中国語表現

日本語	中国語		
直接受身文：299例	i. 「被」受身文：	98例	32.8%
	ii. 他動詞文：	69例	23.1%
	iii. 自動詞文：	29例	9.7%
	iv. 語彙的受身文：	32例	10.7%
	v. 無対応：	71例	23.7%

表2　『暗夜行路』における中国語の「被」受身文と対応する日本語表現

中国語	日本語		
「被」受身文：120例	i. 直接受身文：	98例	81.7%
	ii. 他動詞文：	3例	2.5%
	iii. 自動詞文：	6例	5.0%
	iv. 無対応：	13例	10.8%

　表1によると、日本語の直接受身文に対応する「被」受身文の比率は高

くなく、他動詞文や無対応の比率とあまり変わらない。他方、表2のように中国語の「被」受身文のほうから日本語を眺めると、高率で直接受身文と対応している。

3.1 日本語の直接受身文と対応する中国語表現
3.1.1 「被」受身文

「被」受身文は、日本語の直接受身文299例中98例、32.8%を占め、1位である。"被""让""给"等によって表示される「被」受身文は、中国語では典型的な受身文としてよく知られるところであり、簡単に説明する。

3.1.1.1 「被」受身文

"被"受身文は81例、27.1%の比率で、受身表示形式の中では一番多い。

(13) J： 本統に散散に叱られちゃったわ。
　　 C： 我被狠很地骂了一顿。
(14) J： 彼は其人に惹きつけられた。
　　 C： 他被这女人吸引住了。
(15) J： 注連縄は自然に断られる。
　　 C： 草绳自然被他砍断。

"被"は本来「被害」「迷惑」の意を表し、(13)のように好ましくない事象を述べるのが本来の用法とされる。しかし、好ましい事象を表す(14)の受身や(15)の非情の受身もその比率は低いが訳文に見られる。

3.1.1.2 「让」「给」受身文

"让"受身文が7例、2.2%、"给"受身文は3例、0.9%と極めて少ない。

(16) J： 若し此事が松山様に知れでもしたら…
　　 C： 要是此事让松山先生知道的话，…

"让"も"被"同様本来は被害を表す事象に使われるといわれる。但し、"被"受身文と異なる点は、"让"受身文が"让"の後に動作主を必須の要素として要求するのに対して、"被"受身文は必ずしも"被"の後に動作主を要求せず、省略できるという点である。例えば、(16)の動作主"松山先生"を省略した次の(17)の"让"受身文は成立しない。

(17) ＊要是此事让知道的话，…
(18) J：　さういふ点からも阪口はすっかり圧迫されて了った。
　　　C：　从这点上，阪口也完全给吓住了。
(18)の"给"受身文は"被"受身文と同じく、"给吓住了"とあるように、必ずしも"给"の後に動作主を必要とせず、動詞に直接できる。

3.1.2　他動詞文

日本語の直接受身文が中国語では他動詞文として対応するものは69例、23.1％ある。他動詞文と直接受身文の対応は同じ事象を2つの異なった視点から述べる関係にある。話し手の視点が動作主に置かれる表現が他動詞文、受動者に置かれる表現が直接受身文である。日中の2言語間の他動詞文と直接受身文も規則的な対応をなすと考えられる。

(19) J：　私は事事に叱られた。
　　　C：　她常常骂我。

(19)は、日本語では直接受身文、中国語では他動詞文が選択されている。日本語は、話し手である「私」に視点を置き、「私」の立場から述べている故、直接受身文が選択されている。中国語は文中にない動作主を補ってまで、動作主に視点を置き、他動詞文に訳している。"她常常骂我"（母が事事に私を叱った）という事実をそのまま客観的に述べている。日本語は「話し手中心主義」の言語、中国語は「事実中心主義」の言語であるといえる。

次の複文における直接受身文も、中国語では他動詞文に訳されている。

(20) J：　十一時頃ボーイに起こされ、尾道で下車した。
　　　C：　乗务员叫醒了他，他在尾道下了车。

日本語は文の結合上、前件を直接受身文にすることによって前件の主語と後件の主語の同一性が保たれる。話し手である「私」に視点を置いて、その視点を固定させるという同一主語固定の意識が日本語には働いている。中国語は「ボーイが彼を起こした」という事実をそのまま描写するから、前件は"乗务员"を主語とし、後件は"他"を主語とする他動詞文である。

3.1.3 無対応

受身の型として対応のない無対応は71例、23.7％もあり、2位である。

(21) J: 少しもそれに致命的な要素は含まれて居ないのだ。

　　 C: 这并没有任何致命的因素。

(21)の「含まれていない」は"没有"（ない）と、文法的には対応しない。

3.1.4 自動詞文

(22) J: 彼は一寸気持を乱された。

　　 C: 他的心情有点儿乱了。

(22)の中国語"乱"は"了"を伴って自動詞として、日本語の受身形「乱される」に対応している。他動詞文に対する自動詞文は、一種の受身文であるから、自動詞文も規則的な対応があると考える。

3.1.5 語彙的受身

現代日本語において受身を表す形式には、能動態と受動態の対立を示す他に、単に語彙的な対立を示すものがある。例えば

(23) a　先生が太郎に高い評価を与えた。

　　 b　太郎が先生から高い評価を受けた。

a文とb文はその知的同義性において等価である。ただa文は動作の与え手である「先生」を主語とし、b文は動作の受け手である「太郎」を主語とする。a文とb文との対立は、動詞の語形が異なる点を除けば、能動態と受動態の対立と同じ特徴を示す。即ち、「与える」という動詞は視点が「与え手」にあることを表し、「受ける」という動詞は視点が「受け手」にあることを表す。この「受け手」に視点を置く動詞を用いて受身を表す形式を「語彙的受身」と呼ぶ（村木1983の「迂言的うけみ」に相当する）。

(24) a　太郎が先生から高い評価を受けた。

　　 b　太郎が先生から高く評価された。

(24) aの「受ける」という動詞は、「ラレル」付加がないにもかかわらず、「評価を」という補足成分をとると、bの「評価される」と同義となり、動詞それ自体に受動が含意される受動的動詞ということになる（杉本1991

では受動詞と呼ぶ）。中国語においても"受""挨"等の動詞を用いて受身の意を表すものがあり、日本語と同様、語彙的受身と呼ぶことにする。

(25) J： 親類縁者からも甚く怨まれ、…
　　　C： 还受到亲戚朋友的埋怨，…
(26) J： 思ひ切り泣くか、怒られるか、打たれるか何かそんな事でもなければ、どうにも気持が変へられなくなって居た。
　　　C： 总之，除非我大哭一场，或是挨一顿骂，挨一顿打，否则，我的心情无论如何是改变不了的。

(25)の"受到埋怨"（怨みを受ける）は「怨まれる」に対応する。(26)の"挨一顿骂"は「怒られる」、"挨一顿打"は「打たれる」に対応するが、"挨"は「ひどいめにあう」（呂 1983）という語義通り、述語動詞に一定の制約があり、"骂""打"等のような被害の意のものに限定されるようだ。

3.2　「被」受身文と対応する日本語の非受身文
3.2.1　無対応
(27) J： …何時か此噂も評判となった。
　　　C： 不知什么时候，这一消息被传开了。

中国語は"被传开了"（評判が伝えられた）と、"被"受身文が日本語の非受身文「評判となった」に対応しているもので、無対応とする。

3.2.2　自動詞文
(28) J： 恰度張切ったゴム糸が切れて戻るやうに…
　　　C： 它们象绷紧的猴皮筋被扯断了似地又返回他身边。

中国語は"被"受身文（"被扯断了"）が自動詞「切れる」に対応する。

3.2.3　他動詞文
中国語は"被"受身文が日本語の他動詞文に対応している。
(29) J： 山本の家には謙作達がチャボと渾名して居た小さくて、頑固で、気の強い、年寄りの三太夫がゐた。
　　　C： 家中有一个被谦作弟兄们叫做"挨脚鸡"的矮小，顽固，铁面无情的老管家。

4. 間接受身と日中対照

(30) a 太郎は子供に夜中に泣かれた。
　　b ＊子供が夜中に太郎を泣いた。
　　c ［太郎は［子供が夜中に泣く］られた］

(30) a の間接受身文は、c のように「子供が夜中に泣く」という自動詞文を補文とする構造である。補文の主語「子供」に「ニ」が付加され、主文には補文にはない第三者「太郎」が新しく主語として関与する。主文主語「太郎」が補文の事象からその影響を被害として被るという意味である。

(31) a 私は隣家に二階家を建てられた。
　　b ［私は［隣家が二階家を建てる］られた］

(31) a の間接受身文は、b のように「隣家が二階家を建てる」という他動詞文を補文とし、補文にはない第三者「私」が主文主語として関与する。その意味は、主文主語「私」が補文の事象から被害的影響を受けたということである。他動詞文の目的語がそのまま受身文中に残る構文である。

中国語では、(30)のような自動詞の受身（「太郎は子供に夜中に泣かれた」）や(31)のような目的語が文中に残る受身文（「私は隣家に二階家を建てられた」）は成立しないといわれる。それでは日本語の間接受身文に中国語はどのように対応するのか、次に考察する。

4.1 日本語の間接受身文と対応する中国語表現

『暗夜行路』によると、受身総計335例中（直接受身299例）、間接受身は36例、11％を占め、中国語と次のように対応している。

表3　『暗夜行路』における日本語の間接受身文と対応する中国語表現

日本語	中国語	
間接受身文　36例	i. "被"受身文	9例
	ii. 他動詞文	10例
	iii. 自動詞文	6例
	iv. 無対応	11例

無対応とは受身の型としては対応がないものである。(32)の日本語「持

って行かれる」に対応する中国語は"消失"であるから、対応がない。
(32) J： 彼は自分の普段の気分を根こそぎ何処かへ持って行かれたやうな気がした。
　　　 C： 他感到自己平素具有的气质已全部消失。
次の(33)の日本語の間接受身文は中国語では他動詞文に訳されている。
(33) J： 其男に罪の秘密を握られてゐるので離れられないのだと言ふ事だった。
　　　 C： 听说是这个男人抓住了她的秘密的把柄，她没有办法离开他。
日本語の「其男に罪の秘密を握られてゐる」という目的語が文中に残る間接受身文は、中国語訳では、"这个男人抓住了她的秘密的把柄"（其男が秘密の弱みを握っている）というように、他動詞文に変わっている。
自動詞の受身は、中国語では受動化されず、元の自動詞文に訳されている。
(34) J： 余り烈しく泣かれる時に謙作は思はずこんな独りごとを言ふ。
　　　 C： 婴儿哭得很厉害时，谦作不由自主地这样自言自语。
(35) J： 兄の世話になってゐたが、最近それにも死なれ、
　　　 C： 由哥哥照看她。最近，她哥哥也死了。
(34)の自動詞の受身「泣かれる」に対応する中国語は、動作主"婴儿"を主語に補って、"婴儿哭"（赤ん坊が泣く）となり、(35)の「それにも死なれ」は、"她哥哥也死了"（兄も死んだ）となっているように、それぞれ元の自動詞文に改まっている。

以上、間接受身文が中国語では非受身文に訳されている例で、総計36例中27例、75％もある。残りの25％は、"被"受身文に訳されている。
(36) J： お父さんに家をつぶされたのは竹さんが子供の時ですからね。
　　　 C： 家财被他父亲荡尽的时候他还是个孩子。
(36)の日本語の間接受身文「お父さんに家をつぶされた」は、中国語では"家财被他父亲荡尽"（家がお父さんにつぶされる）となっている。間接受身文なら目的語の位置に立つべき"家财"を主語の位置に繰り上げ、直接受身文に変えている。これは間接受身文に対応しているとはいえない。

中国語では間接受身文は成立し得ないように思われる。しかし中国語にも、日本語の間接受身文と同様の構文的特徴を示す受身、即ち目的語をそのまま文中に残し、新たに第三の名詞が主語として関与する受身がある。

4.2 中国語における目的語が文中に残る受身

次の"被"受身文は日本語の間接受身文と同様の構文的特徴を示している。

(37) J： この嵐の夜に子供を死神にとられる曲は今の場合聴きたくなかった。

　　 C： 这支描写在一个狂风暴雨的夜晚被死神夺去孩子的曲子，他是不想听的。

(37)の日本語「子供を死神にとられる」は、目的語がそのまま文中に残っており、補文にはない第三の主語が補文「死神が子供をとる」という事象を被害として被るという間接受身文である。この間接受身文「子供を死神にとられる」の中国語訳は"被死神夺去孩子"（死神に子供をとられる）とあるように、動詞"夺去"（とる）の後に目的語"孩子"（子供）がそのまま残っている。直接受身文なら主語の位置に立つべき"孩子"（子供）が、そのまま目的語の位置にあり、日本語の間接受身文の構造と変わらない。中国語においても、目的語がそのまま文中に残る受身文が日本語の間接受身文と構文的に類似する形で成立しているのである。

中国語に間接受身文が成立するという指摘は、既に大河内（1983）にあり、古くは旧白話小説に出現するという。大河内（1983）は次の例を挙げ、

(38) 被我咬断绳索，到得这里。（私に縄を咬み切られて、ここに来る羽目になった）

動詞の後に目的語"绳索"を残し、文頭に迷惑を受ける間接受動者が予測されている文は、間接受身文の「私ハ猫ニ魚ヲ食ベラレタ」と変わらない、と説明する。

しかし、原文の間接受身の中国語訳で、(37)のような目的語が文中に残る受身文は僅かに数例だけで、その他の訳文は全て非受身文或いは直接受身文に改まっている。中国語においては目的語が文中に残る受身文は日本

語よりはるかに厳しい条件の下で成立しているといわざるを得ない。
　では目的語が文中に残る受身文の成立条件とは何か、次のような仮説が提起され得る。「主文の主語と補文の表す事象とが密接に関連すればするほど、目的語が文中に残る受身文は成立しやすく、関連性が弱いほど、その成立は不可能となる」という仮説である。

(39) J ：　彼は犬に手を咬まれた。
　　 C ：　他被狗咬伤了手。
(40) J ：　彼は犬に衣服を咬まれた。
　　 C ：　他被狗咬破了衣服。
(41) J ：　彼は犬にノートを咬まれた。
　　 C ：＊他被狗咬破了本子。

(39)Jは、補文の「犬が彼の手を咬んだ」という成分から、所有者「彼」を分離して、主文の主語に据えた受身である。これは奥津（1983）のいわゆる所有者分離の受身である。「彼」と「手」とは不可分離所有の関係にある。「彼は犬に手を咬まれた」が表す動作は「彼は犬に咬まれた」ことを含意することであって、「犬が咬む」行為と主文主語「彼」との間には密接な関連性が認められる。中国語も同様に解釈できる。"手"は"他"（彼）の身体の一部で、"他"（彼）と"手"とは不可分離所有の関係にある。"他被狗咬伤了手"の表す動作は、"他被狗咬伤了"の表す事柄を含意し、主文の主語"他"（彼）と補文の表す事象との間には密接な関連性が見られる。従って目的語が文中に残る受身が文法的に成立することになる。(40)Cも同様に解釈される。一方、(41)Cが非文法的なのは、主文主語"他"（彼）と補文の事象との間に直接的な関連性が認められないからである。

(42) J ：　私は太郎に衣服を破られた。
　　 C ：　我被太郎撕破了衣服。
(43) J ：　私は太郎に手紙を破られた。
　　 C ：＊我被太郎撕破了信。
(44) J ：　私は太郎に障子を破られた。

C：　＊我被太郎撕破了纸拉门。

　主文主語と補文の事象の関連性が弱いものほど、その成立は不可能となっている。(43)C、(44)Cが非文法的なのは、主文主語"我"（私）と補文の目的語"信"（手紙）、"纸拉门"（障子）との関連性が弱いことによる。"我"（私）と"衣服"のように所有者と所有物の関係が成り立つ、関連性の強い(42)Cは、文法的に成立する。中国語は主文主語と補文の表す事象との関連性が強いものほど、目的語が文中に残る受身が可能となっている。

4.3　自動詞の受身と日中対照

　柴谷（1978）は、間接受身文における「ニ」付加は直接受身文における「ニ」付加とは異なるとして、次の例を挙げ、

　(45) a　私は母に（病気で）死なれた。

　　　 b　［私［母　死ぬ］（ら）れた］

　「母」は動作主ではなく、「死ぬ」という動詞の表す状態変化の対象である。間接受身は対象名詞句「母」も「ニ」を伴って現れる。この間接受身に起こる「ニ」は、直接受身の「ニ」のような動作主や目標を表示する「ニ」ではなく、「雨に濡れる」のような作用の由来を示す「ニ」と意味的に近い。間接受身の「ニ」は間接的影響の「由来」を表す、と説明している。この柴谷の指摘は本稿の考察に誠に示唆的であり、啓発的である。

　日本語の自動詞の受身に対応する中国語が元の自動詞文に訳されていることは既に見た。では自動詞の受身は中国語では成立し得ないのだろうか。

4.4　中国語における自動詞の受身

　大河内（1983）は、中国語においても自動詞の受身が成立する場合が例外として2つあるという。その1は、"看见"（見える）、"听见"（聞こえる）のような一部の知覚動詞（この他動詞形は"看"（見る）、"听"（聞く）に成立するとして、次の例を挙げている。

　(46)　这一切是被道旁的树木看见了的。（このすべては道傍の樹に見られてしまった）

　その2は、囲碁などの解説において"被"を使うものが多いとして、次

の例が挙がっている。

(47) 被白棋活了，黒地是六目。（白石に生きられると黒石は六目だ）

　さて大河内の指摘以外にも、中国語に自動詞の受身が成立する場合がある。以下の例を見られたい。

(48) a C：＊夜里我被婴儿哭了。
　　　J：　私は夜中に赤ん坊に泣かれた。
　　b C：　夜里我被婴儿哭得睡不着觉。
　　　J：　私は夜中に赤ん坊に泣かれて眠れなかった。

(49) a C：＊我被孩子吵了。
　　　J：　私は子供に騒がれた。
　　b C：　我被孩子吵得头也痛了。
　　　J：　私は子供に騒がれて頭が痛くなった。

　(48)の"哭"（泣く）、(49)の"吵"（騒ぐ）のような自動詞は、aＣ文では受身文として成立しないが、ｂＣ文では自動詞の受身として成立する。

　中国語に成立する自動詞の受身は、上例の(48)ｂＣ、(49)ｂＣのように、数例散見するだけであるが、問題はこのような構文がなぜ成立可能なのかという点にある。

　ところで、受身文の成立条件の１つに結果表現の関与が指摘されている（木村1979、1992参照）。例えば、

(50) a C：＊门被太郎推了。
　　　J：　ドアが太郎によって押された。
　　b C：　门被太郎推开了。
　　　J：　ドアが太郎によって押しひらかれた。

　ａＣの単独の動詞"推"から成る受身文が非文法的なのに対して、ｂＣの受身文の文法性は動詞"推"に結果動詞"开"の付加した"推开"による。ａＣ文が非文法的なのは、主語の対象名詞句"门"への直接的動作を表す"推"だけでは、その動きの結果、変化した"门"の状態は記述できないからである。"推"した結果、被る対象の変化は結果動詞"开"による。

また、杉村（1981）の指摘にもあるが、次のような数量詞も結果表現の1つである。

(51) a Ｃ：？门被太郎敲了。
　　　Ｊ：　ドアが太郎によってたたかれた。
　　b Ｃ：　门被太郎敲了两下。
　　　Ｊ：　ドアが太郎によって2度たたかれた。

　(51) aＣの不自然さも、bＣのように"两下"（2度）と、数量詞を加えることで解消される。対象に対する働きかけのみを表す"敲"（たたく）だけでは受身文としては成立しにくく、数量詞を加えることで動作に具体性を与えることになり、結果として被る影響を表し得る。

　さらに、助詞"得"を伴ういわゆる「様態補語」（"得"補語と呼ぶ。以下同様）も結果表現が可能である。

(52) a Ｃ：＊杯子被太郎摔了。
　　　Ｊ：　コップが太郎によって割られた。
　　b Ｃ：　杯子被太郎摔得粉碎。
　　　Ｊ；　コップが太郎によってこなごなに割られた。

　(52) aＣのように、主語に立つ対象名詞句"杯子"（コップ）に対する動作主"太郎"の"摔"（割る）という行為の記述だけでは受身文として成り立たない。bＣのように、対象名詞句"杯子"（コップ）が"摔"（割る）という行為を受けた結果、変化した状態が"得"補語（"得粉碎"）という形式で示されることによって、受身文として成立している。本稿ではこの種の"得"補語は結果表現の1つであると考える。

　この"得"補語については、木村（1992）において次のような指摘がある。木村は注記の中で「助詞の"得"に伴われる形の『様態補語』にも結果を表す種類のものがある（ex."桌子叫小王拍得咚咚响"［テーブルが王君にたたかれてトントン鳴った］）。本稿では、『結果補語』の枠をやや広めにとり、この種の様態補語もそこに含めて考えている。」と述べている。

　中国語文法では、助詞"得"に程度或いは結果を表す補語が接続する形

式を「様態補語」と呼んでおり、劉他（1991）によると、様態補語を含む文の中には、その述語動詞或いは形容詞がしばしば原因を表し、"得"の後の補語が結果—すなわち動作や状況が動作の仕手（当事者）または受け手に何らかの様態を出現させることを表すものがある、と説明される。

　以上、中国語の受身文成立に、結果動詞、数量詞、"得"補語等の結果表現が極めて密接に関与することを見た。この中国語の受身文において果たされる結果表現、特に"得"補語の関与は、本稿の自動詞の受身成立の仮説とも関連してくる。

　前述したように、(48) a C、(49) a Cの自動詞の受身が非文法的であるのに対して、(48) b Cは"得睡不着觉"、(49) b Cは"得头也痛了"と、結果を表す"得"補語が付加されることによって、文法的な自動詞の受身文になり得ている。b C文はいずれも、主文主語"我"（私）が補文"嬰儿哭"（赤ん坊が泣く）、"孩子吵"（子供が騒ぐ）という事態から影響を受け、その受けた影響の結果が"得"補語で示されている。前件の"被"に導かれる事態は「原因」としての役割を担い、後件の"得"に導かれる補語は「結果」の役割を担うものということになる。中国語における自動詞の受身は、前件が間接的影響の「原因」を表す"被"による表示、後件が「結果」を表す"得"補語による表示の場合、極めて稀に成立することもあり得る。

5.　おわりに

　日本語と中国語の受身表現の対照はその多くが直接受身文に関してであって、間接受身文に関しては殆ど言及されてこなかったようだ。本稿では直接受身文の対照に関しても、資料とした『暗夜行路』によれば、典型的な「被」受身文との対応率は非常に低く、その多くが他動詞文や自動詞文、語彙的受身文との対応であることを指摘した。

　また、間接受身文に関しては中国語では成立しないというのがこれまでの定説であるが、本稿では、中国語においても日本語の間接受身文と同様の構文的特徴を示す受身、即ち目的語が文中に残る受身文や自動詞の受身

文が成立する場合があることを指摘し、その成立条件とは何かという仮説を提起した。但し、目的語が文中に残る受身文や自動詞の受身文の成立については、動詞個々の性質を踏まえた分析の必要性が今後の課題となろう。

引用・参考文献

相原茂他　　　　（1987）『中国語入門Q＆A101』大修館書店
石堅・王建康　（1983）「日中同形語における文法的ズレ」『日本語・中国語対応表現用例集Ⅴ』日本語と中国語対照研究会編
鵜殿倫次　　　（1982）「北京語動詞の自動・他動とアスペクト辞の働き」『愛知県立大学外国語学部紀要』15
大河内康憲　　（1974）「被動が成立する基礎」『中国語学』220
大河内康憲　　（1982）「中国語の受身」『講座日本語学10』明治書院
大河内康憲　　（1982）「中国語構文論の基礎」『講座日本語学10』明治書院
大河内康憲　　（1983）「日・中語の被動表現」『日本語学』4月号　明治書院
奥津敬一郎　　（1967）「自動化・他動化および両極化―自他動詞の対応―」『国語学』70
奥津敬一郎　　（1983）「不可分離所有と所有者移動―視点の立場から―」『都大論究』20号
木村英樹　　　（1979）「「被動」と「結果」」『日本語と中国語の対照研究』第5号　日本語と中国語対照研究会編
木村英樹　　　（1992）「BEI受身文の意味と構造」『中国語』6月号　内山書店
久野　暲　　　（1983）『新日本文法研究』大修館書店
香坂順一　　　（1959）「自然的被動というもの―碗打破了のしめくくり」『人文研究』
柴谷方良　　　（1978）『日本語の分析』大修館書店
柴谷方良　　　（1982）「ヴォイス―日本語・英語―」『講座日本語学』「外国語との対照1」明治書院
杉村博文　　　（1981）「被動と「結果」拾遺」『日本語と中国語の対照研究』第7号　日本語と中国語対照研究会編
杉本　武　　　（1991）「ニ格をとる自動詞―準他動詞と受動詞―」『日本語のヴォイスと他動性』くろしお出版
寺村秀夫　　　（1982）『日本語のシンタクスと意味Ⅰ』くろしお出版
豊嶋裕子　　　（1989）「受け身を表す"挨"にかんして」『中国語学』236　中国語学会
藤堂明保・相原茂（1985）『新訂中国語概論』大修館書店

中島悦子　　　　（2007）『日中対照研究　ヴォイス―自・他の対応・受身・使役・可能・自発―』おうふう

仁田義雄他　　　（1991）『日本語のヴォイスと他動性』くろしお出版

益岡隆志・田窪行則（1989）『基礎日本語文法』くろしお出版

松下大三郎　　　（1930）『標準日本口語法』中文館書店　復刊『増補校訂標準日本語文法』（1977）勉誠社

水谷信子　　　　（1985）『日英比較　話しことばの文法』くろしお出版

村木新次郎　　　（1983）「迂言的うけみ表現」国立国語研究報告74『研究報告集4』国立国語研究所

本居春庭　　　　（1828）『詞通路』島田昌彦解説『勉誠社文庫25, 26』（1997）勉誠社　『本居宣長全集第11巻』（1902）吉川弘文館

望月八十吉　　　（1982）「日本語から中国語を眺める―その２―」『日本語と中国語の対照研究』第8号　日本語と中国語対照研究会編

望月圭子　　　　（1990）「日・中両語の結果を表す複合動詞」『東京外国語大学論集40』

望月圭子　　　　（1991）「中国語の受動文」『言語研究1』東京外国語大学語学研究所

山田孝雄　　　　（1936）『日本文法學概論』宝文館

楊凱栄　　　　　（1989）「文法の対照的研究―中国語と日本語―」『講座日本語と日本語教育』第5巻　日本語の文法・文体（下）明治書院

刘月华他　　　　（1988）『現代中国語文法総覧（上）』相原茂訳　くろしお出版

刘月华他　　　　（1991）『現代中国語文法総覧（下）』相原茂訳　くろしお出版

吕叔湘　　　　　（1980）『现代汉语八百词』商務院书馆　菱沼透、牛島徳次訳『現代中国語用法辞典』（1983）現代出版

付記　本稿は、拙著『日中対照研究　ヴォイス―自・他の対応・受身・使役・可能・自発―』（2007）の一部を基にした、日中対照言語学会第23回大会特別講演「日中対照研究『ヴォイス』―受身を中心として―」（2010.5.23）に加筆・修正を加えたものである。なお、講演の際にいただいた中国語学研究者および日本語学研究者の方々のご教示に深く感謝を申し上げます。

ヴォイスの中核とその周辺
―― 新しい文法研究をめざして ――

On the Meaning of Voice and Other Related Issues
— In Search of New Approach to Grammar —

田中　寛
TANAKA Hiroshi

要旨　現代日本語のヴォイスの諸相を主要な用法ごとに新しい観点から見直しを行い、文法研究に寄与する枠組みを提示した。ヴォイスは主体と語り手の交差する磁場から、さまざまな意味を派生させる。そこにはフィルターとしての認知が重要な意味をもつ。本稿では受身、使役、授受、授受の表現形式を取り上げ、語彙的用法として従来、見過ごされがちな慣用的な表現、さらにヴォイスの文末形式に焦点を当て、教学に寄与するアプローチを解説する。

【キーワード】 中核と周辺、受身、使役、やりもらい（授受）、可能・自発

目次
1．はじめに
2．「退学を余儀なくされる」――〈受身〉の諸問題
3．「(世間を) お騒がせしてすみません」――〈使役〉の諸問題
4．「野菜はじっくり煮込んでやります」――〈やりもらい(授受)〉の諸問題
5．「もたついた感はいなめない」――〈可能・自発〉の諸問題
6．おわりに

1．はじめに

　ヴォイスは文の基幹構造として格関係、テンス・アスペクトとともに重

要な領域をなすが、文法カテゴリからみればヴォイスは肯否やテンス、丁寧さの一般的カテゴリとは性格を異にする。これまで数多い研究の蓄積の一方で、その本質と輪郭（領域）、中核と周辺、相互の関係はそれほど明らかにはされていない。すなわちヴォイスとテンス・アスペクト、ヴォイスとモダリティなどの関係性（文法カテゴリの複雑系）については多くの考察の余地がある。また、文脈（文章・談話）において、それの果たす役割、視点の移動、また言語行動や語用論の側面からヴォイスをどうとらえるのかも、新しい研究の可能性を開拓するものと思われる。さらに、日本語におけるヴォイスの研究が類型論的な研究、一般言語学の研究にどのような貢献をなしうるのか、についても今後の議論がまたれるところが大きい。最近の認知言語学的なアプローチ、さらに語用論や言語行動の側面、コミュニケーションの立場からのアプローチも研究課題の重要な部分をしめることになろう。

　本稿では現代日本語文法研究における文法カテゴリとしての受身、使役、やりもらい（授受）、可能、自発といったそれぞれのヴォイスのはらむ問題をとりあげ、新しい文法研究のあり方を模索してみたい。なかでも受身と使役、授受の内包する対称性と視点移動の問題、可能および自発にみる動詞の語彙的な意味とヴォイス全体を覆う出来(シュッタイ)の意味を再検討する。最後に言語文化論的な角度からも今後の研究課題を再考してみたい。

　まず、ヴォイスの代表格ともいえる受身の諸問題、次いで使役および使役受身、やりもらい、可能・自発の諸問題をみていくことにする。

2．「退学を余儀なくされる」──〈受身〉の諸問題

　井上ひさしは日本語の「受身」の特徴について次のように述べている。
　　(1)　「なすがまま」「なされるがまま」「自然になるようになる」といった調子で書かれているから無責任な印象を受けるのである。(略)他人事のように、あるいは宿命論者よろしく。自然可能的な受身表現でレポートを記す。(略)さて、この自然可能的な受身は、非情

の受身と同時に、明治期に西欧語の影響によって日本語へもたらされたものだ。(略)(傍点、引用者)

(「受身上手はいつからなのか」『私家版日本語文法』(1981:40-46))

井上は「自然可能的受身」の創出の淵源を明治の小説家たちの「西欧語」に導かれたものと考えるが、その可否はともかくとして、「自然可能的な受身が定着することで、つまりことばで、ある態度を表現することが可能になると、そういった態度をとる人間が多くなる」という記述にはもう少し注目した方がよい。「ことばが人間の生き方を逆につくりだす」ということは、人間は環境に影響されやすい一面、(その見返りとして)また環境に影響を及ぼす、環境を変える一面があることを教えているからである。

受身の出来する背景として、〈今＝ここ〉を離れない日本語の主観性によるところも、ラル・ラレルの本質として、日本語論もふくめ多くの考察がなされてきたのであるが、その生成過程についてはまだ不明なところが多々ある。また、受身への心的傾斜が日本人のナル的な発想、一種の安定結果指向にもとづくとする観点(田中 2008)もさらに議論が必要だろう。

結果事態の出来(＝出現)の姿(＝現実)を焦点的に述べる受身は、具体的な事態から抽象的な事態までさまざまである。受身には「叩かれる」「押される」の直接受身(物理的受身)や「帽子を盗まれる」「足を踏まれる」などの持ち主の受身、さらに「雨に降られる」「先に座られる」などの間接受身(迷惑の受身)、といった特徴の一方で

(2) a. 社長に**認められ**て、重役に**抜擢**された。
  b. 庭に洗濯物が**干され**ている。(cf. 干してある、干さっている)
  c. 窓に「小鳩」と**書か**れている。(cf. 書いてある、書かれてある)
  d. 時を越えて**愛される**民芸家具。

など、被害意識ではない選択的・状態的な受身が多様にあらわれる。また、文末の記述においても、客観的な説明表現が好まれる傾向(自他共有指向)がある。テイル形式をもって状態性を確保する言い方も少なくない。

(3) a. 消費者にも冷静な対応**が求められる**。

b. 今後の対応が注目されるところである。
　　c. 調査報告書の内容の信憑性が問われている。
　　d. 大会では研究発表の時間が限られている。
　　e. 永田町では次期総裁選がささやかれている。
このほか、「と考えられる」「と思われる」「とされる」「と見られる」「と見なされる」「が思い出される」「が見込まれる」「が期待される」「が予想される」「が想起される」「が悔やまれる」など、文末のモダリティの一特徴をなしている。なお、これらは自発の関連領域として後述する。
　森田良行(2006)によれば、自者の側からの事態観察、本体把握の視点が大きく、受け手の視点が日本語の発想の根源とする。個を全体の中心に据えて観察する手法である。たとえば、
　　(4) 県庁や市役所の建物も新聞社やデパートも次々に炎と煙とに包まれていくのが、ここからも手に取るようにわかった。
　　　　　　　　　　　　　　　　　　　　　　　（遠藤周作『海と毒薬』）
　　(5) 夥しい蔵書に囲まれた書斎の中にこの老人を置くと、過去の業績とその特異な風貌とが融合し、一段と権威づけられるはずだった。
　　　　　　　　　　　　　　　　　　　　　　　（松本清張『偏狂者の系譜』）
「包まれる」「覆われる」「満たされる」といった囲繞現象に顕著である。
　受身の本質を衝く一つの手がかりとして「受身専用」事態の本質、用法についての検討がある。たとえば、次のようなフレーズである。
　　(6) 悪夢にうなされる、情にほだされる、身につまされる、烙印をおされる、胸を衝かれる、度肝を抜かれる、後ろ指をさされる、苦労が報われる、命を脅かされる、常識が問われる、心が洗われる、悪夢にとりつかれる、将来が思いやられる、先を越される、気圧される、生徒に慕われる、…
これらは結果から期待を確認する、説明するといった表現で、「滝に打たれる」などのように普通は能動態を持たない。また単独では可能だが、多くが次のような形では通常はあらわれにくい。

(7) ?胸を衝く、?度肝を抜く、??後ろ指をさす、??問題にさらす、?常識を問う、?心を洗う、?烙印をおす、…

一般に語彙的なものは無情の受身である。また、述語成分としては、受身を用いることで事態認識の共有・一般化が行われる。

(8) 感染症や地球温暖化など、グローバル社会は一国では解決できない**問題**に常に**さらされている**。(朝日 2010/04/2)

(9) 原口氏らの発言には、日本版の政府系ファンド（SWF）のようなものに民間資金を動員し、政策に沿って運用したいとの思惑も**感じられる**。(朝日 2010/4/28)

(10) ゆうちょマネーの運用の多様化は、能力に応じて慎重に進めるべきだ。肥大化ありきの突進は**許されない**。(朝日 2010/4/28)

これらの表現指向は「許せない」「許してはならない」ことの全体的普遍化への関心、言い換えれば集団的認知化への関心を認めることは可能であろう。ここには評価と判断が混在し、間接的に読み手、聞き手に判断をゆだねるという特徴も見られる。特に論説文や報道文ではこの傾向が著しい。

(11) これまで国民の**目に触れなかった**予算査定の経過が全面公開されたことの意義は大きい。(朝日 2010/04/21)

　　cf. これまで国民の**目に触れられなかった**

(12) これからは低炭素時代に向けて自らの力で新たな道を切り開き、技術と創意工夫で世界を引っ張ること**が求められる**。(朝日 2010/05/02)

(13) 広汎性発達障害は脳の機能障害とされ、対人関係を築くことなどが困難だ**とされる**。(朝日 2010/04/27)

(14) 鳩山政権が平成 21 年 9 月に発足して以降、普天間問題をめぐっては、「3 つの時期」が**取りざたされた**。(日テレ News24　2010/4/30)

(15) 落ち込みかけていたところ、「子どもを見て**心を洗われた**。今週は変われる」と元気をもらった。(日刊スポーツ 2010/4/20)

この周辺には「確実視されている」など判断表現に傾斜したものもある。

(16) 今年は日本を抜いて第二の経済大国になることが**確実視されてい**

る。(朝日 2010/5/1)

次の例ではカッコ内のどちらが自然な用法だろうか。

(17) 自宅には現金が入った財布やバッグが{**残されていた**//残ッテイタ}が、私用の携帯電話がなくなっていた。部屋には激しく争った形跡はなかったが、ベランダの窓ガラスが内側から{**割れていた**//割ラレテイタ}。(朝日 2010/04/28)

「残されていた」には人為的な痕跡を認めており、「割れていた」にはそれが希薄なものとされているが、後者もまた「割られていた」のほうが自然ではないだろうか。「見込む」を用いた次の(18)(19)も比較されたい。

(18) 高速道路各社が発表した30日から来月1日にかけての高速道路下り線の渋滞予測によると、渋滞のピークは、東名高速では1日午前10時頃で、沼津インターチェンジ付近を先頭に45キロが見込まれる。(読売 2010/4/30)

(19) 全日本空輸が30日発表した10年3月期連結決算は、世界同時不況に伴う航空旅客需要の急落や新型インフルエンザの影響で、最終(当期)損益は573億円の赤字となり、前期(42億円の赤字)に続く2期連続の赤字となった。赤字幅は過去最悪。一方で11年3月期は、羽田、成田両空港の拡張による事業規模拡大や世界景気の持ち直しから、最終損益は50億円の黒字転換を見込んでいる。

(毎日 2010/4/30)

(18)は自然発生、非意志性、(19)は努力達成、意志性の所在を表している。それぞれ、「45キロを見込んでいる」は不自然だが、「黒字転換が見込まれている」は自然である。これはまた、もとの受身文は能動文に置き換えが困難で、その逆は比較的自然である、ということであろうか。さらに、(20)では「エンジンがかけられたまま」のように、やはり人為的な痕跡を認めている。「エンジンがかかったまま」では状況証拠としては不完全なのであろう。こうした状況的比較は受身文の本質を探るうえで興味深い。

(20) 日立署によると、同11時15分ごろ、女性の声で「人が倒れてい

る」と 119 番があった。約 10 分後、現場に駆け付けた署員が 2 階建てアパート 2 棟に挟まれた幅 3 メートルほどの通路上に倒れている金沢さんを発見。近くに金沢さんの軽乗用車が**エンジンがかけられたまま停められており**、同署は何者かとトラブルになって刺殺されたとみて捜査を進めていた。（毎日 2010.4.24）

  cf. **エンジンがかかったまま停まっており**

「衝動にかられる」もまた不可抗力的な受身の側面を表している。

(21) この黄色い塊を素手で思い切り摑み、ぐいと取り出してやりたい**衝動に駆られた**。（渡辺淳一『死化粧』）

最後に受身表現の定型として、「を余儀なくされる」を見ておきたい。

(22) テント生活**を余儀なくされている**住民たちは、シャワーもなく、着替え用の衣類にも事欠く状況だった。（毎日 1999/9/17）

(23) そうした権威主義的で硬直的なやり方が、市民に住民投票という最後の手段を取ること**を余儀なくさせた**。（朝日 2000/1/24）

不可抗力を表す、判断表現の一種である。「を余儀なくされる」「を余儀なくさせる」という受身、使役形のほかに、「を余儀なくさせられる」の使役受身形がある。参考までに中国語の対訳を挙げておくが、こうしたニュアンスの訳出は容易ではない。

(24) このインターネットという、家にいながらにして世界中を飛び回れるツールは、家のなかに閉じこもること**を余儀なくされてきた**人々にとって、画期的なものだろうと思う。（『五体不満足』）
 ；依靠因特网，坐在家里可以周游天下，实在是一种划时代的信息革命。

(25) ここでも宗教と同様、主義・思想は、日本社会にあっては後退**を余儀なくさせられている**。（中根千枝『タテ社会の人間関係』）
 ；在日本社会的人际关系面前，象宗教那样的主义和思想只得退居次要地位。

「させられる」のほうが、被害を受けたという心情をより前面に押し出したかたちになっている。被害にはこうした無常観、諦念、停滞といった気

分が漂っているようである。
　「歴史に翻弄される」というとき、主体を超えた領域、存在をイメージする。受身にはこうした、想像的喚起力がある。以上、受身による事態の客体化、具象化、共有化について瞥見した。
　なお「名前が書いてある」「名前が書かれている」、「鍵がかかっている」「鍵がかけられている」といったアスペクトと動詞の内包する意志性の関わり、「祖母に育てられた」「祖母に育ててもらった」「祖母の手で育った」のテモラウ、自動詞との相関などの統語的特徴については割愛した。

3．「（世間を）お騒がせしてすみません」—〈使役〉の諸問題

　一般に使役は受身と比してその現れる頻度は多くはない。むしろ慣用句的な用法として、語彙的な特徴に使役表現の特徴が観察されるようである。
　(26) 懐に銃をしのばせる、手間をとらせる、風邪をこじらせる、
また、再帰動詞の使用も含め、次のような感情・感性的使役ともいうべき心理的な表現も非常に多く見られる。
　(27) 不安をつのらせる、目をしばたたせる、顔をひきつらせる、頭を悩ませる、心を凍らせる、気をもませる、世話をやかせる、ぎゃふんと言わせる、手を煩わせる、目を光らせる、精神を高ぶらせる、気持ちを奮い立たせる、声をつまらせる、足をもたつかせる、足をばたつかせる、身をよじらせる、身をくねらせる、力をみなぎさせる、犯罪をにおわせる、気を紛らわせる、神経をとがらせる、神経を高ぶらせる、表情をくもらせる、観衆をうならせる、ハラハラさせる、イライラさせる、春を感じさせる、夏を思わせる、気を落ち着かせる、額に汗をにじませる、不安をのぞかせる、声を震わせる、物を言わせる、鼻をひくひくさせる、口をゆがませる、肩をいからせる、腰をふらつかせる、小指をからませる、足音を忍ばせる、運を天に任せる、希望に胸をふくらませる、……
このなかには、身体慣用句も少なくない。さらに、「一泡吹かせる」「彷彿

とさせる」などの慣用的な語構成にも注意したい。この延長に考えられる、附帯、様態修飾として機能する事例をあげておく。

(28) **スカーフを春風になびかせながら**、少女は駆けて行った。

〈評価判断を含意する使役〉として次のようなものである。

(29) a. あそこでは活きのいい江戸前の魚を**食わせてくれる**。
　　 b. あの作家の文章は**読ませる**ね。作詞した歌も**泣かせる**し。
　　 c. じっくり**聞かせる**歌といったものは少なくなった。
　　 d. **笑わせる**よ。(＝笑わずにいられない、思わず笑ってしまう)

〈放任の使役〉とは次のようなものである。

(30) a. 息子に小遣いを多めに**持っていかせる**。
　　 b. 母親はパチンコに行っている間、子どもを炎天下の車内に**寝かせておいた**。
　　 c. 泣きたいだけ**泣かせておけ**ばいい。

(31) アクセルとブレーキを同時に踏み込んだ場合、ブレーキの利きを**優先させる**「ブレーキオーバーライド」装置の搭載義務化などが柱。(時事通信 2010/5/5)

(32) 公園の遊具で転落事故が起きた自治体では、地面にゴムマットを敷いたり、階段に手すりをつけたりといった対策を**実現させている**。(朝日 2010/4/20)

また、使役には〈過失の使役〉とでもいうべき行為が観察される。

(33) アイスランドの火山が噴き出した大量の灰は欧州の空港を軒並み閉鎖に追い込み、世界中で航空便を**大混乱に陥らせた**。(朝日 2010/4/21)

(34) …同署幹部によると、2人は07年11月3日夜、乗務していた神戸発羽田行きのスカイマーク114便(乗員乗客190人)が羽田空港に着陸する際、機内サービス用カート(重さ約44キロ)を**固定させなかった**結果、カートが動きだして乗客の男性2人にぶつかり、右足骨折などの**重軽傷を負わせた**疑い。(読売 2010/4/30)

(35) 沖縄に**期待だけさせておいて**、ひざ詰めで交渉するような誠意を

みせなかった鳩山政権のやり方に愛想を尽かしたあらわれと見るべきだ。沖縄にはもはや現行計画はもちろん、県内移設を受け入れる余地はない。(朝日 2010/5/3)

次は料理の場面での使役表現の例である。

(36) そして煮汁のほうへホウ酸を入れ、砂糖を入れて**ひと煮立ちさせ**て砂糖が溶けたら、バニラエッセンス、ホワイトリカーを入れて火を止め出来上がりです。(林望『音の晩餐』「黒豆ジュース」)

さらに、「戦争で息子を死なせる」、「傷を負わせる」、「ブランクを感じさせないピッチング」、「有無を言わせない強引な駆け引き」なども、〈不可抗力的な使役〉の性格を表す。

こうした特徴が構文的に生かされたものとして「ずにはおかない」「ずにはすまない」があげられる。(37),(38)では参考までに中国語訳を示した。

(37) キリスト教がシナにはいると儒教化する仰向を持つとするならば、マルクシズム、馬克思主義も儒教化**せずにはおかない**だろう。

(『マッテオ・リッチ伝)』

；如果说基督教传入中国则有儒教化的倾向，那么马克思主义也将<u>不得不使</u>自己儒教化。

(38) むき出しの性欲描写、酒や食べ物に燃やす異常な執着は、読む者の目をそむけ**させずにはおかない**ものがある。(『近代作家入門』)

；毫不掩饰的性欲描写，异乎寻常地贪恋酒食，确实使读者<u>不忍于看</u>下去。

「ずにはすまない」が主体的な意図を有するのに対して、「ずにはおかない」は外部からの影響を受けた事態である。

(39) a. 不祥事を起こした政治家は、辞職**せずにはすまなく**なった。
　　 b. 会社の全員が参加するのだから、私も行か**ないではすまない**。

「ないではすまない」「ずにはすまない」は、また「ないではすまされない」「ずにはすまされない」のような使役受身の形もとる。

連体修飾構造と条件文、原因理由文との相関について述べておく。(40)

では使役文であったのが、条件文、原因理由文では自動詞表現となる。

 (40) 1917年3月、突如ロシアで起こった革命は帝政ロマノフ王朝**を崩壊させ、**(『中国共産党を作った13人』)
  ;突如ロシアで革命が起こると、帝政ロマノフ王朝**は崩壊し、**(条件文)
  ;突如ロシアで革命が起こった**ため**、帝政ロマノフ王朝**は崩壊し、**(原因理由文)

このほか、「10年の交際を実らせる＞10年の交際が実る」、「病院までタクシーを走らせる＞タクシーで急ぐ」など、心情的、意図的な使役といったものもあるが、別の考察の機会にゆずる。

4．「野菜はじっくり煮込んでやります」——〈やりもらい(授受)〉の諸問題

〈やりもらい〉の研究は待遇レベルという上下関係、ウチとソトの関係など、さまざまな因子をはらみ、相応の研究が蓄積されている。事物や事柄の移動という本質的な性格と同時に、この構文にしばられた意味領域も大きな検討課題である。再検討するにあたっては、これまであまり気づかれなかった特徴をできるだけ挙げてみるのが常套である。

たとえば、次のような料理のレシピには「ていただきたい」「てくれる」「てやる」などがあらわれている。

 (41) 甘さは各人の好みに従うけれど、概して甘みは極く軽いのがイギリス式の本格であることを肝に銘じて**頂きたい**。しかし、この最初に粉末を少しの牛乳で溶く時だけは、どういうわけか砂糖を入れないとうまく溶け**てくれない**のである。…(中略)…これがよく溶けたなら、残っている牛乳のほうに戻し**てやる**。
     (林望『音の晩餐』「ブレッド・ン・カスタード」)
 (42) 煮込むときにしょうゆとニンニクを入れ**てやれば**中華風になるし、ワインで煮込めば洋風となる。(同「豚のスペアリブ」)

また、「てやる」は意志ないし衝動を表す。ここには授受の本質的な意味は

見られない。

 (43) けれどどうせ死ぬのなら思い切って、わし掴みにしてでも心残りなく抉り出して**やりたかった**。(渡辺淳一『死化粧』)

 (44) この黄色い塊を素手で思い切り掴み、ぐいと取り出して**やりたい**衝動に駆られた。(渡辺淳一『死化粧』)

「てもらう」「させてもらう、させていただく」は、授受表現の定型で、多くの分析がなされているのでここでは省略する。受身と授受、授受と使役の相関をあげるにとどめる

 (45) a. 祖母に育ててもらった＞育てられた、

   b. 妹に手伝ってもらった＞妹に手伝わせた

 (46) a. これで発表を終わらせていただきます。

   b. 大切なことは自分で決めさせてもらいたい。

   c. 両親に頼んで留学させてもらった。

「ご/お〜いただく」「お/ご〜いただける」(待遇可能)「させていただく」という言い方もまた、常用表現である。

 (47) a. 商品到着後に現金にて**お支払いいただきます**。

   b. 快適な旅を**お楽しみ頂ける**大韓航空のビジネスクラスプラン。

   c. 繁忙期は対象外と**させていただく**場合があります。

「ていただく」「てくれる」「てもらう」の用法は以下のようである。

 (48) 安心してご旅行をし**ていただく**ため、お客様にご自身で海外旅行傷害保険に加入されることをおすすめいたします。(旅行社パンフ)

 (49) 国民の皆様も納得し**てくれる**ものと思います。(朝日 2010/5/12)

 (50) 何度質問しても国民に信用し**てもらえない**という事実の重みを、首相はこの機会に深刻に受け止めるべきだ。(朝日 2010/4/27)

「てもらう」は指示表現として、分担での働きかけの意味を有する。

 (51) あなたにはこの部屋を掃除してもらいます。

さらに、「友達にお金を出させる」「友達にお金を出してもらう」といった使役と授受構文との相関、論説文や報道文における「てもらいたい」「てほ

しい」については多くの問題と研究の観点をはらんでおり、割愛する。

5．「もたついた感はいなめない」——〈可能〉・〈自発〉の諸問題

　現代日本語の可能表現の分布を観察するとき、「ことができる」に代表される大きな枠組み（複合辞）とともに、同語反復的な形態を呈する。

　　(52) a. **書ける**<u>ものなら</u>、書いてみたい
　　　　 b. 書こ<u>うにも</u>**書きようがない**
　　　　 c. いくら<u>食べても</u>**食べきれない**
　　　　 d. 住も<u>うと思えば</u>**住めないものでもない**
　　　　 e. 買う<u>に</u>**買えない**、泣く<u>に</u>**泣けない**

目的「ように」と変化「ようになる」と相関関係にあるものも見られる。

　　(53) a. **書けるように**(なるまで)練習する　　　（目的、目標）
　　　　 b. 練習して**書けるようになる**　　　　　（変化、習得）

なお、補助動詞的に用いる「(し) 得る」「(し) 得ない」「(し) かねる」「(し) かねない」については別途考察が必要である。

　以下では用例とともに、＜語彙的な不可能表現＞を瞥見する。

〈欠かせない〉

　動詞「欠く」の可能形は理屈上、「欠ける」だが、集中力を欠く、集中力が欠ける、のように自動詞での用法とも見なされる。「欠かせない」は一種の形容詞的な語彙で、「必要だ」に言い換えられる。形容詞としての振舞いには次のように修飾用法として観察される。

　　(54) 低コストの運営に走るあまり、万が一にも安全運航に**欠かせない**
　　　　投資を切りつめることがあってはならない。（朝日 2007.8.21）

この場合、「に欠かせない」のようにニ格をとるのが一般である。次は文末述語にあらわれる「欠かせない」を見てみよう。

　　(55) 事件を徹底的に解明するのは当然だが、なぜ未然に防げなかったのか、その究明も**欠かせない**。（朝日 2007/8/23）
　　(56) 何を引き継ぎ何を改めるか。ここでも基本政権の吟味は**欠かせな**

い。(朝日 2007/8/26)

「努力」「吟味」などの語彙との共起が観察された。(57)は補文を受ける例である。

　(57) 天下りをなくすには、定年まで働ける制度をつくる**ことが欠かせない**。(朝日 2007/8/12)

「必要だ」「不可欠だ」という意味。「なければならない」に準ずるような、一種の警告、助言的な意図をもって発せられる。とくに、目的節「ようにするには」「ためには」のように主題化した場合にあらわれやすいという統語的な特徴がある。

〈否めない〉〈否定できない〉

一種の評価判断成分として機能する。「否定できる」は稀少である。

　(58) 一方で、前内閣から留任した閣僚は甘利経産相ら5人もいる。「人心を一新したい」と大見えを切ったわりに、新鮮味を欠く**のは否めない**。(朝日 2007/8/28)

　(59) 被害の広がりを早く把握し、整合的な対策を立てるのにもたついた**感は否めない**。(朝日 2010/4/21)

〈避けられない〉〈避けて通れない〉〈逃れられない〉

　これも必然性をあらわす。「必至である」などと同義である。

　(60) 司法機関の手で無実が証明されれば別だが、疑惑が立証されなくても汚れた印象は残る。有罪となれば新記録の正当性をめぐって混乱**は避けられない**。(朝日 2007/8/10)

　(61) 日本領海を潜水艦が侵犯したり、天然ガス田周辺で示威的と見られる行動に出たりしたこともあった。今後もさまざまな摩擦**は避けられまい**。(朝日 2007/8/31)

　(62) 少子高齢化が進み、福祉支出がふくらめば、いずれ負担増が**避けられない**。(朝日 2007/7/12)

〈見逃せない〉〈目が離せない〉

事態の重要性、切迫した状況をあらわす。カラ格も用いられる。

(63) 報道機関を調査の対象にしていた**ことも見逃せない**。（朝日 2007/6/7）

(64) なにかと存在感があるフランス。その大統領選びから**目が離せない**。（朝日 07/4/24）

〈（印象・疑念）をぬぐえない〉〈不安を隠せない〉

社会的通念としての印象や疑念が払しょくされない様子をあらわす。

(65) 中間報告は、企業や消費者に削減努力を呼びかけることに力点が置かれ、国民に丸投げしている**印象をぬぐえない**。（朝日 2007/8/11）

(66) 原因は未だ不明で地域の住民は**不安を隠せない**。（産経 2012/5/19）

〈済まされない〉〈許されない〉

「許す」の不可能動詞は「許せない」であるが、受身形をとって、不可能の意味をあらわすものである。受身形であるが、間接的に可能の打消しとみて差し支えない。

(67) 日本の銀行や証券会社もサブプライムに関連した投資をしており、「対岸の火事」**では済まされない**。（朝日 2007/8/11）

(68) この問題に決着をつけずに国会を終える**ことは許されない**。
（朝日 2007/6/8）

(67)は「ずには済まされない」の形もあり、文末の複合辞を呈する。なお、「許せない」「許されない」の選択に関しては、前者が個人的な意思介在、後者には世間一般の通念といったモーダルな意味も検討する必要がある。

〈うなずけない〉〈理解できない〉〈納得できない〉〈解せない〉

想定外にある事態に言及する言い方で、これも一種の評価判断成分として機能する。

(69) 小沢代表率いる民主党の公約も「ハイそうです」**とはうなずけない**。（朝日 2007/7/12）

(70) 小沢氏がこの国会で、安倍首相との党首討論を持ちかけようとしないのも**解せない**。（朝日 2007/4.10）

(71) 突然、提案された特例法案をたった4時間の審議で事足れりというのではとても**納得できない**。（朝日 2007/6/1）

なお、「うなずく」には可能・許容表現として「うなずける」(「分からないわけでもない」) という肯定形もみられる。

　　(72) 枝野幸男行政刷新相が「政治文化の革命」と呼ぶのもうなずける。
　　　　　　　　　　　　　　　　　　　　　　　　　　（朝日 2010/04/21）

〈忘れられない〉〈計り知れない〉

　　(73) 慰安婦問題を中学校の教科書に載せたことに対し、教科書会社幹部や執筆者に脅迫状が届いたことも忘れられない。(朝日 2007.5.1)
　　(74) 消費者を裏切ったことによる経営上の損失は、とくに食品では計り知れない。(朝日 2007/8/19)

〈目が離せない〉〈手が放せない〉

　　(75) 本格的に選挙突入である。隣国の日本へはもちろん、アジア情勢にもさまざまな影響を与えるだけに目が離せない。（朝日 2007/8/21）
　　(76) 坊さんは檀家に三人死人があったとかで手が放せないと云った。どこへ行っても、てんで相手になってくれないと云う。『黒い雨』

〈言いきれない〉〈描ききれない〉〈捨てきれない〉

　　(77) 現職の圧勝をもって、必ずしも有権者は現状維持志向だとは言い切れない。(朝日 2007/4/10)
　　(78) しかし、日本では、鳩山政権が掲げる「90年比25％削減」という20年の目標への道筋すら具体的には描ききれていない。
　　　　　　　　　　　　　　　　　　　　　　　　　　（朝日 2010/5/2）

〈(驚き・同情) を禁じ得ない〉

　　(79) これほど長期かつ確実にカルテルが維持されていたとすれば、歴代担当者の引き継ぎなどを考えると、関係者は多数に上ると想像できる。この点に驚きを禁じ得ない。(毎日 1999/2/6)
　　(80) 文字通り非営利団体だけに、財政的基盤は弱く、援助を受ける立場としては同情を禁じ得ない。(毎日 1999/2/9)

こうした不可抗力を表す「虚しさがこみ上げてくるのを禁じ得ない」「こみ上げる涙を禁じえない」なども自発というカテゴリとして再検討する必要

がないだろうか。このほか「無視出来ない」「予断を許さない」「驚きを隠せない」や、複合動詞「避けて通れない」「使いこなせない」などがある。

さらに、可能には「わけにはいかない」の婉曲的な不可能表現、自発の問題としては「てならない」「ていられない」「ずにいられない」「ざるをえない」といった、表出に関わる表現も考察の対象になるだろう（田中 2010）。

また、「とは思えない」、「と思われる」（>?「と思える」）、「とは言えない」（「と言える」/「と言えよう」）などは判断系のモダリティとして考察の対象としなければならない。

(81) 人類が平等だと言えるのは、死と性病に対してだけかもしれない。
（『砂の女』）

(82) 「なるほど、君の言うように、おれは君に対して愛情深かったとは言えないかも知れない」『あした来る人』

(83) コムスンは一連の不正や厚労省の処分に対して、責任者が直接説明したり謝罪したりすることを拒んでいる。従業者２万人の大企業とはとても思えない。（朝日 2007/6/8）

(84) 玄関の石段のところには、端の方に小さく二人の女が腰をかけて頻りに話しこんでいた。どちらも被爆患者とは思われない。（『黒い雨』）

6．おわりに

本考察では駆け足で現代日本語のヴォイスの問題を概観してきたが、今後はコミュニケーションを念頭においた文法研究が複言語の交錯する社会においては当然要請されてくるだろう。ヴォイスを観念的にとらえるのではなく、「観察」と「伝達」を媒介するに「想像力」と「普遍性」という立場から、より動態的、言語行動学的にとらえていく必要がある。「想像力」と「普遍性」は並列されるものではなく、「想像力による普遍性」であるが、日本語の受身を中心とするヴォイスのとらえかた、考え方、表現心理が、言語コミュニケーションにおける人間の主体、存在をどう描くか、注目しなければならない。

しばしば「肉体を濾過された言葉」という言い方を考えるとき、観念的な言語ではなく、言語そのものを体得する、個を通して他者との関係性において存在、現象をとらえるという意味を考える必要がある。言語は眼前の事象だけでなくその背後を広く言い含める。この意味においてヴォイスはまさに、人間存在の関係性を実証する重要な手立てでもありうる。受身、使役、やりもらい（授受）、可能、自発といったヴォイスのカテゴリが、単一的な文法カテゴリから解放され、事態の普遍性をどうえがきうるか、という視点に立ったとき、ヴォイス研究の新しい地平が見えてくるのではないだろうか。

当該文脈のなかでヴォイスがいかなる振る舞いを見せ、また言語行動、語用論の研究をどのように取り入れていくのか、ヴォイスに内在する項目の研究を超えて、他の諸領域との近接性、隣接性をどう記述していくかが期待される。

*本稿は日中言語対照学会第回大会 2010.5.23(於. 高千穂大学)での講演原稿に修正を加えたものである。本文中の用例の一部、および中国語訳は日中対訳コーパス（北京日本学研究センター2003）を用いた。

参考文献（主要なもののみ）
総論
荒木博之(1976)『日本人の心情論理』講談社現代新書 438
井上ひさし(1981)『私家版日本語文法』新潮社
田中 寛(2008)『恥と隠蔽の言語学——「表徴」する日本語の発想と心理』私家版
田中 寛(2010)『複合辞からみた日本語文法の研究』ひつじ書房
坪本篤朗・早瀬尚子・和田尚明(2009)『「内」と「外」の言語学』開拓社
仁田義雄(2009)『日本語の文法カテゴリをめぐって』ひつじ書房
日本語記述文法研究会(2009)『現代日本語文法2 格と構文／ヴォイス』くろしお出版
林 青樺(2009)『現代日本語におけるヴォイスの諸相』くろしお出版

早津恵美子(2000)「現代日本語のヴォイスをめぐって」『日本語学』19-5 pp.16-27

受身・使役

佐藤里美(1986)「使役構造の文——人間の人間に対するはたらきかけを表現するばあい——」『ことばの科学1』pp.89-179　むぎ書房

志波彩子(2008)「２つの受身——被動者主役化と脱他動化——」『日本語文法』5-2 pp.196-212

高見健一(2011)『受身と使役——その意味規則を探る——』開拓社

張 永旺主編(2007)《日語被動句》中国・旅遊教育出版社

早津恵美子(1998)　「複文構造の使役文についてのおぼえがき——従属節と主節との関係」『言語研究』Ⅷ　pp.57-96 東京外国語大学

本多 啓(2001)「「目を輝かせる」型の使役表現について」『駿河台大学論叢』14 pp.33-57 駿河台大学教養文化研究所

森田良行(2006)『話者の視点がつくる日本語』ひつじ書房

授受（やりもらい）

井島正博　1999「魚は三枚におろしてあげます—配慮・気配りを表すテヤル・テアゲル」『日本語学』Vol.18.No.14 明治書院

山田敏弘　2004『日本語におけるベネフェクティブ——「てやる」「てくれる」「てもらう」の文法』明治書院

可能・自発

田中 寛(2004)「否定文末形式の意味と機能」『講座日本語教育』40分冊　早稲田大学日本語研究教育センター　同(2010)『複合辞からみた日本語文法の研究』所収

張 競律(2008)「新聞に見られる〈自発的受身〉」『指向』第5号　大東文化大学大学院外国語学研究科日本言語文化学専攻誌

"被字句"と対応する日本語について
The Chinese Passive "*Beiziju*" and its Equivalent Japanese

高橋　弥守彦
TAKAHASHI Yasuhiko

提要 本文首先在分析以往研究的基础上阐明日语的语态体系，并说明以日语语态为中心的各种句子可以相互转换的根据和原理。其次，介绍汉语主谓句、"被字句"和"把字句"的相互转换关系，同时对汉语"被字句"所表达的贬义、褒义和中性义等含义进行分析和论述。最后，本文通过考察汉语"被字句"与对应的日语译文的关系，探讨为什么在将汉语的"被字句"翻译成日语时会出现多种表达方式，同时阐明这种表达方式的多样性与日语在语态上的对应关系。

キーワード："被字句"　互換表現　受身のむすびつき　ヴォイス

目次
0. はじめに
1. 日本語のヴォイス表現
2. 中国語"被字句"の互換表現
3. 中国語の受身表現"被字句"と対応する日本語
4. おわりに

0. はじめに

　日中両言語の受身表現を研究する場合、日本語には動詞の形としてのヴォイスがあるが、中国語には単語レベルでの動詞の形としてのヴォイスがない[1]。そのため、単語レベルでのヴォイスの日中対照研究は困難である。

これにより、日中対照に関する受身表現の研究であれば、連語レベル・文レベル・談話レベルにおける両言語内部での互換関係や両言語間の対応関係などを検討する必要があるだろう。幸い日本語には受身を表す受動文があり、中国語には受身表現[2]の一つ"被字句"がある。これらはすでに文として一般に認められているので、このテクニカルタームを共通の舞台として、本稿では先行研究と言語資料とにより、文レベルでの日中両言語における受身表現について検討する。

　中国語の受身表現は、一般に"被字句"・意味上の受身文・語彙上の受身文の3類に大別できる。この3類の受身表現に関しては、それぞれどのような言語環境で使い、どのような日本語に訳す[3]かなど、今後さらに詳細な調査が必要であろう。

　本稿では、この3類のうち、中国語の受身表現の一つ"被字句"が日本語でどのように訳されるのかを調査し、両言語の以下の関係を明らかにし、その理由について検討する。
　　 ⅰ. 中国語の"被字句"と日本語が構造的に対応する場合
　　 ⅱ. 中国語の"被字句"と日本語が構造的に対応しない場合

1. 日本語のヴォイス表現

　日本語の伝統的なヴォイスは、ひとつの出来事を異なる角度から述べる動詞の表現形式である。これは焦点を誰に当てるかにより決まる。動作の仕手と受け手がいる場合、動作の仕手に焦点を当てるか、受け手に焦点を当てるかにより、動詞の表現形式が異なってくる。互換関係にある動詞の表現形式は一般にヴォイスと言われ、前者には能動態、後者には受動態を用いる。動作の仕手に働きかける第3者がいる場合は、誰に焦点を当てるかにより、使役態と使役受動態とに分かれる。鈴木康之（2000：45）は他動詞「なぐる」を例にとって、ヴォイスには能動態、受動態、使役態、使役受動態[4]があると述べている。たとえば、この4類で作るヴォイスは鈴木康之に倣えば、以下のような表現になるであろう。

（１）次郎が三郎をなぐった。(能動態、有情物主体の意志性)
　　（２）三郎は次郎になぐられた。(受動態、有情物主体の非意志性)
　　（３）太郎が次郎に三郎をなぐらせた。(使役態、第３者主体の意志性)
　　（４）次郎は太郎に三郎をなぐらせられた。(使役受動態、有情物主体の非意志性)

　例(1)の「なぐった」は運動の主体「次郎が」に焦点を当てた能動態であり、例(2)の「なぐられた」は能動文の客体「三郎を」に焦点を当てた「三郎は」を主体とした受動態である。能動態と受動態は「次郎」と「三郎」の２人の運動の関係である。例(3)の使役態「なぐらせた」になると、次郎に働きかける第３者「太郎が」を文中に登場させる。これにより、３人の関係が明らかになる。例(4)の使役受動態「なぐらせられた」も３人の関係だが、この文は運動の主体「次郎は」に焦点が当てられ、太郎によって三郎をなぐらせられる次郎のやむを得ない気持ちが表現される。

　上掲の４例が運動の主体を何にするかによって異なるヴォイスとしての動詞の表現形式である。鈴木康之によれば、能動態の「なぐる」「ほめる」などは基本となる動詞だが、受動態・使役態・使役受動態は、いずれも基本動詞から作る派生動詞である。

1.1　能動態としての他動詞と自動詞との関係

　日本語では、文中に他動詞または自動詞を用いて、同一の現実を表現できる文がそれぞれある。これは他動詞と自動詞の能動態が受動態を介してヴォイスの関係にあることを意味している。他動詞の能動態を使うと、例(5)のように運動の主体が文中に現れるが、無情物が主体となり受動態を用いる例(6)では、主体を文中に表現しないのが一般的である。鈴木康之（2000：46～47）も「人間でないものが主語として現れる受動態では、次のように動作の主体が誰であるかを不問にするような場合が普通である」と述べている。さらに同一の現実を表す自動詞の能動態を使う例(7)では、主体が無情物となり、ヒトが文中から消える。鈴木康之（2011：8～90）は、このことについて、ヒトの動作とモノの動きの中で詳述している。

（5）花子が台所の窓を開けた。(他動詞の能動態、有情物主体の意思性)
（6）台所の窓が（花子によって）開けられた。(他動詞の受動態、無情物主体の非意思性)
（7）台所の窓が開いた。(自動詞の能動態、無情物主体の非意思性)

　他動詞（例 8）に対応する自動詞がない場合は、中島悦子（2007：44）が指摘するように、他動詞の受動態（例 9）が自動詞の替わりをする。他動詞の受動態が自動詞に替われるのは、例（5）（6）（7）にヴォイスの関係があり、例（6）と（7）に見られるように無情物主体の非意思性が共通しているからと言えよう。他動詞の受動態を用いる例（9）では、自動詞を用いる文と同様、文中にヒトが現れないのが一般的である。

（8）私達は昨日大学で会議を開いた。(他動詞の能動態、有情物主体の意思性)
（9）昨日大学で会議が開かれた。(他動詞の受動態、無情物主体の非意思性)

1.2　能動態としての自動詞と他動詞との関係

　日本語では、文中に自動詞または他動詞を用いても、同じ現実を表現できる文がそれぞれある。これも日本語の特徴のひとつと言えるであろう。能動態としての自動詞と他動詞とは、以下の 3 例に見られるように、使役態を介してヴォイスの関係にある。

（10）雨が降った。(自動詞の能動態、無情物主体の非意思性)
（11）中国では科学者が雨を降らせた。(自動詞の使役態、有情物主体の意思性)
（12）中国では科学者が雨を降らした。(他動詞の能動態、有情物主体の意思性)

　上掲の 3 例は言語表現が異なるものの、同一の現実を表している。自動詞の能動態を用いる例（10）は、自然現象を表す文なので、文中にヒトが現れない。自動詞の使役態を用いる例（11）と他動詞の能動態を用いる（12）では、ヒトが現れている。自然現象を表す文に対して、このような表現が

できるようになったのは、科学の発達によって人工的に雨を降らせることができるようになったからであろう。

　自動詞（例13）に対応する他動詞がない場合、自動詞の使役態（例14）が他動詞の替わりをする。自動詞の使役態が他動詞に替われるのは、例(10)(11)(12)における動詞にヴォイスの関係が成立し、例(11)(12)の主体に意思性があるからと言えよう。また、自動詞の使役態を使う例（14）では、他動詞を使う場合と同様に文中にヒトが現れるのが一般的である。

　　　(13) 学生たちは中国語のレベルが<u>向上した</u>。（自動詞の能動態、有情
　　　　　物主体の意思）
　　　(14) 教員が学生たちの中国語のレベルを<u>向上させた</u>。（自動詞の使役
　　　　　態、第3者主体の意思）

1.3　受動態

　受動態とは動詞の表現形式の一つであり、一般に相手から受ける結果性のある運動（～される）「受身」を意味する。受動態で作る受動文とは、文レベルで表す文意を指し、能動態で作る能動文に対する動詞の受動態や名詞の格を含む主体と客体とが互換できる関係の文を意味する。鈴木康之（2000：46～48）は受身を表す受動態を能動態との関係で、以下の4類に分けている。また、受動態により自発・尊敬・可能も表現できるとして、簡潔に紹介し例文を挙げている。

1.3.1　直接対象の受身

　直接対象の受身とは、能動態の文で直接対象となっている「ヲ格のヒト名詞」を主体とする文であり、両者の関係は以下のようになるであろう。

　　　(15) 次郎が<u>三郎を</u>殴った。　──▶　<u>三郎が</u>次郎に殴られた。
　　　(16) 花子が<u>ネコを</u>可愛がった。　──▶　<u>ネコが</u>花子に可愛がられた。

1.3.2　相手の受身

　相手の受身とは、能動態の文で相手を意味する「ニ格のヒト名詞」を主体とする文であり、両者の関係は以下のようになるであろう。

　　　(17) イヌが<u>花子に</u>噛みついた。　──▶　<u>花子が</u>イヌに噛みつかれた。

(18) 太郎が次郎に助言を与えた。——→ 次郎が太郎に(から)助言を与えられた。

1.3.3 持主の受身

持主の受身とは、能動態の文で「ヲ格のモノ名詞」[5]で示される持主を主体とする文であり、両者の関係は以下のようになるであろう。

(19) 太郎が次郎の自転車を壊した。——→ 次郎が太郎に自転車を壊された。

(20) 花子は三郎の絵を褒めた。——→ 三郎は花子に(から)絵を褒められた。

1.3.4 第3者の受身

第3者の受身とは、能動文では文中に現れていないが、迷惑を受ける第3者を主体とする受動態を用いる文であり、両者の関係は以下のようになるであろう。

(21) 雨が降った。——→ 兄は雨に降られた。

(22) 花子が死んだ。——→ 両親は花子に死なれた。

受動態は、鈴木康之(2000:48)によれば、受身のほか自発(自然に〜するような現象が生じる)、尊敬(〜するという動作主体を敬う)、可能(〜することができる)も表現できる。基本的な文意の同じ能動態の文と受動態で作る文とは、それぞれ以下のように表現される。

ⅰ. 自発

(23) リンゴを食べると故郷を思い出す。——→ リンゴを食べると故郷が思い出される。

(24) 彼の言葉に力強さを感じる。——→ 彼の言葉に力強さが感じられる。

ⅱ. 尊敬

(25) 先生が朝早く学校に来た。——→ 先生が朝早く学校にこられた。

(26) 展覧会にいつ行きますか。——→ 展覧会にいつ行かれますか。

ⅲ. 可能

(27) 私は朝6時に起きる。——→ 私は朝6時に起きられる。

(28) この野草は人間でも<u>食べる</u>。 ⟶ この野草は人間でも<u>食べられる</u>。

1.4 使役態

鈴木康之によれば、使役態とは能動文に現れない主体で現される第3者が、ある特定のヒトに対し、動詞の意味する運動を実現するように働きかける動詞の一形式である。使役態は自動詞にも他動詞にもあるが、両者は文の組み立て方が異なるだけでなく、自動詞の使役態は、使役態というよりも、自動詞の他動詞化とでもいうべき性格が強い[6]と指摘している。

1.4.1 他動詞の使役態

他動詞の使役態は、能動態の文で文中に現れていないヒトを「ガ格の主体」とし、主体としての「ガ格のヒト名詞」は、主体から働きかけられて実際に行動する「ニ格のヒト名詞」で現される。能動態と使役態を用いる両者の関係は以下のようになるであろう。

(29) <u>次郎が</u>三郎をなぐった。 ⟶ 太郎が<u>次郎に</u>三郎をなぐらせた。

(30) <u>花子が</u>本を買った。 ⟶ 先生が<u>花子に</u>本を買わせた。

1.4.2 自動詞の使役態

自動詞の使役態は、能動態を用いている文で、文中に現れていないヒトを「ガ格の主体」とし、主体としての「ガ格のヒト名詞」は、主体から働きかけられて実際に行動する「ヲ格のヒト名詞[7]」となる。自動詞の能動態と使役態を用いる両者の関係は、以下のような文になるであろう。

(31) <u>次郎が</u>笑った。 ⟶ 太郎が<u>次郎を</u>笑わせた。

(32) <u>花子が</u>病院に行った。 ⟶ 母が<u>花子を</u>病院に行かせた。

1.5 使役受動態

鈴木康之（2000：50）によれば、使役受動態は使役態に受動態を加えた表現形式であり、使役態と使役受動態とは互換関係にある。使役態では主体に働きかけられて実際に行動を起こす「ヲ格のヒト名詞」は、使役受動態では出来事の主体となる「ガ格のヒト名詞」となり、主体としての「ガ格のヒト名詞」は、主体に働きかける「ニ格のヒト名詞」となる。

使役受動態では主体が第3者から働きかけられて行動を起こし、主体に

働きかける第3者は「ニ格のヒト名詞」で示される。使役受動態は自動詞でも他動詞でも作れ、両者は文の組み立て方が同一である。

(33) 太郎が次郎を笑わせた。 ⟶ 次郎が太郎に笑わせられた。
(34) 太郎が次郎に三郎をなぐらせた。 ⟶ 次郎は太郎に三郎をなぐらせられた。
(35) 太郎が次郎を笑わした。 ⟶ 次郎が太郎に笑わされた。
(36) 太郎が次郎に三郎をなぐらした。 ⟶ 次郎は太郎に三郎をなぐらされた。

自動詞「笑う」と他動詞「なぐる」の使役受動態「笑わせられる、なぐらせられる」(例33, 34) などは、「笑わされる、なぐらされる」(例35, 36) とも言える。これらは他動詞「笑わす」と使役的な他動詞「なぐらせる」の受動態である。

筆者は鈴木康之など言語学研究会の説により、ヴォイスと文との関係を以下のように整理し図表化している。

[表1] ヴォイスと文との関係

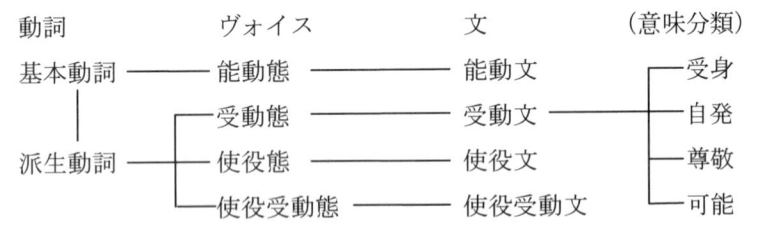

動詞	ヴォイス	文	(意味分類)
基本動詞	能動態	能動文	受身
	受動態	受動文	自発
派生動詞	使役態	使役文	尊敬
	使役受動態	使役受動文	可能

上述するとおり、日本語のヴォイス表現は、単語や文レベルの互換などに関する研究で、かなり進んでいる。しかし、多くの場合が文レベルの段階で止まっているようである。文レベルで同一の文意を表せても、異なるヴォイス表現が同一の言語環境に用いることができるかどうかは別問題であり、これは談話論の研究を待たなければならないであろう。

2. 中国語"被字句"の互換表現

日本語のヴォイス表現は、動詞の形式だが、誰を主体とするかによって、

主体と客体との関係が異なり、文は能動文、受動文、使役文、使役受動文に分かれる。一方、中国語は動詞の表現形式としてのヴォイスの体系がないので、文レベルで互換表現を研究するのが妥当であろう。文レベルになると、主述文・"被字句"・"把字句"が互換できる関係にある。

中国語の文法書、たとえば、《提要》[8]では、"被字句"は"把字句"と主述文（能動文）とに互換できると言っている。この関係が中国語における日本語のヴォイスと関連する互換表現と言ってよいであろう。しかし、日本語の使役表現は、このグループの互換表現から外れている。

(37) 小孩把玻璃杯摔破了。（"把字句"、《提要》p. 19)
　　 子供がガラスのコップを落として割ってしまった。（筆者訳）

(38) 玻璃杯被小孩摔破了。（"被字句"、《提要》p. 19)
　　 ガラスのコップは子供に落とされて割れた。（筆者訳）

(39) 小孩摔破了玻璃杯。（主述文、《提要》p. 19)
　　 子供がガラスのコップを落として割った。（筆者訳）

中国語の主述文（例39）は事実関係を表し、"把字句"（例37）は処置性に重点があり、いずれも原則として仕手が主体であるが、"被字句"（例38）は仕手となる客体の影響を受ける出来事（受身義）に重点があり、受け手が主体である。

筆者は連語論の観点から"被字句"の受身義を表す「"被"＋名詞2＋動詞＋その他」を「受身のむすびつき」と言っている。これは主体にとってマイナス的意味・プラス的意味・中立的意味の各傾向を表すが、"被字句"の"被"の語義と深く係わっている。『新明解国語辞典』第 3 版（三省堂1989：381）では「被る」の意味として、「（自分の意思にかかわりなく）他から作用を受ける［愛顧を被る。損害・（不利益・痛手・潰滅的打撃・影響）を被る］」と説明し、プラス的意味とマイナス的意味を表す例を挙げている。

"被字句"の中の出来事は、主体から見て仕手からの影響のある上掲 3 類の意味傾向を表す[9]が、異なる観点[10]もある。また、"被字句"は一般に結果性[11]に重点があると言われているが、出来事は結果を表すばかり

でなく、結論[12]を表す文も若干ある。また、中国語の互換表現では、使役表現などが外れているが、"被字句"の中にも数は少ないが、使役態や使役受動態[13]で日本語訳のできる文もあるので、日中両言語の対照研究をする場合、中国語の使役表現や使役受動表現であると思われる文も、主述文を中心とする体系の中に組み込むほうがベターであると思われる。この点も今後の研究課題となるであろう。

3. 中国語の受身表現"被字句"と対応する日本語

中国語の"被字句"と日本語の受身義を表す受動文では、一般には日本語の受動文のほうが多く使われる[14]と言われている。しかし、日本語の受動文の方が多く使われるからといって、中国語の"被字句"をすべて日本語の受動文で訳せるわけではない。受動文で訳す場合も、他のヴォイス表現で訳す場合も、それなりの理由がなければならない。ここには日中両言語の受身表現をめぐる互換表現の異同が存在する、と言ってよいであろう。

本節では中国語の受身表現の一つ"被字句"の使われている言語環境、および"被字句"と対応する日本語について調査、検討する。筆者の調査対象の一つとした『講読』6冊には"被字句"が41回使われているが、それに対応する日本語を受動文で表現する場合は29回である。残りの12回は他のヴォイス表現で訳されている。

以下では"被字句"の使われている実例と、それに対応する日本語の訳文を調査・分析してみよう。

3.1 中国語の"被字句"と日本語が構造的に対応する場合

中国語の"被字句"と日本語の受身義を表す受動文とが、構造的に対応する文が両言語に存在する。このような"被字句"は、以下に挙げる受動態を用いて訳す文であり、出来事は一般に「マイナス的意味」「プラス的意味」「中立的意味」[15]の各傾向を表す。

3.1.1 マイナス的意味傾向を表す場合

中国語の"被字句"と日本語の受身義を表す受動文が構造的に対応する

場合、筆者の調査範囲内では、マイナス的意味を表す場合が一番多い。なお、両者が構造的に対応する場合とは、中国語では受身表現の標識としての介詞"被"を用いている場合と、日本語では動詞の受動態「レル、ラレル」を用いている場合とである。以下に例文を挙げて分析しみよう。

　(40) 他觉得自己<u>被戏耍了</u>，于是火冒三丈。(『人民』88-11-88)
　　　　自分が<u>コケにされていた</u>のに気づいて頭に血が上った。(同上)
　(41) 可是窑汉的胳膊也<u>被撕了一条长长的血口子</u>……(『人民』93-3-111)
　　　　だが自分の腕も、<u>引き裂かれて大きい傷を負ったのだ</u>。(同上)

例(40)は工場調査の内容である。工場を調査に来た"他"が工場長の告白によって激怒する場面である。"他"にとっては、工場長からコケにされたので、「マイナス的意味」と看做せるであろう。例(41)は"窑汉"が狼を棒で叩き殺す場面であるが、同時に狼に自分の腕を引き裂かれる。この現実は、"窑汉"にとって「マイナス的意味」と看做せる。

「マイナス的意味」[16]傾向を表す上記2例の文は、日中両言語とも主体の望むところではない主体の非意思性を表している。たとえば、例(40)では"他"が"自己被戏耍了"と感じたので、"火冒三丈"となる。例(41)では"窑汉的胳膊"が狼によって"被撕了一条长长的血口子"となる。これらの「マイナス的意味」を表す仕手からの影響のある出来事は、いずれも主体の望むところではない主体の非意思性で表現されている。

今回の調査によれば、"被字句"の中で、マイナス的意味を表す用法が一番多いので、本用法を"被字句"のプロトタイプ用法とする。

3.1.2　プラス的意味傾向を表す場合

中国語の"被字句"と日本語の受動文が構造的に対応する場合、筆者の調査範囲内では、"被字句"がプラス的意味傾向を表す場合は、それほど多くない。以下に例文を挙げてみよう。

　(42) 陈君喝得酩酊大醉，<u>被人搀扶而归</u>。(『人民』93-8-111)
　　　　陳君はベロベロに酔っ払い、<u>人に助けられて</u>家に帰りついた。(同上)

(43) 不过在一年以后，在提拔中青年干部的时代潮流中，他<u>被选定为</u>
<u>S市市委分管文教工作的书记</u>。(『講読』②p.139)
もっとも、それから一年後、中年・青年幹部抜てきの時代の潮流の中で、彼は<u>共産党S市委員会書記に選ばれ、文化教育方面</u>
<u>の仕事を受け持つことになった。</u>(『講読』②p.146)

例(42)は、酒に弱い"陈君"が一人では家に帰れないほどへべれけに酔ってしまったところを人に助けられて帰宅できたことが表現されている。このことは、主体の陳君にとっては「プラス的意味」と言えるであろう。例(43)は、"他"が"S市市委分管文教工作的书记"に選ばれ、文化教育方面の仕事を受け持つことになった。このことは、主体の"他"にとっては、やはり「プラス的意味」と言えるであろう。

「プラス的意味」を表す上記2例も、主体の非意思性が文中に表現されている。たとえば、例(42)では"陈君"は家に歩いて帰りたいのだが、酒を飲んで歩いて帰れないほど酔ってしまったので、人に助けられて帰宅する。例(43)も主体が立候補して書記になったのではない。これらは主体の非意思性を表している、と言ってよいであろう。

"被字句"はマイナス的意味のある主体の望まない主体の非意思性を表すのがプロトタイプ用法だが、「プラス的意味」を表すバリエーション用法はプラス的意味を表す文意により、マイナス的意味のある主体の望まない部分は文中に反映されず、主体の非意思性だけが表現される。これにより、文レベルの意味変化は、主体の非意思性を軸としていることが分かる。

3.1.3 中立的意味傾向を表す場合

中国語の"被字句"と日本語が構造的に対応する場合、筆者の調査範囲内では、"被字句"が中立的意味を表す場合もさほど多くはない。以下に例文を見てみよう。

(44) 呼拉一下子，他<u>被围住了</u>。(『人民』90-8-103)
彼は、ワッと押し寄せた代表たちに<u>囲まれた</u>。(同上)
(45) 太阳像一只橙黄的圆橘，渐渐<u>被灰蒙蒙的暮云遮去</u>。(『講読』③p.97)

だいだい色のまるいミカンのような太陽が、しだいに<u>どんよりとした夕雲に覆われていった</u>。(『講読』③p.110)

例（44）は郷長だった主体の"他"が雪のために日延べした選挙によって落選してしまい、北京に戻る当日、それをひきとめようとする代表達に囲まれる場面である。選挙の結果は現実であり、村民の代表たちが彼を取り囲んでも結果が覆されるわけではないので、この場面は主体"他"にとってマイナス的意味もプラス的意味もなく、「中立的意味」と看做してよいであろう。例（45）は太陽が徐々に夕雲に覆われる自然現象を描写しているだけなので、これもやはり主体"太阳"にとって、プラスもマイナスもない「中立的意味」を表している、と看做せる。

「中立的意味」傾向を表す場合も、出来事は主体の意思と関係のない非意思性で表現されている。たとえば、例（44）の主体"他"は囲まれることを望んでいるわけではないが、村の代表たちに囲まれてしまう。ここには主体の非意思性が表れている。例（45）はモノ"太阳"が主体なので自然現象であり、ヒトの意思とは無関係である。これも主体の非意思性を表している、と言えるであろう。

"被字句"は出来事がマイナス意味を表し、マイナス的意味のある主体の望まない非意思性を表すのがプロトタイプ用法である。しかし、「中立的意味」を表すバリエーション用法は、中立的意味を表す出来事により、主体の望まない部分は、文中に反映されず、主体の非意思性だけが表現されている。これらの文意の意味変化も、主体の非意思性を軸としていることが裏付けられる。ただし、「中立的意味」を表すバリエーション用法は主体の非意思性を表すといっても、受動態で訳す場合は、例（44）（45）のようにマイナスイメージを表す傾向にあるように感じられる。

3.2 中国語の"被字句"と日本語が構造的に対応しない場合

既述のように、鈴木康之によれば、同じ現実を表現する場合、主体を誰にするかによって、日本語のヴォイスは能動態・受動態・使役態・使役受動態に分かれる。この日本語に見られる言語現象は、中国語の受身表現の

一つ"被字句"を日本語に訳す場合も、日本語の言語環境により、誰を主体とするかで、この4類のヴォイス表現のうちのどれかに対応する。

　鈴木康之など言語学研究会の説に基づけば、同一の現実を表現できれば、「マイナス的意味・プラス的意味・中立的意味」傾向を表す中国語の受身表現の一つ"被字句"は、日本語ではヴォイスの一つである受動態で訳さない可能性がある。実際、そのような訳文が相当数見られる。

3.2.1　マイナス的意味傾向を表す場合

　中国語の"被字句"と日本語が構造的に対応しない場合であっても、筆者の調査範囲内では、"被字句"はマイナス的意味傾向を表す場合が一番多い。以下に実例を挙げて分析してみよう。

　　(46)　两局下来，厂长就<u>被他凌厉的攻势逼得只有招架之功</u>，没有还手之力了。(『講読』①p.38)

　　　　二局指したが、工場長は、<u>相手の猛烈な攻勢の前にたじたじとなり</u>、手のかえしようもなかった。(『講読』①p.42)

　　(47)　代表们<u>被激怒了</u>，还没选举，就出现了选上的乡长。(『人民』90-8-103)

　　　　これが代表たちを<u>激怒させることになった</u>。選挙はまだ行われていないのに、郷長が選ばれてしまった。(同上)

　上掲2例は「マイナス的意味」傾向を表している。例(46)では将棋相手の指し手が鋭く、工場長が手のかえしようもないほどなので、工場長にとってはマイナス的意味と言えるであろう。例(47)では一般に誰でも激怒したくないであろうが、主体は激怒しているので、やはり「マイナス的意味」と言ってよいであろう。例(46)は能動態によって表現され、例(47)は使役態によって表現されている。

　原文の受身表現と異なるこれらの訳文が成立するのは、日本語の主体と動詞のヴォイスによる文レベルの互換関係が成立するからである。日本語では、受動態はもちろんのこと、能動態にせよ使役態にせよ、マイナス的意味を表せれば、主体と異なるヴォイスとによる文レベルの互換関係によ

り、中国語の"被字句"は訳せる、と言ってよいであろう。もちろん、原文は「マイナス的意味」を表しているので、例（46）は「相手の猛烈な攻勢に圧されて」と受動態で訳してもよく、例（47）は「代表達は激怒させられることになった」と使役受動態で訳してもよいであろう。使役受動態で訳すと被害意識がいっそう強く出るような感じがする。

　上掲の文は、中国語では主体の望まない「マイナス的意味」を表す"被字句"が日本語ではマイナス的意味を表す能動態を用いる能動文と使役態を用いる使役文とによって訳されているが、マイナス的意味を表せれば、どちらで訳してもよいということであろう。マイナス的意味を表すこれらの文であれば、受動態や使役受動態を用いても違和感がない。

3.2.2　プラス的意味傾向を表す場合

　中国語の"被字句"と日本語の受動態「レル、ラレル」以外の表現を用いて、両言語が構造的に対応しない場合も、筆者の調査範囲内では、"被字句"がプラス的意味を表す場合は多くない。以下に例文を見てみよう。

　　(48)　冷美人被男生私下里评为一号校花。(『人民』96-10-87)
　　　　　男子学生たちはひそかに冷美人をミスキャンパスに推した。(『人民』96-10-86)
　　(49)　自此，人们又开始关心瘦身法了，那个一直被世人遗忘的瘦子，终于被人们当做一件稀世的宝贝发现了。(『講読』①p.52)
　　　　　これよりのち、人々はやせる方法に関心を持ちはじめた。それまで世の人々に忘れられていたやせは、世にもまれな宝物として、注目をひいた。(『講読』①p.57)

　例（48）は男子学生たちによって、ひそかに"冷美人"がミスキャンパスに選ばれたのだから、"冷美人"にとって「プラス的意味」と言ってよいであろう。例（49）では"瘦子"が宝物のように衆人の注目を引くのだから、やはり"瘦子"にとって「プラス的意味」と言ってよいであろう。これらは主体にとってプラス的意味を表しているので受動態を使って訳すこともできる。たとえば、受動態で表現すると、例（48）は「冷美人は男子

学生たちによってひそかにミスキャンパスに推された」、例（49）は「世にもまれな宝物として、注目された」となるであろう。これらの訳文から見ると、プラス的意味を表す場合も、日本語では複数の異なるヴォイスでの表現が可能である。

「プラス的意味」を表す中国語の"被字句"も、日本語ではやはり主体の非意思性を表す能動文で表現されている。たとえば、例（48）で"冷美人"がミスキャンパスに推されるのは、"冷美人"の意思とは関係がない。例（49）では"痩子"が注目を集めるが、これも"痩子"の意思ではない。これは社会現象なので、日本語では主体の意思と関係のない「プラス的意味」を表す能動文によって表現されている。これらの例文を見ると、日本語では、個人的なプラス的意味であれば、受動文でも能動文でも良いが、例（49）のようなプラス的意味を表す場合は、出来事の内容が社会現象なので、受動文より能動文で表現するほうが自然なようである。ここには日中両言語の特徴の一端が表れていると看做せるであろう。

3.2.3　中立的意味傾向を表す場合

中国語の"被字句"と日本語が構造的に対応しない場合も、筆者の調査範囲内では、"被字句"が中立的意味を表す場合は多くない。多くは自然現象の場合が多いようである。以下に例文を挙げて分析してみよう。

(50) 有什么东西在他心底悄悄融化。他冰封经久的情感<u>被解冻了</u>。(『人民』93-2-111)

なにかが、彼の心の奥底をそっとやわらげて、長いあいだ氷に閉ざされていた感情を<u>とかしていた</u>。(『人民』93-2-110)

(51) 她看着<u>被风儿轻轻摇曳</u>的葡萄藤儿，顺手摘一颗触到头顶上的葡萄，放在手心里。(『講読』①p.8)

彼女は、ぶどうのつるが<u>風に軽く揺れている</u>のを見ると、すぐに頭上に垂れかかっているぶどうの粒をひとつ取って、手のひらにのせた。(『講読』①p.13)

例（50）は感情面における自然現象であり、「マイナス的意味」も「プラ

ス的意味」もないので、「中立的意味」を表すと言ってよいであろう。例 (51) は自然界における自然現象なので、やはり「中立的意味」を表すと言ってよいであろう。もちろん、これらは受動態を使って表現することもできる。たとえば、例 (50) は「感情がとかされた」、例 (51) は「風に軽く揺られている」と表現してもよいであろう。しかし、日本語の受動態は意思性が希薄であるとはいえ若干入るので、自然現象を表現する場合は受動態を使わないほうがベターのようである。

「中立的意味」を表す中国語の"被字句"も主体の非意思性を表している。たとえば、中国語では例 (50) の"他冰封经久的情感"は主体の非意思性を表しているが、ヒトの感情は自然現象なので、日本語では他動詞の能動文で表現している。例 (51) では、"被字句"を用いている"被风儿轻轻摇曳的葡萄藤儿"は自然現象なので非意思性である。それに対する「ぶどうのつるが風に揺れる」のも自然現象なので、日本語では能動文で表している。日本語では、自然現象などの「中立的意味」を表す場合は能動文によって表現するほうが多いようである。ただし、自然現象であってもどちらかと言うと、能動文で表現する場合はプラスイメージが感じられる。

3.3 中国語の"被字句"

中国語"被字句"の研究は、これまで言語構造の分析[17]とどのような内容「マイナス的意味・プラス的意味・中立的意味」の各傾向を表すのかと"被字句"構成の注意点[18]の3点に分析の焦点が置かれてきた。これらの研究により、中国語の"被字句"は、主体にとって「マイナス的意味・プラス的意味・中立的意味」を表す場合に用いることが明らかになったが、どのような意味構造の文であれば、上掲の例文に見られるような各意味傾向を表せるのかについては、まだ詳細に検討されていない。下地早智子（1999:112）では「／被／字句とは、対象がどうナッタかという結果が、話し手にとって特に注目に値する場合に用いられる表現である。」と定義し、「特に注目に値する」とは、対象が著しく変形したり、破損したりした場合をその典型とする、とさらに説明を続けている。

この説に対し、筆者は"被字句"・"把字句"・主述文の3類の文の関係から、「中国語の主述文（例39）は事実関係を表し、"把字句"（例37）は処置性に重点があり、いずれも原則として仕手が主体であるが、"被字句"（例38）は仕手となる客体の影響を受ける出来事（受身義）に重点があり、受け手が主体である。」と前述している。たとえば、言語環境を考慮に入れると、マイナス的意味とプラス的意味を表す"被字句"は、以下のように用いられている。

(52) 父亲医科大学毕业，是西医，据说医术很高。后来因为"作风问题"<u>被医院开除</u>。（『人民』 94-10-97）

父親は医大出の西洋医で、医術もりっぱと言われていたが、「女性問題」で<u>病院を首になった</u>。（『人民』 94-10-96）

(53) 梁公不足五十岁。他的微雕艺术在国外引起轰动，并且他的大名<u>被收入《世界名人录》中</u>。（『人民』91-5-96）

彼は五十前だが、そのミニ彫刻は国外で話題をさらい、<u>『世界名人録』に彼の名が載った</u>。（同上）

例（52）の"被字句"の受け手主体[19]　"父亲"は文中に現れていないが、その前の文中に現れている。その出来事は「"被"＋仕手＋動詞」を基本とする「受身のむすびつき」"被医院开除"である。ここには「マイナス的意味」を表す結果が表現されている。その前では、原因'后来因为"作风问题"'が述べられている。例（53）の受け手主体は"他的大名"であり、その出来事は「"被"＋動詞＋その他」を基本とする「受身のむすびつき」"被收入《世界名人录》中"である。ここには「プラス的意味」を表す結果が表現されている。その前では、原因"他的微雕艺术在国外引起轰动"が述べられている。これらの言語環境によって、"被字句"がなぜ「仕手客体の影響を受ける出来事」[20]を述べるのかが明らかになる。これらの言語環境に基づき、筆者は"被字句"に対して、以下のような現実の世界と言葉の世界からの分析を行っている。

［表2］"被字句"
　　現実の世界：受け手主体＋仕手客体の影響を受ける出来事
　　言葉の世界：名詞1＋"被/让/叫/给"＋名詞2＋動詞＋その他

　"被字句"の出来事は結果や結論などの「マイナス的意味・プラス的意味・中立的意味」を表し、先行研究で指摘するとおり通時的用法・共時的用法ともに「マイナス的意味」を表す場合が最も多い。筆者は、この言語事実により「マイナス的意味」を表す場合をプロトタイプ用法としている。

　"被字句"は、前述するようにマイナス的意味のある受け手主体の望まない非意思性を表すのがプロトタイプ用法だが、「プラス的意味」を表すバリエーション用法はプラス的意味を表す出来事により、主体の望まない部分は文中に反映されず、非意思性だけが表現されている。「中立的意味」を表すバリエーション用法も中立を表す出来事により、主体の望まない部分は文中に反映されず、非意思性だけが表現されている。また、贺阳（2008：237）は、五四以降は相対的に「被害」が減り、「恩恵」と「中立」が増え、特に現代漢語においては「中立」を意味する用法が大幅に増加したと指摘している。この点について、贺阳（2008：236）は向熹（1993）の説として、"被字句"の"被"が完全に虚化されたことを物語っていると紹介し検討する価値あると言っているが、これらの用法はすでに《世说新语》や《红楼梦》にもある用法[21]なので、さらに検討する必要があるだろう。この言語現象について、筆者はむしろ贺阳（2008：241）が指摘するように欧化語法の影響により虚化の速度が速まったと看做している。

　前述する中国語の"被字句"と日本語の受身を表す受動文が、構造的・意味的に対応すると否とにかかわらず、"被字句"は［表2］のように分析できる。"被字句"は、出来事が仕手から受ける影響「マイナス的意味・プラス的意味・中立的意味」を表すいずれの場合であっても、受身義を表す［表2］に示す現実の世界を反映して作られる。"被字句"以外の以下に挙げる意味上と語彙上の受身表現も、一般に出来事は他から受けるマイナス的意味・プラス的意味・中立的意味の各傾向を表すので、"被字句"と同じ

現実の世界を反映していると看做してよいであろう。

　　　(54) 稲子刮倒了不少。(『わかる』p. 100)
　　　　　稲がたくさん吹き倒された。(同上)
　　　(55) 吃奶的孩子也抱着来了。(『わかる』p. 100)
　　　　　お乳を飲んでいる子どもも抱かれてやってきた。(同上)
　　　(56) 作业我做完了。(《中级》p. 154)
　　　　　宿題はやり終えた。(筆者訳)
　　　(57) 弟弟遭到爸爸的批评。(《中级》p. 155)
　　　　　弟は父にしかられた。(筆者訳)
　　　(58) 妹妹得到老师的表扬。(《中级》p. 155)
　　　　　妹は先生に褒められた。(筆者訳)

　例(54)(55)(56)は意味上の受身表現、例(57)(58)は語彙上の受身表現として、各研究者が挙げている文である。これらの例文中の出来事は、他から受けるマイナス的意味(例54,57)・プラス的意味(例58)・中立的意味(例55)を表しているが、例(56)の出来事は本人(主体)の行為であり、出来事が仕手客体の影響を受けるマイナス的意味・プラス的意味・中立的意味を表しているわけではないので、意味上の受身表現と看做すべきではない。しかし、現段階では、吕文华(2008：290)など多くの研究者もこの類の文を意味上の受身文[22]と看做している。

　意味上と語彙上の受身表現の中には、よく例(56)のような文が混在しているが、上記の［表2］に示す現実の世界を反映しているか否かによって、意味上と語彙上の受身表現であるか否かを判断すれば、このような問題は生じないであろう。この問題は、また以下の文の展開に見られる談話言語学理論のひとつ連関性問答法からも、この類の文が意味上の受身表現ではなく、受事主体文(客語前置文)であることが容易に判断できる。

　　　(56)' A1：你做作业了吗？(作例) 宿題をやりましたか。(筆者訳)
　　　　　 B1：我做作业了。(作例) 宿題をやりました。(筆者訳)
　　　　　 A2：作业你做完了吗？(作例) 宿題はやり終えましたか。(筆者訳)

　　　　　　　B2：作業我做完了。(作例) 宿題はやり終えました。(筆者訳)
　上掲の連関性問答法によれば、例 (56)' B2 は客体"作業"を文頭に用いる文と言えるであろう。これと同構造の例 (56) も意味上の受身表現ではなく、客体"作業"を文頭に用いる受事主体文 (客語前置文) と言える。

4. おわりに

　日本語の動詞にはヴォイスの体系があるので、誰を主語とするかによって、主体と客体の関係は異なってくるが、基本的な文意の同じ能動文・受動文・使役文・使役受動文をそれぞれ作れる。この関係が日本語にあるので、筆者の調査によれば、中国語の"被字句"は、日本語ではよく受動態「レル、ラレル」を用いて受身を表す受動文で訳されるが、能動文・使役文・使役受動文で訳されることもある。

　上記の分析によれば、中国語の"被字句"には、日本語の受動態を用いる受動文と構造的に対応する場合と対応しない場合とがある。中国語の"被字句"は、日本語と構造的に対応する場合は受動文で訳され、対応しない場合は一般に能動文と使役文とによって訳され、まれに使役受動文によって訳される。これは日本語のヴォイスで作る体系の中に「マイナス的意味」「プラス的意味」「中立的意味」の各傾向を表せる「能動文」「使役文」「使役受動文」があるからである。

　中国語の"被字句"の核心（出来事）は、構造的に見れば、"被/让/叫/给＋施事名词/代词＋动词＋其他"を基本とする「受身のむすびつき」である。中国語の"被字句"は、日本語では前述のように受動文・能動文・使役文・使役受動文で訳されるが、受身を表す受動文との対応関係が一番多い。また、中国語の"被字句"は、構造的に日本語の受動文と対応する場合であれ、対応しない場合であれ、「マイナス的意味」「プラス的意味」「中立的意味」を表せるが、「マイナス的意味」を表す場合が一番多い。この「マイナス的意味」を表す場合は、いずれも主体の望まない非意志性で表現されている。

本稿では「マイナス的意味」を表す用法を"被字句"のプロトタイプ用法とする。「プラス的意味」と「中立的意味」を表すバリエーション用法は、主体の望まない部分を意味する語句が文中に反映されず、出来事は仕手から受ける影響で表す非意思性を軸として、「マイナス的意味」「プラス的意味」「中立的意味」を表す"被字句"の体系が成立し、"被字句"は［表2］のように分析される。

日中両言語の特徴が表れるのは、両言語が対応しない場合である。中国語では主体の望まない非意思性を表す「マイナス的意味」「プラス的意味」「中立的意味」であれば、いずれも非意思性を表す"被字句"で表現される。一方、日本語ではマイナス的意味・プラス的意味・中立的意味を表せる文であれば、受動文・能動文・使役文・使役受動文を用いてもよいが、主体の望まない非意思性を表す「マイナス的意味」は受動文を用いる傾向にあり、非意思性だけを表現する「プラス的意味」や「中立的意味」は、能動文・使役文・使役受動文を用いる傾向にある。しかし、ヒトの感情や自然現象を表す文であれば、一般には能動文を用いる。これは、ヒトの感情や自然現象が、日本語ではむしろヒトの意思とは無関係と看做されているからであろう。

意味上と語彙上の受身文と言われている文には、筆者が上記の［表2］で示す分析と異なる出来事がある。たとえば、例（56）は仕手からの影響を受けるマイナス的意味・プラス的意味・中立的意味を表していないので、意味上の受身文ではなく受事主体文（客語前置文）と看做すべきである。この点については、別稿で詳細に検討する必要があるだろう。

注

1) 黄杰（2010）は、日中両言語の可能表現を研究する論文で、日本語には可能動詞があるが、中国語には"会"などの可能動詞はごくわずかしかないので、単語レベルではなく、文レベルで可能表現の日中対照研究を行っている。

2) 豊嶋裕子(1989:95)は"被字句"："前几天他被人枪毙了。"［数日前、彼は銃殺された。］、介詞を用いない受事受身文："祥子的车卖了。"［祥子の車は売られてし

まった。]、"挨・受・遭"等、受け身の意味を持つ動詞を用いる文："在解放前，我专受警察的气！"[解放前、私は警官にいじめられてばかりいた。]の3類を受身文としている。中島悦子（2007：48）は、意味上の受身文"树叶刮掉了。"[木の葉が散った。]を自動詞文としている。

3) 中国語の「意味上の受身文」は、主体が受事主体で、出来事の客体にあたる文を言い、2類に分けられる。1類"信已经写好了。"[手紙はもう書き上げた。]（『わかる』p.100）は受事主体"信"が動詞"写"の対象で、文中に現れていない第1人称主体"我"が行う動詞"写"の直接の対象になる文"我已经写好信了。"である。もう1類"他的小说出版了。"[彼の小説は出版された。]（『わかる』p.100）は受事主体"他的小说"が動詞"出版"の対象だが、本を出版"出版"する主体は"出版社"であり、出版社が主体になる文"出版社出版他的小说了。"である。

4) 鈴木康之（2000：45）では、ヴォイスを能動態[太郎が次郎をなぐった。]、受動態[次郎が太郎になぐられた。]、使役態[三郎が太郎に次郎をなぐらせた。]、使役受動態[太郎が三郎に次郎をなぐらせられた。]の4類に分けている。高橋太郎ほか（1997：68〜69）では、ヴォイスを能動態[かぜが やねを ふきとばした。]、受動態[やねが かぜに ふきとばされた。]、使役態[花子が 太郎に にもつを はこばせる。]、相互態[太郎と 次郎が なぐりあった。]、再帰態[太郎が まどから くびを だした。]の5類に分けている。中島悦子（2007：10）では、ヴォイスについて「日本語のヴォイスの範疇には、自・他の対応・受身・使役・可能・自発等の諸形態を含めて考える。これらの諸形態は形態的・構文的・意味的に相関関係にあり、各々を別々に論じることは不可能だからである。」と述べている。

5) 鈴木康之（2000：46〜47）では、持主のある「ヲ格のもの名詞」を主語とする場合、「人間でないものが主語として現れる受動態では、次のように動作の主体が誰であるかを不問にするような場合が普通である」と指摘している。

　　次郎の自転車が（太郎に）壊された。　　次郎の絵が（花子に）褒められた。

6) この説は、鈴木康之（2000：49）にある。鈴木康之は「ものやことに対しての働きかけであれば、働きかけられた対象は、人間の場合と違って、自分の意志にもとづいて独自の動きをはじめることはない。したがって、使役の言い方ではある

が、実際には、対象に対する他動詞的な働きを意味していて、自動詞の他動詞化ともいうべき言い方である。」と述べている。

7) 鈴木康之（2000:49）は、自動詞の使役態には、モノやコトに対して働きかける場合と、主体の部分や側面に対して働きかける場合があると指摘している。

　　兄はオートバイを<u>うならせて</u>出かけた。（モノやコト）

　　先生は目を<u>パチクリさせて</u>驚いた。（主体の部分や側面）

8) 人民教育出版社中学語文室（1984:19）では、'把字句、被字句和一般的"动词+宾语"句有时候可以互相变换：'と説明し、互換可能な文が3例（例 37、38、39）次に挙げられている。吕文华（2008:279）では、"被字句"と主述文との互換関係を3類に分けて、言語事実から、さらに詳細な分析を行っている。

9) 下地早智子（1999:108）では、"被字句"は共時的、通時的に見て「被害、恩恵、中立」を表すとしている。贺阳（2008）は、「消極義、積極義、中性」の3類に分け、'为了承说方便,我们将"被"字句的语义色彩分为消极义、中性、积极义三种,所谓"消极义"是指不如意,不愉快、不情愿的语义色彩,所谓"积极义"指如意,愉快、情愿的语义色彩,所谓"中性"是指无消极与积极之分而不呈现特殊语义色彩的情况.'（p.229）と説明している。また、同著で旧白話と現代漢語の"被字句"を分析し、"被字句"の「積極義、中性」を表す用法は、旧白話にも若干あったが、五四以降は積極義と中性を表す用法が増えたことを指摘し、現代漢語では特に中性用法が大幅に増加した（p.234）と述べ、新中国成立後、外国から帰国する中国人の用いる欧化語法の影響（p.237）であると述べている。

10) 贺阳（2008: 228）では、祖人植の説により、主体にとっては被害だが、発話者にとっては恩恵である文を挙げ、'如"那个无恶不作的恶霸被人民政府枪毙了。" [極悪非道なあの親玉が人民政府に銃殺された。]（筆者訳），这个"被"字句对主语而言是不如意的,但对说话人而言却是如意的.'と述べている。"被字句"は主体の立場で見るのが原則なので、この文も筆者はやはり被害と看做している。

11) 下地早智子（1999:109）では「……、被害や迷惑の意味を伝達していると解釈できる受身文を以下日中一律に被害受身文と呼び、それ以外を中立受身文と呼ぶ。」と述べている。また、下地は、同論文でヴォイスについて、金水敏（1992）の主

張する日本語を「視点優位の言語」、英語を「他動性優位の言語」、中国語を「結果性優位の言語」（p.113）と言えるかもしれないと述べている。

12) "被字句"は結果を表す場合が多いが、結論を表す文もある。徐昌火（2005:244）では、"你这样做很容易被别人利用。"［こうすると、人に利用されやすい。］、徐晶凝（2008:153）では、"被人需要是一种幸福。"［人から必要視されるのは幸福なことである。］など結論を表す文を挙げている。また、李臨定（1993:107）には、語彙上の受身文の中で結論を表す文 "他经常受表扬。"［彼はいつもほめられています。］を挙げている。

13) 筆者の調査では、"代表们被激怒了，还没选举，就出现了选上的乡长。"（『人民』90-8-103）［これが代表たちを激怒させることになった。選挙はまだ行われていないのに、郷長が選ばれてしまった。］（同上）。この訳文は使役文の中に入れてもよいであろう。豊嶋裕子（1988）では "她被激怒了。"［彼女はかっとさせられた。］（p.102）、下地早智子（1999）では "他被此情此景感动得忽地涌出了一股泪水。"［彼はこの情景に感動させられ、覚えず一筋の涙が溢れ出た。］（p.108）などを挙げている。これらの訳文は使役受動文と言ってよいであろう。

14) 鄭曉青（1999:91）では「中国語と比べれば日本語は日常会話の中で受身表現が非常に多く用いられ、広い範囲に及ぶ動詞の受動形態がある。」と指摘し、中国語の"被字句"にない用法も紹介している。

15) 下地早智子（1999）では受動文を被害受身文と中立受身文とに分け、中立受身文の中に王力の言う「恩恵」が含まれる（p.108）、と指摘している。また、同論文において、「/被/字句とは、対象がどうナッタかという結果が、話し手にとって特に注目に値する場合に用いられる表現である」（p.112）と述べている。徐昌火（2005）は"被字句"を「一般には望まないで起きた不愉快・不如意・損害を表す場合 "同学们都被老师说糊涂了。"［学生たちは教員にわけの分からない説明をされた。］と実現しにくいことを表す場合 "他被选为新一任的学生会主席。"［彼は学生会の新委員長に選ばれた。］に用いる」（p.245〜246）と述べている。

16) 贺阳（2008:226）では、王力（1958）の論文を参考にして、"被字句"は通時的に不如意なことを表す文が圧倒的に多いと述べ、'从汉代一直到五四前，"被"字

句的使用始終有一定的限制，它通常只用于表达不如意的事情，带有不如意的语义色彩，而不大用来表达如意的或无所谓如意不如意的事情．'と説明している。

17) "被字句"の構造分析は多くの研究者により何類かに分けられているが、筆者は梁鴻雁（2004：219～220）に倣い、中国語の"被字句"を5構造に分けている。

18) 高橋弥守彦（2011）では参考書や専門書を整理して、中国語"被字句"に対する以下に挙げる3項目などをはじめとする16項目の注意点を挙げている。

    1) "被/让/叫"のうち、仕手は"被"の後であれば省略できるが、"让/叫"の後であれば省略できない。（徐晶凝 p. 154）

    2) 受け手は一般に出来事の対象であるが、受け手が他から受ける作用によって出来事を行うのであれば、"被"は省略できない。（徐晶凝 p. 154）

    3) "被字句"は命令文に使えない。（徐昌火 p. 246）

19) 豊嶋裕子（1988：101）では「"被"文の主語は多くの場合には受事であるが、形式の上で受事が主語として文頭に提示されているか否かということも、"被"文の成立要件にはなっていないと言えるであろう。」と述べている。周紅（2005：200）では、その構造を'主语+"被"+（宾语）+谓语动词+（后附成分），其中括号表示可以出现，但通常情况下"被"字句的谓语动词不能是光杆动词，需要一定的后附成分．'と述べている。

20) 王振来（2011：56）は、受身表現の主語について"汉语被动表述在运用上还有一个重要特点，就是被动表述大都表示主语受到某种影响．"と述べている。

21) 下地早智子（1999：108）では王力（1957）、太田辰夫（1958）、今井敬子（1986）の説として「恩恵」（《世说新语》）や「中立」（《红楼梦》）の用法は少ないながらも以前からあったと指摘している。

22) 吕文华（2008：290）では"a. 他拿走了一本书。b. 那本书(他)拿走了。c. 那本书被(他)拿走了。"の3例を挙げ、a文は主述文であり、b、c文は"被动句"であり、両者の違いは"b 句与 c 句的区别在强调被动程度不同以及感情色彩的差异．"と説明している。

言語資料
1.『コーパス』北京日本学研究センター　2003

2.『実用中国語課本』［日本語版］1, 2　東方書店　1991
3.『人民中国』ショートショート　人民中国雑誌社　1988～1996
4.『中国語学講読シリーズ』①～⑥　北京外文出版社　1991

主要参考文献とその略称
1. 王振来（2011）《语义功能语法与汉语研究》北京师范大学出版集团
2. 贺阳（2008）《现代汉语欧化语法现象研究》商务印书馆
3. 黄杰（2010）『日中対照研究から見る可能表現』大東文化大学大学院外国語学研究科中国語学専攻修士論文
4. 輿水優・島田亜実（2009）『中国語わかる文法』大修館書店『わかる』
5. 下地早智子（1999）「被害受身の日中比較」『中国語 3 学』246　日本中国語学会
6. 周红（2005）《现代汉语致使范畴研究》复旦大学出版社
7. 徐昌火编著　张媛英译（2005）《征服 HSK 汉语语法》北京大学出版社
8. 徐晶凝（2008）《中级汉语语法讲义》北京大学出版社
9. 人民教育出版社中学语文室（1984）《中学教学语法系统提要(试用)》人民教育出版社《提要》
10. 鈴木康之（2000）『日本語学の常識』海山文化研究所
11. 鈴木康之（2011）『日本語学の常識』海山文化研究所
12. 高橋太郎ほか（1997）『日本語の文法』正文社
13. 高橋弥守彦（2011）「中日対照関係から見る中国語受身文について」2011 年 10 月　日中対照言語学会月例会口頭発表
14. 鄭暁青（1999）「受身文の日中対照比較」『日中言語対照研究会』創刊号白帝社
15. 豊嶋裕子（1988）「"被"字句の成立条件にかんして」『中国語学』235　日本中国語学会
16. 豊嶋裕子（1989）「受身を表す"挨"にかんして」『中国語学』236　日本中国語学会
17. 中島悦子（2007）『日中対照研究　ヴォイス—自・他の対応・受身・使役・可能・自発—』おうふう
18. 丸尾誠（2010）『基礎から発展までよくわかる中国語文法』アスク出版『よくわかる』
19. 李宝贵（2005）《语法精讲与自测》北京大学出版社
20. 梁鸿雁（2004）《HSK 应试语法》北京大学出版社
21. 吕文华（2008）《对外汉语教学语法探讨》北京语言大学出版社

日本語の受身文に対応する中国語について
Concerning the Expression of the Japanese Passive in Chinese

張　岩　紅
ZHANG Yanhong

摘要　本文主要考察日语被动句的汉译问题，同时探讨为什么将日语的被动句译成汉语时会出现多种表达形式。

从语态的观点来看，日语可以通过主体名词的格与动词被动态形式「レル」「ラレル」构成被动句。但汉语由于没有格的变化，所以无法在单词层面上与日语形成对应关系，只能从句子层面上用表示被动表达的"被字句"与日语形成对应关系。

关于汉语的被动表达，徐昌火（2005）认为主要有"被字句"、"被字句"的变形、词汇上的被动句以及意义上的被动句等形式，并将其表达结果分为褒义、中性和贬义三种。根据笔者的调查，将日语的被动句译成汉语时，可分为"被字句"、词汇上的被动句、主动表达、使役表达以及意译等多种表达形式。

在日语的被动句中，有的句子并不表示褒义、中性和贬义这三种结果，而将这样的句子译成汉语时往往是主动表达以及意译等多种表达形式。因此可以说，汉语在很多情况下是无法将日语的被动句译成"被字句"的，其结果就导致表示被动表达的日语被动句形式要比汉语多得多，汉日两种语言在被动表达这一点上，并不是一对一的对应关系。

キーワード：ヴォイス　受身文　受動態　受身表現　"被字句"

目次

1. はじめに
2. 日本語と中国語の受身表現

3. 日本語の受身文に対応する中国語
4. おわりに

1. はじめに

　筆者の調査によれば、日本語の「レル」「ラレル」を用いる受身文は、中国語の"被字句"と比較すると、文中で多く使われている。日本語は中国語に比較すると、受身文を用いて表す用法が多いからであろう。これに対し、中国語の"被字句"は結果性の被害、中立、受益を表す場合に使われる。
　日中両言語の受身表現が分量的に異なることは、日中両言語が1対1の関係でないことを意味している。日本語では受身文であっても、中国語では受身表現で現さない場合が多々ある。その反対の場合も当然ある。翻訳は同じ種類の文で訳すのではなく、文意で訳すからである。
　筆者のこれまでの経験によれば、翻訳にあたっては、まず文章全体を見て、次に段落を見て、文を中心とする文脈ごとに意味の流れを見て訳していく。決して単語や文単位のレベルにスポットを当てて訳していくわけではない。しかし、言語研究レベルでは単語や文が対象となることのほうが圧倒的に多い。
　本稿では日中対照研究の立場から、両言語の受身表現に共通する文レベルで、日本語の受身文がどのような中国語に訳されているのかを分析し、その理由を明らかにし、日中両言語の対応関係について検討する。

2. 日本語と中国語の受身表現

　日本語の受身表現はヴォイス[1])の一つである受動態「レル」「ラレル」を用いる受身文[2])によって現される。中国語の受身表現は文構造によって一般文型（主述文）か特殊文型（"被动句"）かに判断されるので、"被字句"[3])をはじめ、いろいろな構文があるが、徐昌火（2005）では受身表現を形式別に見た以下の4構文に分類している。

　　① 動作対象＋（動作者＋）動詞＋その他

衣服我洗干浄了。［服はきれいに洗われた。（服は私がきれいに洗った。）］（筆者訳）
② 動作対象＋被/让/叫＋動作者＋動詞＋その他 [4]
弟弟被妈妈骂哭了。［弟は母に叱られて泣いた。］（筆者訳）
③ 動作対象＋为/被＋動作者＋所＋動詞
他不为金钱所动。［彼は金では動かされない。］（筆者訳）
④ 動作対象＋受（到）＋動作者＋的＋動詞
这种手机受到年轻人的喜爱。［この携帯は若者から歓迎されている。］（筆者訳）

上記の4構文は、これまでよく言われてきた表現を借りれば、①が意味上の受身表現、②が"被字句"、③が"被字句"のバリエーション、④が語彙上の受身表現[5]である。

上記4構文中、いわゆる意味上の受身表現①は、中国語では受身表現だが、日本人にとって、この種類の文が受身表現であると理解するのは難しい。日本語の受身表現は形式で受身文と判断されるからである。①の文は日本人であれば、［服はきれいに洗われた。］とは訳さず、［服は私がきれいに洗った。］と訳すであろう。①の文を後者で訳すと、日本語では受身文でなくなる。受身表現である「物」を主語とする前者はめったに使わないが、「〜は〜が〜」で表す後者は使う機会も多く、より自然な日本語なので、日本人は、この種類の文は一般に後者で訳している。

日本人が中国語の意味上の受身文を受身表現であると理解するのが難しい理由は、日中両言語では判断の基準が異なるからである。日本語の受身表現は形式的な「レル」「ラレル」を用いる受動態で表現される文を受身文と言うが、中国語の意味上の受身表現は文構造の内部関係によって判断される。中国語では受事主語"衣服"が事物であれば、物は述語動詞"洗"の行為をおこなえないので受身表現と判断される。①では行為の主体"我"が文中に表れているが、赵博源（1999）が挙げる"今天的报纸放在书架上了。"［きょうの新聞は本棚においた。］(p552)のように、行為の主体である

施事が文中に表れないのが中国語の典型的な意味上の受身文である。

3. 日本語の受身文に対応する中国語

日本語の「レル」「ラレル」で表す受身文に対応する中国語は、筆者の調査によれば、形式別に見ると"被字句"、語彙上の受身表現、能動表現、使役表現、意訳で表現されている。一般には"被字句"が多く使われていると思われがちだが、実際には、このうちの能動表現が一番多く、しかも他の表現に比べると群を抜いて多い。たとえば、語料庫の中の『ノルウェイの森』では、「レル」「ラレル」表現77回中、"被字句"は20回、語彙上の受身表現は4回、能動表現は45回、使役表現は2回、意訳は6回である。以下では日本語の受身文とそれに対応する中国語を調査分析してみよう。

3.1 "被字句"を用いる場合

日本語の受身文は『ノルウェイの森』の中国語訳に見られるように、能動表現を用いる場合が一番多いが、それでも"被字句"を使って訳している場合は、それに次いで多い。日中両言語の受身表現は、ともに出来事の中に「被害」など共通の内容を表す場合が多いからであろう。

受身表現を表す中国語の"被字句"[6]は一般に結果性のある被害・中立・受益を表すが、"被字句"を使って訳されている場合は、どのような内容の現実とかかわる出来事を表しているのか、形式別に検討してみよう。

3.1.1 「被害」を表す"被字句"

本節ではまず日本語の受身文が「被害」を表す"被字句"を用いて訳されている場合について、例文を若干挙げて検討してみよう。

（1）子供にこんなところ見られたらどうしようってね。『ノルウェイの森』
　　　这种场面被孩子撞见可怎么办？

（2）みんな自分が何かをわかってないことを人に知られるのが怖くってしようがなくてビクビクして暮してるのよ。『ノルウェイの森』
　　　都生怕自己不学无术的真面目被人看穿，惶惶不可终日。

（3）言葉のきれはしが、もぎとられたような格好で空中に浮かんで

いた。『ノルウェイの森』
中断的话茬儿，像<u>被拧掉</u>的什么物件似地浮在空中。

例（1）（2）（3）は、主体にとっていずれも出来事が「被害」とみなせる場合と言っていいであろう。「被害」と言っても、害を受けると言うよりは、そうされたくないという気持（例1，2）や主体の意思でないこと（例3）を述べる場合に使われている。このうちの例（1）は現実には起きていない仮定の出来事、例（2）は現実に起きる可能性のある出来事、例（3）は現実に起きた出来事を表している。このように見てくると被害を表す"被字句"は、現実と何らかの形で関係する出来事を表す場合に使われていることが分かる。

中国語では"被字句"を用いる「被害」を表す文[7]として、奥水優・島田亜美（2009）では、以下のような文を挙げている。

（4）我的点心<u>被/叫/让</u>弟吃了。[私のおやつは<u>弟に</u>食べられてしまった。]

（5）他<u>被/叫/让</u>自行车撞伤了。[彼は<u>自転車にぶつけられ</u>負傷した。]

上記2例（p98）は、いずれも現実に起こった被害を表している。たとえば例（4）の"被字句"は、"我"にとって自分のおやつ"我的点心"を弟"弟弟"に食べられてしまったのだから現実に起こった「被害」である。しかし、内容は「被害」と言うほど大げさなものではないので、奥水・島田は「被害」を表す"被字句"を同著で「望ましくない出来事を表す場合」（p99）と言っている。

丸尾誠（2010）では"被字句"を「被害や不愉快な事態に対して使われる」（p151）と言い、以下のような文（p150－151）を挙げている。このうち、例(6)は被害、例(7)は「不愉快な事態」と判断できる。

（6）他<u>被</u>公司解雇了。[彼は<u>会社を解雇された</u>]

（7）中日词典<u>被（人）</u>借走了。[中日辞典は<u>（人）に借りて行かれた</u>]

丸尾の挙げる例文も奥水・島田の挙げる例文と同様、いずれも現実に起こった被害と言える。日本人研究者の挙げる"被字句"はいずれも現実に起こった出来事を内容とする文であり、典型的な"被字句"と言えるであろう。しかし、上記の例（1）（2）（3）に見られる中国語訳の"被字句"

は必ずしも現実に起こった出来事を表しているというわけではない。

　ここで、中国語の「コーパス」を見て、"被字句"を用いている実例に当たってみよう。被害を表す"被字句"として以下のような例文が挙げられるであろう。

　　（8）一百多斤的好柴被洪水抢走。《插队的故事》
　　　　 百数十斤もの良質の薪が洪水に流されてしまった。
　　（9）从历史发展的眼光看，他是应该被淘汰的。《人啊，人》
　　　　 歴史発展の目から見れば、あの人は淘汰されてしかるべきです。
　　（10）道路两旁逐渐出现了隔年的枯草，细细长长的草茎在微风里悠悠地摇着，摩擦着，唱着一支将被遗忘的歌。《轮椅上的梦》
　　　　 道の両側には去年の枯れ草が目立ち始め、細長い茎を風にゆすって、もうすぐ誰からも忘れられてしまう歌をうたっていた。

　例（8）の出来事は現実に起こった出来事であり、人にとっては被害である。例（9）（10）の出来事は現実に起きる可能性のある出来事であり、主体の意思でないことやそうされたくないことであり、奥水・島田の言う「望ましくない出来事」である。このように見てくると、中国語の被害を表す"被字句"は「結果性のある実際の被害と望ましくない出来事」を表す場合に用いられると言えるであろう。

3.1.2 「中立」を表す"被字句"

　次に中立を表す"被字句"に訳されている日本語の例文ついて、例文を挙げて分析してみよう。

　　（11）食堂は二百人ぶんくらいの席があったが今使われているのは半分だけで、あとの半分はついたてで仕切られていた。『ノルウェイの森』
　　　　 食堂座位足可容纳二百多人，但现在使用的只有一半，剩下的半边被屏风隔开。
　　（12）直子は同じ姿勢のままぴくりとも動かなかった。彼女はまるで月光にひき寄せられる夜の小動物のように見えた。『ノルウェイの森』
　　　　 她保持同一姿势，凝然不动，看上去活像被月光吸附住的夜间小动物。

本節で言う「中立」とは、人が感じる被害や受益に関係のない内容であり、結果性のある客観性を重視する表現を言う。例（11）（12）は、人にとっていずれも出来事が「中立」とみなせる場合である。たとえば、例（11）は食堂をどのように区切ってあるかであり、人にとって被害や受益に関係のない内容である。このように見てくると中立を表す"被字句"は、現実と関係する出来事との関係で使われていることが分かる。

輿水優・島田亜美（2009）と丸尾誠（2010）では、"被字句"で表す「中立」としての例文が挙げられていない。

ここで、中国語の「コーパス」を見て実例に当たってみよう。中立を表す"被字句"としては以下のような例文が挙げられる。

(13) 她们身旁有一个大铁炉子，炉壁的某个地方<u>被烧红了一块</u>。《插队的故事》
彼女たちのそばには大きなストーブがあって、その表面の一部<u>が真っ赤に焼けていた</u>。

(14) 毯子<u>被挂在竹竿上</u>，迎着风扑打上面的灰尘，啪啪打着。《倾城之恋》
絨毯は<u>竹竿に掛けられ</u>、上についた埃を風がたたく。パンパンとたたく。

例（13）（14）まではいずれも被害や受益と関係のない結果性のある現実に起きている客観的な出来事を述べるにとどまっている。たとえば、例（13）は「ストーブが真っ赤に焼ける」という客観的な結果性としての出来事が文中に表れている。このように見てくると、中国語の中立を表す"被字句"は「結果性のある客観的な出来事」を表す場合に用いられると言えるであろう。

3.1.3 「受益」を表す"被字句"

次に受益を表す"被字句"に訳されている日本語の例文ついて、例文を挙げて分析してみよう。

(15) 私、赤くなっちゃったわ。<u>お人形みたいに奇麗な女の子に憧れられる</u>なんてね。『ノルウェイの森』

　　　　結果我脸都红了，怎么好让一位布娃娃一般漂亮的女孩儿崇拜呢！
（16）官長の覚えめでたく、選ばれて洋行の命を受けた。『近代作家入門』
　　　　他受到长官的器重，被选拔出国。
（17）たっぷりと君に抱かれているようなグリーンのセーター着て冬
　　　になる。『サラダ記念日』
　　　　好象全身被你抱在怀里，穿上宽松肥大的绿毛衣，迎来了冬季。
　本節で言う「受益」とは、益を受けると言うよりは羨望の対象やそうなりたいという気持などを述べる場合である。このうちの例（15）は現実に起こった出来事が羨望の対象、例（16）は現実に起きた出来事、例（17）はそうされたいという「望ましい出来事」を表している。このように見てくると受益を表す"被字句"は、現実と何らかの形で関係する出来事を表す場合に使われていることが分かる。
　中国語では受益を表す"被"を用いる場合の例文について、日本人研究者の輿水優・島田亜美（2009）では、次の1例（p99）だけを挙げて、本稿で言う「受益」についての説明をしている。
　　（18）他被同学们选为班长了。［彼はクラスメートによってクラスの
　　　　代表に選ばれた。］
　輿水・島田が同著で挙げる上記の例（18）は、"他"が"同学们"から"班长"に選ばれたので現実に起こった「受益」と言える。しかし、内容は「受益」と言うほどのものではないので、輿水・島田は「被害以外にも使われるようになった」（p99）と説明している。
　丸尾誠（2010）では"被"を用いる「受益」を表す文について、「被害の意味が感じられない中立的な場合のみならず、さらには好ましい事態についても受身で表せる例がみられます」（p151）と説明している。
　　（19）他的小说被翻译成了五种语言。［彼の小説は5つの言語に翻訳
　　　　されている。］
　　（20）他被老师表扬了。［彼は先生にほめられた。］
　丸尾の挙げる例文も輿水・島田の挙げる例文と同様、いずれも現実に起

こった受益と言える。たとえば、例 (19) は彼の小説が 5 種類の外国語に翻訳されるのだから、彼にとっては受益と言える。

　日本人研究者の挙げる"被字句"はいずれも現実に起こった出来事を内容とする文であり、典型的な"被字句"と言えるであろう。しかし、上記の例 (15) (16) (17) に見られる中国語訳の"被字句"は必ずしも現実に起こった出来事を表しているというわけではない。たとえば、例 (17) では「グリーンのセーター」は着ているが、「君に抱かれている」わけではない。グリーンのセーターを着ているのは現実の出来事であるが、君に抱かれているのが、主体にとっての望ましい出来事としての"被字句"の表す受益だが、実際は君に抱かれているわけではない。

　ここで、中国語の「コーパス」を見て実例に当たってみよう。受益を表す"被字句"としては以下のような例文が挙げられる。

　　　(21) 刘志高家婆姨，<u>被认为是全村年轻婆姨当中最漂亮最能干的一个</u>。
　　　　《插队的故事》
　　　　劉志高の女房は<u>この村の若い女房の中で一番器量がよくて仕事ができるとされている</u>。

　　　(22) 我<u>被选为戏剧股主任</u>。《关于女人》
　　　　私は<u>演劇担当主任に選ばれた</u>。

　例 (21) は現実に起こっている高い評価、例 (22) は現実に起こった出来事である。このように見てくると、中国語の受益を表す"被字句"は「結果性のある実際の受益と望ましい出来事」[8]を表す場合に用いられると言えるであろう。

3.2 語彙上の受身表現を用いる場合

　日本語の受身文は、中国語では語彙上の受身表現"受、遭、惹、得"[9]などを使って訳す場合がある。さほど多くはないが、以下に語彙上の受身表現を使って訳している場合の文を検討してみよう。

　　　(23) これは近年そのマナーを<u>中高年齢者たちから非難される若い層</u>のそれとも異なるものである。『適応の条件』

他们的举止和那些近年来遭到中老年人非难的青年人并不是一回事。
- （24）僕もそのとばっちりで体育会系の連中に殴られそうになったが、永沢さんが間に入ってなんとか話をつけてくれた。『ノルウェイの森』
我也险些惨遭体育会派系学生的殴打，幸亏永泽居中调解，才免受皮肉之苦。
- （25）私にとっていちばんの幸運の風は、ほんとうに素晴らしい、たくさんの人たちにめぐり会い、見守られてきたことだ。『サラダ記念日』
対我来说，最幸运的风是由于能遇到许多优秀的好人，受到他们的照顾。
- （26）そんな手紙を読みかえしてみると、僕自身が慰められた。『ノルウェイの森』
写罢反复阅读之间，我本身竟也得到了慰藉。

上記の例文を見ると、語彙上の受身文で対応する中国語は出来事が被害（例23, 24）と受益（例25, 26）を表す場合に用いられている。たとえば、人にとって例（23）の「非難される」は被害、例（25）の「見守られてきた」は受益とみることができるだろう。

3.3 能動表現を用いる場合

日本語の受身文は中国語では能動表現 10)を使って訳している場合が圧倒的に多い。中国語の"被字句"や語彙上の受身文は特定の意味を表す場合にしか使えないためである。そのため、日本語の「レル」「ラレル」を用いる受身文の中には両者を用いて訳すことができない文が多くある。本節では、日本語の受身文が中国語の能動表現を使って訳されている場合、どのような出来事を表しているのかを検討してみよう。

- （27）実際に目にしたわけではない井戸の姿が、僕の頭の中では分離することのできない一部として風景の中にしっかりと焼きつけられているのだ。『ノルウェイの森』
虽然未曾亲眼目睹，但井的模样却作为无法从头脑中分离的一部

分，而同那风景浑融一体了。

(28) 教室の彼の机の上にはしばらくのあいだ白い花が飾られていた。
『ノルウェイの森』
教室里他用过的课桌上，一段时间里放了束白花。

(29) 彼の父親は歯科医で、腕の良さと料金の高さで知られていた。
『ノルウェイの森』
他父亲是牙科医生，以技术高明和收入丰厚知名。

　上記の例文を見ると、中国語の能動表現を用いる場合は出来事が感覚（例27）・事実（例28）・評価（例29）を表す場合に用いられている。たとえば、人にとって例（27）の「焼きつけられている」は感覚、例（28）の「飾られていた」は事実、例（29）の［知られていた］は評価とみることができるだろう。これらは中国語の受身表現で表す被害・中立・受益とは異なる出来事である。

3.4 使役表現を用いる場合

　日本語の受身文を中国語では使役表現を使って訳している場合がある。さほど多くはないが、以下に使役表現を使って訳している場合の文を挙げて検討してみよう。

(30) もしあなたにとって、私の書いたことの何かが迷惑に感じられとしたら謝ります。許して下さい。『ノルウェイの森』
如果我写的某一点使你觉得为难的话，我向你道歉。请原谅我。

(31) ここにいる限り私たちは他人を苦しめなくてすむし、他人から苦しめられなくてすみます。『ノルウェイの森』
只要身在这里，我们便不致于施苦于人，也可以免使别人施苦于己。

(32) 住めば都で、住んでいる所を好むのは結構なことであるが、国籍が疑われるような言動はちょっとおかしいと思ったことである。『適応の条件』
久居一地，自然而然地产生好感，这也无可非议，但若讲起话来叫别人分不清你的国籍，就十分荒唐可笑了。

上記 3 例は、日本語の受身文が中国語では使役表現で表されているが、中国語ではそうさせる内容が含まれているからである。たとえば、例（30）では「私の書いたことがあなたをして迷惑に感じさせる」のである。

3.5 意訳の場合

　日本語の受身文を中国語では意訳している場合がある。多いとは言えないが少なくもないので、以下に意訳している場合の文を若干挙げて検討してみよう。

　　（33）何度見ても、やっぱり書いていないので、前の席の子の答案を覗き込む。「147」と<u>書かれている</u>。『五体不満足』
　　　　　我又仔细找了一遍，还是没有。这就奇怪了。我欠起身看了看前面同学的试卷，上面有用铅笔写的数学"147"。

　　（34）ボクの通っていた駿台・新宿校は、通称「ウソつき校舎」とも<u>呼ばれていた</u>。『五体不満足』
　　　　　我上的这所学校是骏台补习学校新宿分校，新宿分校简直可以说是名不副实。

　　（35）「何だよ、今のヤツ。やっと、<u>ビラを手渡された</u>と思ったら、オレの顔見て、引っ込めやがんの」『五体不満足』
　　　　　"干什么呀?那小子。送传单，送给我就送给我呗，可看到我的脸，又把传单要回去了。"

　　（36）カルチュア・ショックの不快感が<u>拡大される</u>と、現地に対するアプローチは冷静な知的なものより感情的な要素が大きくなる。『適応の条件』
　　　　　文化冲击带来的不快，会使我们在接触当地社会时失去冷静的智，从而使个人的感情成分大为增加。

　日本語では「レル」「ラレル」の受身文で書かれているが、中国語ではそれに対応する受身表現ではなく、文構造まで変えて表現されている。本稿では、このような関係にある文を意訳と言っている。

4. おわりに

　日中両言語の受身表現は、形式的に見れば、日本語の受身文は「レル」「ラレル」表現1つだけだが、中国語の受身表現は意味上の受身表現、"被字句"、"被字句"のバリエーション、語彙上の受身で表現され多様である。これらの中国語の受身表現は結果性のある被害・中立・受益を表す文に使われている。

　日本語の受身文は中国語では"被字句"、語彙上の受身表現、能動表現、使役表現、意訳で表現される。この中で最も多く使われている受身文は、中国語では能動文で訳されている。これは結果性を表さないので、中国語の"被字句"や語彙上の受身や使役表現では表現できないからである。また、意訳をされる場合も同様である。

　筆者の調査と分析によれば、日本語と中国語の受身表現は必ずしも同じ内容を表しているわけでないので、日中両言語の受身表現は1対1の関係ではないと言える。

注

1) 高橋太郎（1997）はヴォイスを能動態、受動態、使役態、相互態、再帰態の5種類（p68-69）に分け、鈴木康之（2000）は能動態、受動態、使役態、使役受動態の4種類（p45）に分けている。

2) 吉川武時（1989）は受身の構文を直接の受身と間接の受身（p184-189）に分けている。高橋太郎（1997）、鈴木康之（2000）は受動態の基本的な用法（p70-71、p46-48）として、直接対象の受身、あいての受身、持ち主の受身、第3者の受身を挙げている。また、「レル」「ラレル」を用いる受動態は「自発（自然に～するような現象が生じる）」「尊敬（～するという動作の主体を敬う）」「可能（～することができる）」（p48）のような意味も表せると指摘している。

3) 张宝林（2006）は"被字句"の構造を3種類「①主語（受事）＋"被"＋宾（施事）＋谓语中心语（＋其他成分）"……，重伤员被直升机送往医院救治。"「…、重傷者はヘリコプターで病院に搬送され助けられた。」②主語（受事）＋"被"＋谓语中心语（＋其他成分）"江苏教育、江苏科技出版社被评为全国优秀出版社。"［江蘇教育、江蘇科技出版社は全国優秀出版社に選ばれた。］③主語（受事）＋

"被/为"＋宾（施事）＋"所"＋谓语中心语"一切先进科技为人所用，造福人类。"［すべての科学技術は人間に使われ、人類を幸福にしなければならない。］」に分け例文（p218－219）を挙げている。

徐晶凝（2008）は"被字句"の基本構造は「O＋被 S＋VP」として、"苹果被小王吃了。"［リンゴは王君に食べられてしまった。］（p152）などの例文を挙げている。

4) 梁鸿雁编著（2004）は"被/让/叫/给"を用いることのできる次のような"被动句"（p219）を挙げている。

　　他被/让/叫/给这本人物传记吸引住了。［彼はこの伝記小説に引き付けられた。］

5) 陆庆和（2006）は徐昌火（2005）の挙げる4構文を"意义上的被动句"「意味上の受身文」①と"使用介词的被动句"「介詞を用いる受身文」②③④の2種類（p443－452）に分け例文を挙げ詳述している。この分類は簡単だが、④の種類の文は介詞を用いていないので、この種類の文を「介詞を用いる受身文」の中に入れると、その理解がかなり難しいようである。

6) 徐昌火（2005）によれば、標識のある"被动句"には"被、叫、让、给"を用いる"被字句"（p243－248）があり、例文が挙げられている。その他の構文として"被/叫/让…给…""为/被…所…"を用いる例文（p248－249）も挙げられている。

丸尾誠（2010）では"被字句"の中には"叫，让"を用いる以下のような文も含まれる。また、同著では話し言葉の中であれば"给"を用いるし、"叫，让"とともに動詞の前に"给"を用いることもできるという指摘があり、例文（p150－151）が挙げられている。

　　我胳膊叫蚊子叮了。［私は腕を蚊に<u>刺された</u>。］
　　那件事让他知道了。［あの件が彼に<u>知られた</u>。］
　　床单给（风）刮跑了。［シーツが（風）に<u>吹き飛ばされた</u>。］
　　我的照相机叫弟弟给弄坏了。［私のカメラは弟に<u>壊された</u>。］
　　我刚洗干净的衣服让孩子给弄脏了。［私がきれいに洗ったばかりの服が子供に<u>汚された</u>。］

7) 奥水優・島田亜美（2009）は"被字句"の中に"被…给…""给"（p99）を用いる以下のような文も入れている。

　　自行车<u>被人给骑走了</u>。［自転車は<u>人に乗って行かれてしまった</u>。］

　　　　鱼给猫吃了。［魚は猫に食べられた。］
　　徐昌火（2005）によれば、標識のある"被动句"以外に、その他の構文として
　　"被/叫/让…给…""为/被…所…"を用いる例文（p248－249）も挙げている。
　　　　那三瓶啤酒早就被他给喝光了。［あの3本のビールはとっくに彼に飲まれて
　　　　しまった。］
　　　　这篇文章的观点肯定不能为多数人接受。［この文章の観点は間違いなく多く
　　　　の人に受け入れられない。］
8) 受身表現で受益を表す訳文中にも以下のような"为…所…"が用いられている
　　文がある。
　　　　西郷隆盛のような国民的英雄が長く愛される理由の中には「人を相手にせず、
　　　　天を相手にせよ」といった訓が日本人の心に訴えるからであろう。『マッテ
　　　　オ・リッチ伝』
　　　　像西乡隆盛这样的国民英雄长期为人们所爱戴，大概也是由于他的训诫"不与
　　　　人谋，但与天谋"诉诸了日本人的内心。
9) 徐昌火（2005）では、語彙上の受身文として以下の2例（p249）を挙げている。
　　　　流行音乐很受年轻人的欢迎。［流行歌は若者から歓迎される。］（筆者訳）
　　　　他的这种做法受到了大家的批评。［彼のこのやり方はみんなから批判され
　　　　た。］（筆者訳）
　　丸尾誠（2010）では「動詞"挨、受"などを用いた場合にも、受身的な意味が表
　　されます」という指摘があり、例"挨骂［怒られる］、受到表扬［ほめられる］"
　　（p152）が挙げられている。
10) 趙博源（1999）は、この種類の文の中で筆者の言う「事実」に関する文"在机
　　场举行了欢迎仪式。"［空港で歓迎式が行われた。］"空地上造了房子。"［空地に
　　家が建てられた。］など5つの文を挙げ、"自然表明的被动句"（p556－557）と名
　　付け詳述している。

言語資料

中日対訳コーパス(2003)　北京日本学研究センター

参考文献

日本語文献

1.飯嶋美知子（2008）自発表現、受身表現の日中対照研究《日本语言文化研究――

日本学框架与国际化视角》张威主编　清华大学出版社
2. 王彦花（2008）日本語の受身文の研究――中国人への日本語教育に関連して《日本语言文化研究――日本学框架与国际化视角》张威主编　清华大学出版社
3. 上山あゆみ（1991）『はじめての人の言語学』くろしお出版
4. 輿水優・島田亜美（2009）『中国語わかる文法』大修館書店
5. 鈴木康之（2000）『日本語学の常識』海山文化研究所
6. 高橋太郎（1997）『日本語の文法』正文社
7. 鄭暁青（1995）受身文の日中対照研究―構文と表現における相違点―『日中言語対照研究論集』（創刊号）日中対照言語学会　白帝社
8. 叶青（2008）プロトタイプ理論に基づいた受動構文の日中対照《日本语言文化研究――日本学框架与国际化视角》张威主编　清华大学出版社
9. 吉川武時（1989）『日本語文法入門』アルク
10. 丸尾誠（2010）『よくわかる中国語文法』アスク出版

中国語文献
11. 高丽（2008）再论日汉被动句的比较《日语学习与研究》第 2 期
12. 何午（2000）再论日语被动表达――兼与中文被动句比较《日语学习与研究》第 1 期
13. 王黎今（2008）日语"受身文"和汉语"被"字句的语义对比研究《日语学习与研究》第 6 期
14. 吴世平（2006）视点差异与翻译――日语"れる·られる"与汉语的"使·叫·让"《日语学习与研究》第 3 期
15. 梁鸿雁编著（2004）《HSK 应试语法》北京大学出版社
16. 陆庆和（2006）《实用对外汉语教学语法》北京大学出版社
17. 吕叔湘主编（1999）《现代汉语八百词》增订本　商务印书馆
18. 徐昌火编著（2005）《征服 HSK 汉语语法》北京大学出版社
19. 徐晶凝（2008）《中级语法语法讲义》北京大学出版社
20. 张宝林（2006）《汉语教学参考语法》北京大学出版社
21. 张晓帆（2010）日语被动句汉译时的不对应现象《日语学习与研究》2010 年 6 期
22. 赵博源（1999）《汉日比较语法》江苏教育出版社

使役表現の教え方と日本語訳について

How to Teach a Causative expression
and how to translate the following Japanese

竹島　毅
TAKESHIMA Tsuyoshi

提要　"叫""让"等使役表达怎样教？ 在初级阶段，应该注意三点：(1)列举使用"说"的例句，与使役表达进行对比分析。(2)在教授句子结构时，强调"使动者"和"行动者"。(3)关于语法意义，强调最基本的"使令"用法。而在中级阶段，应该加强日译练习。在日译时，除了需要考虑使役者和被使役者之间的关系之外，还须考虑几种因素，有时使用能动或被动的形式翻译。相信这些日译方法可以帮助提高学生的阅读和会话能力。

キーワード：　使役表現　　実行させる人　　実行する人　　使役の標識

目次
0. はじめに
1. 初級段階での教え方
2. 日本語との対応関係
3. おわりに

0. はじめに

「誰々に～させる」という使役表現には、使役表現の構造の中で使役関係を表す動詞"叫""让"などがある。用例は多く初級テキストから引用し、日本語訳はすべて著者による（以下同じ）。

(1) 我叫我弟弟去买东西。（私は弟を買い物に行かせる。）『実用初級』p. 123

(2) 老师让学生写作业。（先生は学生に宿題をやらせる。）『はなまる』p. 85

本稿の主たる目的は、"叫""让"などを用いた使役表現を初級段階で分かりやすく教えるには、どのような教示方法が効果的であるのかをまず探求することである。また、日本語に訳す練習がより求められる中級以降の段階では、使役表現にどのような訳をつけるのが適切であるのか、それはどういう理由によるものなのか、などについても明らかにしてゆきたい。

1. 初級段階での教え方

1.1 最初の提示法

使役表現の最初の提示のしかたとして、既習のものを用いることにより、より分かりやすい説明ができるのではないだろうか。"叫""让"などを日本語に訳す際、「〜させる」という使役構文ではなく、「〜ように言う」という命令の間接的表現で訳した方がより適切な表現となることが多い。これは、人にある行為を「させる」際には、言葉による伝達を通して相手に働きかける場合がほとんどであるからだろう。したがって、それとの対比として、話す相手に直接行動を求める直接話法の例を挙げることにより、学習者は比較的スムーズに使役構文の学習に入っていけるのではないだろうか。以下に命令、禁止（不許可）を示す命令伝達の表現例を挙げてみよう。

① 命令
   a．我跟他说："你来吧！"（私は彼に「来て」と言った。）［作例］
   b．我叫(让)他来。（私は彼に来るように言った。）［作例］

② 禁止（不許可）
   a．医生跟我说："你不要喝酒。"（医者は私に「酒を飲んではいけません」と言った。）［作例］
   b．医生不叫(让)我喝酒。（医者は私に酒を飲まないように言った。）［作例］

学習者は最初の段階で学ぶ「言う」＝"说"という意識が強いため、①②のａの表現形式をとりがちである。しかし、状況によってはこうした直接話法は幼稚な伝達法だと思われることもあり、①②のｂのような命令を

間接的に伝える表現形式が実際には常用されている。

　また、"说"は直接話法に用いる以外、次のように間接的に話の内容を伝えるときにも用いることができるが、やはり使役の意味は表さない。

　　（3）他说小王明天来。(彼は王さんが明日来ると言った。) [作例]

　次のような日本語文は、当事者に行動を起こさせる使役の意味が加わるため"说"を用いると非文となり、"叫""让"などを用いて表さなければならない。

　　（4）彼は王さんに明日来るように言った。

　　　　他叫(让)小王明天来。[作例]

1.2　文構造について

　今回調査した120冊の初級テキストのうち、使役表現を取り上げているテキストは84冊（70%）あったが、「兼語式」として文法事項に入れているものを除き、文構造についての説明のしかたは様々である（　　は"叫""让"が入ることを示す）。

　①S＋　　＋O＋V
　②主語＋　　＋受役者＋動詞＋目的語
　③主語＋　　＋実行者＋述語
　④主語＋　　＋実行する人＋実行する内容（動詞句）
　⑤主動者＋　　＋受動者＋動詞（＋目的語）
　⑥動作主＋　　＋受け手＋動詞句
　⑦動作主＋　　＋使役の対象＋対象にさせる動作
　⑧実行させる人＋　　＋実行する人＋実行する内容

このうち⑧を用いて、以下のような説明を付け加えてみてはどうだろうか。

　　（5）妈妈让姐姐洗衣服。(母は姉に洗濯をさせる。)『大学生』p. 41

主体		出来事	
実行させる人＋	"让(叫)"＋	実行する人＋	実行する内容
妈妈	让(叫)	姐姐	洗衣服
母	させる	姉	洗濯をする

教授者が実行させる人（使役者）や実行する人（被使役者）という用語をキーワードに使役表現の内部構造のあり方（主語は実行させる人を表し、使役を表す"叫""让"の後には実行する人が付加されることなど）を説明する際に、こうしたアプローチは有効となる。

1.3 語法意義の面からの分類について

　語法意義の面からの分類では、命令、許容、容認、因果関係などがある[4]。このうち多くのテキストで用例が挙がっているのは命令、許容の2つであり、容認、因果関係に関しては触れているテキストがほとんどなかった。

　① 命令：「〜させる」、「〜ように言う」、「〜してもらう」

　（6）妈妈让孩子去买牛奶。（お母さんは子供に牛乳を買いに行かせる。）『キャンパス的』p.75

　（7）我们叫人去修。（私たちは誰かを修理に行かせる。）『1冊め』p.61

　（8）你让他给我打电话，好吗？（私に電話をするように彼に言ってくれませんか。）『はなまる』p.84

　（9）父母不叫我买摩托车。（両親は私にオートバイを買ってはいけないと言う。）『はじめて』p.61

　（10）妈妈不让我减肥。（母は私にダイエットをさせない。）『時間』p.90

　（11）考试的时候不让查词典。（試験の時は辞書を使ってはいけません。）『これなら』p.72

　② 許容：「〜させて」（"让我〜""让我们〜"）

　（12）等一下，让我想一想。（ちょっと待ってください。私に考えさせて。）『フォー』p.54

　（13）让我来介绍一下吧。（私にちょっと紹介させてください。）『一年生』p.104

　（14）把你的手机让我用一下儿吧。（あなたの携帯電話をちょっと貸してください。）『スタン』p.79

　③容認：「〜させたらいい」

　（15）让他去玩儿吧，别管他。（彼を放っておいて、遊びに行かせなさ

　　　　い。)『公式』p. 83
　④ 因果関係：
　　(16) 这里的一切让我难忘。(ここのすべてのことが私には忘れがたい。)『胡同』p. 108
　"叫"は①③④に用いることができ(②はできない)、"让"は①〜④すべてに用いることができる。"叫"と"让"を比較すると、テキストに挙げられている両者の用法分析と中国人話者の聞き取り調査から、"叫"の方が命令の度合いが強く、「言いつける、あるいは命令して〜させる」という意味合いが強いのに対し、"让"は被使役者の意思が考慮され、「許可して〜させる」という意味に傾く。例えば、①の例(6)には子供に対する母の命令意識が強く感じられるが、②の例(12)には私の許可を求める意識が強く表れている。
　使役表現の否定は、例(9)〜(11)のように"叫""让"の前に"不"を用いる。否定表現は日本語の「〜させない」「〜しないように言う」の意味を表す。
　例(16)は、主語である無情物"这里的一切"は"我"が抱く感情を表す原因であり、"高兴""着急""感动""满意"などの感情を表す動詞や形容詞が用いられる。"让"は文法書やテキストの説明、インフォーマントからの聞き取り調査によれば、"使"に置き換えられる。
　使役表現は学習者にとって難しい文法事項の一つなので、初級段階では最も基本的なものだけを集中して教えた方がよい。その意味では上記①の命令だけでも十分ではないだろうか。

1.4　"使""请"と"叫""让"

　使役表現を扱った初級テキスト84冊中に、"使"と"请(たのむ)"の2つの動詞がどのくらいの割合で取り上げられているのかを見たところ、"使"は20冊(21%)、"请"は38冊(45%)であった。本節では"叫""让"との比較対照を行うこととする。

1.4.1　"使"

　　(17) 这个消息使大家非常高兴。(このニュースは皆を大変喜ばせた。)
　　　　『フォー』p. 54

(18) 早上的空气使人觉得很舒服。(朝の空気は人を快適にさせる。)『話す聴く』p.66

(19) 他的话使她十分生气。(彼の話は彼女を非常に怒らせた。)『のびのび』p.96

例(17)～(19)の主語はいずれも被使役者が抱く感情を表す原因となっている。文法書やテキストの説明、インフォーマントからの聞き取り調査によれば、"使"は多く書面語で用いられる。

用例により、"叫"と"让"との比較対照を行うと、両者には以下の特徴が見られる。

① "叫""让"は受身を表す標識としても用いられるのに対し、"使"は使役専用の標識である。

② "叫""让"構文の主語は多くが人であるのに対し、"使"構文の主語は人や物ではなく、原因となる事象である。原因を主語にした使役表現と言える。

③ "叫""让"構文は後の動詞の行為の実現に無関心であるが、"使"構文は因果関係を構成しているため、必ず実現したことを表す。

次の用例は"使"を用いると、以上の理由により非文となるので"让"("叫")を用いなければならない。

(20) ×公司使我去北京出差。
　　〇公司让我去北京出差。(会社は私を北京に出張に行かせる。)『アプロ』p.89

1.4.2　"请"

初級テキストの中から、"请"の用例を見てみよう。

(21) 我们请老师参加。(私たちは先生に参加していただく。)『楽しく』p.79

(22) 我请他介绍北京的生活。(私は彼に北京の生活を紹介してもらう。)『亮太』p.30

(23) 请她给我们唱一个民歌吧。(彼女に民謡を1曲歌ってもらいましょう。)『例文中心』p.76

用例により、"叫""让"との比較対照を行うと、両者には以下の特徴が見られる。

① 使役者と被使役者の関係では、"叫""让"は目下か同輩、あるいは親しい間柄の場合に用いられるのに対し、"请"は目上、あるいは礼儀を必要とする間柄の場合に用いられる。

② "叫""让"は使役表現の構造の中で使役関係を表す動詞であり、構文上「被使役者にある行為をさせる」のに対し、"请"は言語による意志の伝達を表す動詞であり、構文上「被使役者にある行為をするように頼む」の意味である[6]。

2. 日本語訳との対応関係

中国語の使役表現に対応する日本語には、基本的な訳として「～させる」、「～ように言う」があるが、用例を調査すると、それ以外にも様々な訳が可能となる。ここでは中級以降の段階で使役表現を翻訳する際に、日本語とどのように対応させていけばいいかについて考えてみたい。用例はテキスト以外に、中国語検定試験の過去問からも引用した。

2.1 「～させる」と「～ように言う」

まずは"叫""让"の典型的な日本語訳「～させる」と「～ように言う」についての用例を比較検討してみよう。

(24) 我叫朋友来我家玩儿。『時間』p. 90

この文を「～させる」と「～ように言う」で訳すと、以下のようになる。

(25) 友人を家に遊びに来させた。

(26) 友人に家に遊びに来るように言った。

例(25)の「～させた」は友人を家に来させようとした結果、友人が「来る」という行為は必ず実現している。一方、例(26)の「～ように言った」はその限りではなく、私が働きかけはしたが、友人が来たかどうかまでは不明である。それに対し、中国語の使役表現は後の動詞の実現が含意されているか否かは関与していない。後の動詞の実現を目指して動作の働きかけを

行うという使役の本質に何ら変わりがないからである。[7]

　日本語で解釈する場合、一般的に「〜させる」とするよりも、しばしば「〜ように言う」とした方が適切な訳となるが、文脈からどちらが適切であるか判断できる用例を初級テキストの中から挙げてみよう。

■「〜させる」と訳した方が適切な例：
(27) 她想让你参加演讲比赛。(彼女はあなたを弁論大会に出場させたい。)『楽しく』p.99
(28) 让你花钱,不好意思。(お金を使わせてしまい、申し訳ない。)『着実に』p.75
(29) 对不起,让你久等了。(すみません、お待たせしました。)『中文在線』p.82
(30) 公司让他去上海了。(会社は彼を上海に行かせた。)『好好学习』p.83

■「〜ように言う」と訳した方が適切な例：
(31) 我叫你早点儿来,你怎么又来晚了？（私は早めに来るように言ったのに、あなたはどうしてまた遅れたのですか。）『カレッジ』p.70
(32) 老师让我们背课文,我忘了背。(先生は私たちに本文を暗誦するように言ったが、私は暗誦するのを忘れた。)『これから』p.88
(33) 大概你东西背多了。我让你少背些东西,你不听。(たぶんあなたは荷物を背負いすぎです。荷物は少なめにするように言ったのに、聞かないのだから。)『基礎から』p.91
(34) 要是我们不叫司机快开,真的来不及了。(運転手に急ぐように言わなければ、本当に間に合わないところでした。)『書いて』p.88

"叫""让"には"了"を付けられないが、(28)〜(30)のように被使役者の行為が実現されたことが含意される場合は、「〜ように言った」ではなく、必ず「〜させた」の訳となる。

　次に、過去に行われた中国語検定試験の読解問題を見てみよう。日本語訳は中検研究会編・光生館発行の『中検問題集』による。

■「〜させる」の例：
(35) 现在女儿做100以内的算术题已经没问题了,于是我就想让她试着做做应用题。(今娘は100までの計算ならもう大丈夫になった。しかし、私は娘に応用問題をちょっとやらせてみようと思った。)(3級56回)
(36) 我女儿还小,才一岁,还不会说话呢。晚上让她睡觉,她不睡。可一让她听日语录音,她就睡着了。(娘はまだ小さくて1歳ですから、言葉は話せません。夜寝かしつけようとしても、寝ないんです。でも日本語の録音を聞かせると、すぐに寝るんです。)(4級64回)
(37) 想起那些辛酸的日子,我想起码不能让妈妈在吃的上再受委屈了。(私はあの当時の苦しい日々を思うと、母に少なくとも食事面で二度と窮屈な思いをさせたくないと考えていた。)(2級63回)

■「〜ように言う」の例：
(38) 晚上妈妈给我收拾东西,让我早点儿睡觉,可是我躺在床上怎么也睡不着。(夜、母は荷物を用意してくれて、早く寝るようにと言った。でも、僕はベッドに横になってから、どうしても眠れなかった。)(4級60回)
(39) 上星期妹妹感冒了,没去学校上学。妈妈带她去了医院,医生让她吃药,在家休息。(先週妹が風邪を引いて、学校を休んだ。母が病院に連れて行くと、医者は薬を飲んで、家で休養するように言った。)(4級72回)
(40) 卖主是个年过花甲的老太太,她叫我说个价,我便定了5毛钱一个。(売っているのは60過ぎのおばあさんであった。おばあさんが私に買値を決めるように言うので、私は1個5角に決めた。)(2級60回)

2.2 「〜させる」と「〜させてくれる」、「〜させてもらう」

「〜させる」は被使役者に対する使役者の意思が強く、「無理に、無理やり」などの副詞を伴うこともできる。例えば、次の例(41)の中国語自体は

日本語訳の方は場合によっては、「無理やり飲ませる」といういわゆるアルコール・ハラスメントのニュアンスが感じられる。

(41) 他叫我多喝酒。（彼は私に酒をたくさん飲ませる。）［作例］

これをもし、被使役者である"我"が望むことを使役者である"他"が許容する場合であれば、日本語では「使役＋授受」の文となり、以下のように「～させてくれる」、「～させてもらう」で表すことになる。使役者の権限は感じられるものの、被使役者が恩恵を受けたと言うことを表すものとなる。

(42) 彼は私に酒をたくさん飲ませてくれる。

(43) 私は彼から酒をたくさん飲ませてもらう。

(43)の場合、主語はおのずから「私」になる。1つの文に2人以上が現れる場合、同じ出来事を誰に焦点を当てているかによって表現が変わってくる。例(41)を"他"に焦点を当てれば「～させる」、または「～させてくれる」となるが、"我"であれば「～させてもらう」となる。ただし表現が変わるだけであり、ある一つのことを言っているのには変わりがない。要するに構文上の問題ではなく、翻訳上の問題といえる。

中国語検定試験には以下の用例が見られる。

(44) 吃年夜饭的时候，红红的爸爸还让我们多吃鱼，他笑着说："过年吃鱼，年年有余。"（除夜の晩御飯を食べる時、紅紅のお父さんは私たちに魚をたくさん食べさせてくれた。紅紅のお父さんは笑いながら、「年越しに魚を食べると、毎年豊かになってゆくんだよ」と言った。）(3級52回)

2.3 「～させる」、「～してもらう」、「～していただく」

楊凱栄1985 (p67～68) は、「～させる」、「～してもらう」、「～していただく」の三者の使い分けに関して、こう説明している。

「X（使役者）が働きかける側で、Y（被使役者）が働きかけられる側であるという関係においては共通するが、XがYにどれだけの影響力を行使できるかによって、どれを選択するかが決定される。つまりはXとYの関係が目上か目下か、身内であるか、あるいは尊敬に値する人物にか

よって決まるわけだが、単なる社会的身分だけではなく、心理的な要因も絡んでくるようである。XがYをどのように扱うかという気持ちの持ち方に帰せられるのかも知れない」――

XとYの関係は上記の説明以外にも、富・武力などを背景として権力を持つものと持たないものとの力関係も含まれるであろう。

「〜させる」、「〜してもらう」、「〜していただく」についての用例をテキストから見てみよう。

　　(45) 老师叫学生写报告。(先生は学生にレポートを書かせる。)『ポイント』p.66
　　(46) 我让妈妈给你做中国菜。(私は母に頼んであなたに中国料理を作ってもらう。)『歩こう』p.119
　　(47) 我请老师再说一遍。(私は先生にもう一度話していただく。)『加油』p.167

上記(45)は目上→目下、(46)は身内同士、(47)は目下→目上という関係であるため、(45)の"让"を"请"に、(47)の"请"を"叫""让"に置き換えるのは一般に不適当と言えるわけだが、日本語では、使役者が権限を持っていたとしても、それをあえて表さない場合が多い。つまり「〜させる」ではなく、「〜してもらう」を用いることで、被使役者の意志を尊重した表現（同時に、被使役者が使役者によって恩恵を受けたことを表す表現）になり、使役者の尊大な感じがなくなると言えよう。

　　(48) 太郎は次郎を来させた。　→　(48)′ 太郎は次郎に来てもらった。

これらに関する用例を中国語検定試験の過去問から見てみよう。

　　(49) 我想明年再去上海短期留学，再去买老奶奶的桃儿，让她看看我的汉语进步了没有。(私は来年また上海に短期留学に行き、またおばあさんの桃を買いに行って、おばあさんに、私の中国語が進歩したかどうか見てもらいたいと思っている。)(4級63回)
　　(50) 女儿说："这也是一种服务艺术，在你买了商品后，给你一个意外的惊喜，让你回味无穷！"(娘は言った。「これもうまいサービス

の1つなのよ。商品を買った後に意外な喜びをお客さんに与えて、いつまでも覚えてもらおうというのよ」。）(2級66回)

2.4 能動文で訳す場合

さらには、能動文で日本語に訳した方が自然である場合もある。その代表的なものは、因果関係を表す使役表現である。1つの中国文に対して、使役と能動で訳を付けてみることにする。

(51) 这句话让华美非常高兴。『構造から』p.71

（使役：この言葉は華美をとても喜ばせた。）

（能動：この言葉を聞いて、華美はとても喜んだ。）

(52) 昨天晚上我刚睡着，你就给我打电话，让我一夜没睡好。『やさしく』p.42

（使役：昨晩眠りについた途端、あなたが私に電話してきて、私を一晩中眠れなくさせた。）

（能動：昨晩眠りについた途端、あなたが電話してきたので、私は一晩中眠れなくなってしまった。）

例(51)は主語である"这句话"が原因を、述語である"让华美非常高兴。"が結果を表している。(52)は"昨天晚上我刚睡着，你就给我打电话"が主語となって原因を表している。このように主語が無情物である使役表現を日本語で訳す場合、そのまま使役で訳すとかたい表現になるが、能動文で訳すとくだけた表現になる。前者は書面語で、後者は話し言葉で多く用いられるため、使い分けが必要になる。(52)のように主語がフレーズである使役表現を能動文で訳す場合、「～によって」、「～なので」、「～のおかげで」、「～のせいで」などの訳語を適宜補うことによって、より自然な表現となる。中国語検定試験の用例を見てみよう。

(53) 你已经这么大了，还不知道好好学习，真让我失望！（もうこんなに大きいのに、一生懸命勉強することがまだ分からないんだから。お母さん本当にがっかりだわ。）(4級62回)

(54) 尽管窗外是鹅毛大雪，但他们的几句话让我觉得暖乎乎的。（窓の

外にはぼたん雪が降っていたが、両親のちょっとした言葉のおかげで、私の心はぽかぽかと暖かくなった。)(2級65回)

(55) 他还说：骑双人自行车，让他们又重新找到了初恋的感觉。(彼は更に「2人乗り自転車に乗ることで、再び初恋の感覚を探し当てたような感じです」とも言う。)(2級57回)

なお、"叫""让"は、他に「命じる」、「声をかける」などの日本語訳にも対応する。先の用例を再録し、能動文で訳してみよう。

(20) 公司让我去北京出差。(会社は私を北京へ出張させる。→ 会社は私に北京への出張を命じた。)

(24) 我叫朋友来我家玩儿。(私は友人を家に遊びに来させた。→私は友人に家に遊びに来るよう声をかけた。)

また、言語環境においては「認める」「頼む」などの日本語訳が可能となることもある。(56)は中国の小説から、(57)は日本の小説から引用である(翻訳書による翻訳)。

(56) 真是您让我的小女进来，她还能争什么名分么？《色，戒》p.250
(もしも娘が間違いなく夏家に入ることをお認めくださるなら、正妻である奥様と名文で争うなどありえません。)『ラスト、コーション』p.125

(57) 叔母さんが、お爺ちゃんに留守を頼んで東京見物に出かけた。ところがお爺ちゃんは耄碌しているから、留守を頼まれたのを忘れてこれも後から出かけてしまった。『恍惚の人』p.108
(姑姑让爷爷看家，自己去逛东京了。可爷爷痴呆了，忘了被吩咐的事，随后也出去了。)《恍惚的人》p. 68

(56)は多額の借金を抱えた男が自分の娘を妾に、と夏家の夫人に頼み込んでいる場面であり、使役「～させてくれる」の意味が基になって翻訳本では能動「認める」で訳されている。

(57)は叔父叔母と同居している孫が母親に言ったセリフ。「頼む」は"请""托"などの語で訳されることが多いが、お互いの関係が近い場合、"让"

2.5 受身表現で訳す場合

また、「〜される」と受身表現で和訳することも可能であろう。1つの中国文に対して、使役と受身で訳を付けてみることにする。

(58) 是谁叫你来的？『体系的』p.69
　　　（使役：誰があなたに来るように言ったのですか。）
　　　（受身：あなたは誰から来るように言われたのですか。）
(59) 老师让我告诉你。『話す聴く』p.68
　　　（使役：先生があなたに伝えるように私に言った。）
　　　（受身：私は先生からあなたに伝えるように言われた。）

中国語は通常話のテーマ（話題）が主語となって文全体を制御する。例(58)(59)であれば、使役者である"谁""老师"を主語にして文を展開しなければならないため、"你""我"を主語にして次の(60)(61)のような受身文で表すことはできない。これはヴォイス（voice）の関係で、日本語と中国語の受身表現の範囲が異なるからである。

(60) ×是你被谁来的？
(61) ×我被老师告诉你。

上記例(58)(59)の和訳は使役・受身ともに自然だが、以下のように前節と後節の主語が異なる複文を和訳する場合、主語を1つにまとめた方が簡潔で分かりやすい表現となるため、受身表現が優先される。

(62) 刚才我去上课，老师叫我回去休息休息。『ポイント』p.69
　　　（使役：先程私が授業に行くと、先生が私に帰って休むように言った。）
　　　（受身：先程私が授業に行くと、先生から帰って休むように言われた。）
(63) 有一天妈妈叫他去买东西,可是他不想去。『基礎固め』p.80
　　　（使役：ある日母親が彼に買物に行くように言ったが、彼は行きたくなかった。）
　　　（受身：ある日彼は母親から買物に行くように言われたが、行きたくなかった。）

日本の小説『鉄道員(ぽっぽや)』の原文とその中国語訳を比較されたい。

(64) そうかい……は、駅長さんってかい。さては仙ちゃんに言われたな。なんも、駅長さんなんて、こそばいですよお。駅員だって一人もおらんだから。P. 16

（是嘛……哦，你刚才叫我站长来着。是阿仙让你这么叫的吧？什么站长不站长的，真叫人难为情，就我一个光杆司令。p. 12）

例(64)はある村で駅長を務めている男が村人から「駅長さん」と呼ばれることに対しての発話である。中国語文は"你"と"阿仙"の主語の転換が見られるが、日本語文では、二人称を共通の主語として受身で表現している。

中国語検定試験の例を見てみよう。

(65) 小王叫我帮他买中文杂志。（王くんから中国語の雑誌を買ってきてくれと頼まれた。）（3級58回）

(66) 我姑姑在那儿，她总让我去玩儿，可是我没有时间。（おばがあちらに住んでおりまして、遊びに来いっていつも言われているんですが、時間がないんです。）（4級64回）

(67) 那个菜市场离我家很近，走路只要五分钟。但是，一听到让我自己去买菜，就觉得很紧张。（その市場は家から近く、歩いて5分で行ける。でも、買い物に行って来て、と言われてとても不安になった。）（4級54回）

さらに、「～させられる」という「使役受動態」で表すことが可能な場合もある。使役受動態は使役と受身が共起する文（受身の範疇）で、一般的に動作主の自発的な意志によってではなく、他者の意志によってその動作を行う場合に用いられ、その結果、文全体として迷惑・被害の意味が生じやすくなる[8]。1つの中国文に対して、使役と使役受動態で訳を付けてみることにする。

(68) 爸爸叫我去买晚报。『緑さん』p. 95

　　　（使　　役：父は私に夕刊を買いに行かせる。）

　　　（使役受動：私は父から夕刊を買いに行かされる。）

(69) 陈老师让我们背课文。『実用初級』p. 123

（使　　役：陳先生は私たちに本文を暗誦させる。）
　　　（使役受動：私たちは陳先生に本文を暗誦させられる。）
例(68)の使役受動態「行かされる」には、「父が夕刊を買いに行かせる」ことを被使役者の「私」が迷惑に感じているというニュアンスが含まれ、当然、使役者の「父」の力もそのまま感じられる表現となっている。(69)も同様で、「暗誦させられる」とすることで、自ずから強制力を伴う意味が含まれることになる。

3. おわりに

　文法構文を教える上で全般的に言えることだが、この構文を覚えることによって、どういうことを表せるようになるのかという学習者の興味の方向性を教師側が重視することが不可欠だと思われる。そのためには、使役表現を教える場合も他の構文同様に、第一段階でどういう場面やどういう状況で使うのかをまず分りやすく説明して学習者の理解を促すことから始め、そのうえでさらに「～させる」「～ように言う」以外に対応する日本語訳を教示して、文章の読解力や会話の運用能力の向上につなげていく必要がある。
　2.3で触れたように、日本語は両者の関係（または3者の関係）に応じてさまざまな表現形式をとるため、使役表現のようなX（使役者）がY（被使役者）に働きかけて何らかの行為を促す表現を和訳する際には訳語の使い分けに注意しなければならない。その点を中級段階以降の学習者にできる限りわかりやすく教えるには、どのような教授法が有効なのかを今後さらに探求していきたい。

注
1) "叫""让"を介詞とする説もあるが、使役表現においては、兼語構造を成しているとし、動詞とする。
2) 荒川清秀1977は、こうした表現法を「命令の間接化」と名付け、他人の命令、又は話者の過去の命令を伝えたり、報告したりすることを意味する、としている。

3) 2000年以降、日本国内の出版社で発行されたテキストを対象とした。例文は、本文と文法解説部分からの引用であり、ドリル、練習問題等は除外した。
4) 魯宝元2003は、"汉语使役表达的语法意义和使用场合"として、"使令/引发/放任/委婉请求/因果关系/评价/共同的希望"の7類に分けている。
5) 丸尾誠2010『よくわかる中国語文法』、アスク出版、p.158参照。
6) この種の動詞には他に、"求，托，要，劝，告诉"などがある。
7) 三宅登之2007は、使役表現を意味論的側面から着目した場合、 行為段階 → 結果段階 というフレームで捉えると、たとえ結果が実現されなくても、「結果段階」になるように「させる、仕向ける」という事実に変わりはない、としている。
8) 被使役者が望むことを使役者が許容する場合、日本語では「使役＋授受」の文となり、「～させてもらう」で表す。使役者の権限は感じられるものの、被使役者が恩恵を受けたと言うことを表すものとなる。

参考文献

楊凱栄 1985 「使役表現」について―中国語との対照を通じて―『日本語学』4月号 p59-71, 明治書院。

荒川清秀 1977 中国語における「命令」の間接化について―"叫(让)"に対する一つの視角―『中国語研究』第16号 p497-520。

魯宝元 2003 《汉日语言研究文集》六 p58-73, 北京外国语大学国际交流学院编。

李大忠 1996 "使"字兼语句《外国人学汉语语法偏误分析》p119-126, 北京语言文化大学出版社。

輿水優 1996 『続中国語基本語ノート』p204-206, 大修館書店。

三宅登之 1994 「兼語文」のプロトタイプ『中国語学』241 p49-58

三宅登之 2007 使役動詞と伝達動詞の接点『日中対照言語学研究論文集』p345-369, 和泉書院。

馮寶珠 1995 「兼語式」構文について『中国語学』242 p64-70

竹島毅 1996 原因使役文について『語学教育研究論叢』第13号 p201-220

岩淵匡編 2000 『日本語文法』p124-126, 白帝社。

奥津敬一郎 1987 使役と受身の表現,『国文法講座』6p233-251, 明治書院。

『恍惚の人』有吉佐和子 2005, 新潮文庫。／《恍惚的人》李炜译 2011, 南海出版公司。
《色，戒》张爱玲著 2007, 北京出版社。／『ラスト、コーション』南雲智訳 2007, 集英社。
『鉄道員（ぽっぽや）』浅田次郎著 2000, 集英社文庫。／《铁道员》郑民钦译 2002,

人民文学出版社。

引用書目（引用順に列挙）

『実用初級』実用初級中国語、郭春貴他、白帝社 2007　『はなまる』はなまる中国語、三宅登之他、朝日出版社 2005　『大学生』大学生のための基礎中国語、呉凌非、郁文堂 2004　『キャンパス的』キャンパス的中国語、渋谷裕子他、同学社 2006　『1冊め』1冊めの中国語〈会話クラス〉、劉穎他、白水社 2010　『はじめて』はじめてみよう中国語の世界、丸尾誠他、金星堂 2011　『時間』中国語の時間、梁継国他、朝日出版社 2009　『これなら』これならわかる中国語初級、守屋宏則、同学社 2006　『フォー』フォーアップ中国語、守屋宏則、同学社　『一年生』一年生のころ、相原茂他、朝日出版社 2004　『スタン』中国語スタンダード、何暁毅他、白帝社 2006　『公式』公式でわかる初級中国語、三宅登之他、朝日出版社 2005　『胡同』初級テキスト胡同生活、大西智之他、白帝社 2008　『話す聴く』話す・聴く・書くための中国語、廖伊庄他、駿河台出版社 2008　『のびのび』のびのび入門中国語、守屋宏則、朝日出版社 2004　『アプロ』中国語へのアプローチ、楊凱栄他、朝日出版社 2006　『楽しく』楽しく学ぼうやさしい中国語、王武雲、郁文堂 2009　『亮太』新 亮太の冒険、砂岡和子、白帝社 2003　『例文中心』例文中心初級中国語、牧田英二他、同学社 2007　『着実に』着実にまなぶ中国語20講、讃井唯允、朝日出版社 2006　『中文在線』中文在線 基礎編、関中研、白帝社 2007　『好好学習』好好学習、佐藤晴彦他、白帝社 2006　『カレッジ』中国語カレッジ、李鴻谷他、郁文堂 2008　『これから』これからは中国語!、周先民他、朝日出版社 2011　『基礎から』基礎から学ぶ実践中国語、王学群他、白帝社 2009　『書いて』書いて覚えるリスニング中国語、千葉謙悟、センゲージラーニング 2009　『ポイント』中国語ポイント55、本間史他、白水社 2010　『歩こう』中国を歩こう、陳淑梅他、金星堂 2004　『加油』加油！中国語、張美霞他、郁文堂 2009　『やさしく』やさしく・学ぼう・中国語、靳衛衛他、同学社 2004　『体系的』体系的に学ぼう初級中国語、丸尾誠、金星堂 2006　『基礎固め』基礎固め中国語、関根謙、同学社 2005　『緑さん』緑さんの留学生活、佐藤富士雄他、白帝社 2005

［付記］　本稿は、2010年10月16日（土）、明治学院において行われた「中国語教育学会関東地区研究会」での口頭発表を基に、修正・加筆したものである。

日本語の受身文と中国語の受身文 *
Passive Constructions in Japanese and Mandarin Chinese

李　所　成
LI Suocheng

摘要　本文从『ノルウェイの森』『飼育』『砂の女』『斜陽』四篇日文作品和《插秧队的故事》《家》《骆驼祥子》《钟鼓楼》四篇中文作品中穷尽性地抽出日语和汉语的被动句，对二者的构成及互译情况进行了详细的考察。发现，在日语和汉语被动句中，"直接对象被动句"所占的比重要远大于其它类型被动句所占的比重。并且，与日语相比，"直接对象被动句"在汉语被动句中所占的比重相对要大。此次调查的数据显示，除了"关系者被动句"在日语和汉语被动句中所占比重大致相等之外，"领有者被动句"和"间接对象被动句"在日语被动句中所占的比重要高于二者在汉语被动句中所占的比重。另外，日语被动句在汉译时多译成汉语的及物动词句，而汉语被动句在日译时则多译成日语的被动句。

关键词　被动句　日汉对比

目次
0. はじめに
1. 日中受身文の分類
2. データーの収集
3. データーの分析
4. 本稿の結論

0. はじめに

　日本語においても、中国語においても「受身文」と呼ばれるものが存する。次の(1)(2)は日本語の受身文の例であり、(3)(4)は中国語の受身文の例である。

(1) <u>ドアの向うの一周り小さい部屋に新しい水槽が作られてい</u>、それには<u>白濁したアルコール溶液が満たされていた</u>。『死者の奢り』

(2) <u>一度投機に成功した人間は会社にほめられ</u>、また投機に走り、いつかは失敗する。『日本経済の飛躍的な発展』

(3) 工人们还没来得及冲到魏石头身边，<u>他已经被煤块埋住了</u>。《盖棺》

(4) 拉板胡的老杜说："<u>小余，让你娘一顿好打</u>，还敢跳墙不？"《红高粱》

(1)～(4)が示すように、日本語の受身文においては、述語動詞に受身のマーカー「れる」または「られる」が付き、中国語の受身文においては、述語動詞の形が変わらないものの、文中に同じく受身のマーカーと考えられる"被""让"などが現れる。[1]また、中国語においては、受身のマーカー"被""让"などが現れないにもかかわらず、意味上で、主語が述語動詞の表す動作作用によって何らかの影響を受ける文、いわゆる"意義上的被动句"または"无标志被动句"などと呼ばれるものがある。次の(5)～(7)は呂叔湘(1980)から引用したものである。

(5) 信已经发了。（呂叔湘 1980: p.30）

(6) 公社的羊万万丢不得。（同上）

(7) 这本书照例卖得很快。（同上）

中国語においては、(5)～(7)のような「意味的受身文」をも、"被动句"の名の下に、(3)(4)のような受身のマーカーを含む文、いわゆる「文法的受身文」と同等に扱う傾向が見られる。本稿は「意味的受身文」を受身文としては認めない。それは、受身文はあくまでも意味カテゴリーではなく、文法カテゴリーの問題であることと、文法的受身文と意味的受身文の表す意味が本質的には異なると考えられるからである。また、中国語においては、"被动动詞句"と呼ばれるものもある。[2]次の(8)～(10)は趙清永(1993)から引用したものである。

(8) 我父亲是受了老张的骗。（赵清永 1993: p.100）

(9) 老王挨过地主的鞭子。（同上）

(10) 水库修好以后这里再也不遭水淹了。（同上）

「意味的受身文」と違い、「被動動詞文」は通常、受身的な意味を持つ動詞"受""挨""遭"などが述語になる。「被動動詞文」は、意味的には「文法的受身文」と似ており、そして、両者は同じ文脈の中で共起することもよく見られる。しかし、文構造上において、「被動動詞文」は通常の他動詞文と何ら変わらないと考えられる。たとえば、(8)(9)における名詞句"老张的骗""地主的鞭子"はそれぞれ述語動詞"受""挨"の目的語であると考えられるゆえ、(8)(9)は通常の他動詞文のSVO構造になっていることは言うまでもない。また、(10)は述語動詞"遭"の後ろに"水淹"という主述構造を持つ動詞句が来ている点においては(8)(9)と違うが、"本工厂欢迎各界朋友参观访问。"などのような同じ構造を持つと考えられる中国語他動詞文があるので、決して特殊とは言えない。それゆえ、本稿は「被動動詞文」をも受身文としては認めない。そういうわけで、特別の断りがない限り、本稿で言う受身文はすべて文法的受身文を指すことになる。

　本稿は、2002年北京日本学研究センターによって開発された日中対訳コーパスを使い、『ノルウェイの森』『飼育』『砂の女』『斜陽』《插秧队的故事》《家》《骆驼祥子》《钟鼓楼》から日本語と中国語の受身文を抽出し、日中受身文の構成状況を考察することと、抽出された日中受身文を、対応する中国語訳文または日本語訳文と対照して、日中受身文の対応状況を調べることが目的である。

1. 日中受身文の分類

　日本語の受身文については、これまでいろいろ分類が行われているが、本稿は工藤(1990)における分類を参考にし、日本語の受身文を、「直接対象受身文」「持ち主受身文」「相手受身文」「関係者受身文」の四つに分けることにする。[3]直接対象受身文とはヲ格（目的語）が主語となる受身文である。

持ち主受身文とはヲ格、ニ格またはカラ格の連体修飾語が主語となる受身文である。相手受身文とはニ格、カラ格が主語になる受身文である。関係者受身文とは事態の参与者でないものが主語になる受身文である。それぞれの受身文及びそれに対応する能動文の例については、(11)〜(21)を見ていただきたい。[4] (11)(12)は直接対象受身文であり、(13)〜(15)は相手受身文であり、(16)〜(19)は持ち主受身文であり、(20)(21)は関係者受身文である。なお、横線の左側が受身文で、右側がそれに対応する能動文である。

(11) 花子が（太郎に）殺される——太郎が花子を殺す
(12) ロープが切られる——太郎がロープを切る
(13) 花子が（太郎に）かみつかれる——太郎が花子にかみつく
(14) 花子が（太郎に）手紙を渡される——太郎が花子に手紙を渡す
(15) 花子が（太郎に）罰金を取られる——太郎が花子から罰金を取る
(16) 花子が（太郎に）子供を殺される——太郎が花子の子供を殺す
(17) 武蔵が（敵戦闘機群に）舵機を壊される——敵戦闘機群が武蔵の舵機を壊す
(18) 花子が（太郎に）顔に墨をつけられる——太郎が花子の顔に墨をつける
(19) 花子が太郎に頭から水をかけられる——太郎が花子の頭から水をかける
(20) 花子は太郎に死なれる——＊太郎が花子を死ぬ（太郎が死ぬ）
(21) 花子は太郎に酒を飲まれる——＊太郎が花子に酒を飲む（太郎が酒を飲む）

一方、中国語においては通常、動作作用を直接受ける対象だけが受身文の主語になると考えられているゆえ、普通、対応する能動文との関係で受身文の種類わけをしない。しかし、中国語においては、関係者受身文、持ち主受身文、相手受身文がまったくないわけではない。(22)〜(25)を見ていただきたい。(22)は中国語関係者受身文であり、(23)は中国語持ち主受身文であり、(24)(25)は中国語相手受身文である。

(22) 觉慧正要答话,就被淑华抢先说了:"他不会踢,他踢不到十下!"她这样地嘲笑了觉慧,好像报复了先前落毽子的仇,她的圆圆的粉脸上现出了得意的笑容。《家》

(23) 狐狸和红衬衫,论人格均比我低下,但都能说善辩,倘若我说得不好,被他们挑毛病就没意思了。《哥儿》

(24) 1923年,孙中山到达广州,设立大元帅府,下令嘉奖滇、桂、粤军及海军共讨陈炯明之功,并对有功将领颁授军衔,浦在廷也被授予少将军衔。《我的父亲邓小平》

(25) 因为,'宝马'这种车的背后被人们赋予了太多的深意,事实上也确实往往有深意。"《新华社2004年新闻稿》

(22)は、"觉慧"が何かを言いたいが、"淑华"に口を挟まれてしまったことを表す。即ち、(22)における"觉慧"は"淑华抢先说了"という事態によって影響されているが、この事態には参与していない。(23)における"毛病"はあくまでも"我的毛病"であり、連体修飾語の"我"が受身文の主語になっている。言い換えれば、(23)に対応する能動文は"他们挑我的毛病"である。(24)における"浦在廷"と(25)における"'宝马'这种车的背后"がそれぞれ述語動詞"授予""赋予"の相手であることは明らかである。

2. データーの収集

本稿は『ノルウェイの森』『飼育』『砂の女』『斜陽』と《插秧队的故事》《家》《骆驼祥子》《钟鼓楼》から、日本語または中国語の受身文を網羅的に抽出して、両者の構成及び対訳状況を調査し、その結果を表1と表2にまとめた。表1と表2において、いちばん左側の縦欄は日本語または中国語受身文の種類わけであり、対応する数字と括弧の中のパーセンテージはそれぞれ検索に当たった当該受身文類の数とその数が検出した受身文全体に占める割合を示す。いちばん上側の横欄は日本語または中国語受身文に対応する中国語または日本語訳文の種類わけであり、対応する数字と括弧の中のパーセンテージはそれぞれ日本語または中国語受身文が当該種類の

中国語または日本語訳文に翻訳された数とその数が当該受身文類全体に占める割合を示す。

表1『ノルウェイの森』『飼育』『砂の女』『斜陽』

中国語訳 / 日本語受身	直接対象受身	持ち主受身	相手受身	関係者受身	自動詞	他動詞	意訳	未訳
直接対象受身 659(83%)	214 (32%)	1 (0.2%)			55 (8.3%)	319 (48%)	66 (10%)	4 (0.6%)
持ち主受身 46(5.8%)	8 (17%)	9 (20%)			3 (6.5%)	22 (48%)	4 (8.7%)	
相手受身 80(10%)	4 (5%)	2 (2.5%)	7 (8.8%)		5 (6.3%)	54 (68%)	8 (10%)	
関係者受身 12(1.5%)	2 (16%)					9 (75%)	1 (8%)	

表2《插秧队的故事》《家》《骆驼祥子》《钟鼓楼》

日本語訳 / 中国語受身	直接対象受身	持ち主受身文	相手受身	関係者受身	自動詞	他動詞	意訳	未訳	その他
直接対象受身 433(95%)	204 (47%)	19 (4.4%)	6 (1.4%)	2 (0.5%)	98 (23%)	39 (9%)	50 (12%)	10 (2.3%)	5 (1.1%)
持ち主受身 9(2%)		6 (67%)	2 (22%)		1 (11%)				
相手受身 7(1.5%)	1 (14%)		5 (71%)			1 (14%)			
関係者受身 8(1.7%)	2 (25%)			2 (25%)		3 (38%)		1 (13%)	

3. データーの分析

3.1 日中受身文の構成分析

　表1と表2から分かるように、日中両言語の受身文において、直接対象受身文は、他の種類の受身文に比べ、受身文全体に占める割合が遥かに大きい。特に、中国語の場合、直接対象受身文が中国語受身文全体のおよそ95％を占め、日本語直接対象受身文の日本語受身文に占める割合(83％)より12％も多い。

　もし受身文が動作作用の関わる対象を主語とする文であるとすれば、直接対象受身文が受身文のなかで他の種類の受身文より多いのは当然のこと

である。それは動作作用の関わるさまざまな対象の中で、直接対象（目的語）が、その名の示すとおり、述語動詞の表す動作作用を直接的に受けており、他の対象は動作作用を間接的にしか受けていないからである。換言するならば、受身文は動作作用の直接対象を主語に立てるのが基本的であり、また無標である。

　また、表1と表2が示すように、持ち主受身文、相手受身文、関係者受身文の三者の受身文に占める割合は日本語においても、中国語においても少なく、10％以下にとどまっている。具体的に言えば、今回、中国語持ち主受身文が9例、中国語関係者受身文が8例、中国語相手受身文が7例検出し、それぞれおよそ中国語受身文全体の2％、1.7％、1.5％を占める。また、日本語持ち主受身文が46例、日本語相手受身文が80例、日本語関係者受身文が12例検出し、それぞれおよそ日本語受身文全体の5.8％、10％、1.5％を占める。今回、検出したデーターでは、中国語関係者受身文と日本語関係者受身文の受身文に占める割合がほぼ同じであるということになっているが、しかし、日本語では「太郎が雨に降られた。」「太郎が父に死なれた。」などが言えるのに対して、中国語では"太郎被雨下了。""太郎被父亲死了。"が言えないことから見れば、中国語関係者受身文は日本語のそれより制限されていることが分かる。[5]また、中国語持ち主受身文と中国語相手受身文の受身文に占める割合は日本語のそれと比べて、それぞれ3.8％、8.5％少ない。

　今回検出した9例の中国語持ち主受身文を次の(26)～(34)に示す。

(26) 谁会不记得自己的初恋，或者头一遭<u>被</u>异性搅乱了心的时候呢？《插秧队的故事》

(27) 梅这许久都因为思念困居在家中的母亲和弟弟感到苦恼,此刻也<u>被眼前的景色暂时分了心</u>,她倚窗眺望对岸的晚香楼,好像要在那里寻找什么东西似的,过了一些时候,她又把眼光移到湖边的柳树上,悲叹地说了上面的一句话。《家》

(28) 正因为她平日很看得起他，所以不愿头一个就<u>被</u>她看见他的失败。《骆驼祥子》

(29) 可怜那父亲被豪奴一铁尺击中头部，顿时晕倒在地，母亲跌倒在门槛之内，大声呼救时，女儿已被豪奴们架入了马车；《钟鼓楼》

(30) 有一位放荡无忌的贝子，在门窗密合的情况下，被人剜去了双目，发出过一声凄厉可怖的惨叫……《钟鼓楼》

(31) 她干过最粗笨的活，忍受过最粗鄙的侮辱，被人们当面无数次地训斥批判，也被人们背后无数次地戳脊梁骨；《钟鼓楼》

(32) 据胡爷爷说，那贝子自从被神秘地剜去双目后，惧怕连性命也失去，便放还了那被抢的姑娘。姑娘的父母，后来果然给她招进了一名白衣女婿，是个瓦工。《钟鼓楼》

(33) 半路上，让人把车给截住了——那也是北京市跑运输的车，司机急得头上冒汗，那地方前不着村后不着店，可他那车就是开不动了。《钟鼓楼》

(34) 窗户底下，添个长沙发……里外屋之间，如果不挡屏风，至少应该挂个门帘，不要让客人看见你们的床铺……《钟鼓楼》

(26)～(34)はそれぞれ"异性扰乱了'谁'的心""眼前的景色分了梅的心""她看见他的失败""豪奴一铁尺击中父亲的头部""(有)人剜去了贝子的双目""人们背后无数次地戳她的脊梁骨""(有)人神秘地剜去了贝子的双目""(有)人截住我的车""客人看见你们的床铺"における連体修飾語の"谁""梅""他""父亲""贝子""她""贝子""我""你们"を主語にした文であると考えられる。

今回検出した8例の中国語関係者受身文を(22)(35)～(41)に示す。

(22) 觉慧正要答话，就被淑华抢先说了："他不会踢，他踢不到十下！"《家》

(35) "我想看看你……"她说话时两只忧郁的眼睛呆呆地望着他的带笑的脸。她的话没有说完，就被他接下去说……《家》

(36) 祖父骂了几句，又停顿一下，或者咳几声嗽。觉慧答应着，他想分辩几句，但是他刚刚开口，又被祖父抢着接下去说了。《家》

(37) 院门口昨晚上就由薛师傅贴上了一对红喜字，不过刚贴上，就被才下班回来的苟磊偏着头评论说："这字剪得不匀称，衬底也不好看。今天晚上我帮你们另做一对，明天早上先给你们看看，要觉着好，

我就帮你们换上。"《钟鼓楼》

(38) 梅转过身子,她微微红了脸,一时答不出话来,却让琴接口说了去。琴含笑说:"大表嫂,你来得正好,我们正在批评你这样那样。"《家》

(39) 周氏被鸣凤这一哭引起了自己的心事。她看见那个跪在她面前把头俯在她的膝上哀哀哭着的少女,也觉得凄然。《家》

(40) 觉慧被他们笑得有点发恼了,动气地答了一句:"无论如何,'黑狗'总比李医生好,李医生不过是一位绅士。"《家》

(41) 陕北人做买卖都这样。你出三个指头,意思是你认为这事得给三块钱;我少出一个,意思是,这么几步路两块钱足够了。都不明说,怕让围观的人捡了便宜,也怕让哪个冤大头漏了网。《插队的故事》

(22)における"说"は他動詞であるが、"觉慧"は"(淑华)说"という事態によって影響されているが、それには参与していない。同じことは(35)〜(38)における"她""觉慧""薛师傅""梅"についても言える。(39)は"周氏"が"鸣凤哭"という事態に影響され、心の中に秘めていたことを思い出したことを表す。ここにおける"哭"が自動詞であり、そして"周氏"が"哭"に参与していないことは明らかである。また、同じことは(40)(41)における"觉慧""陕北人"についても言える。

今回検出した7例の中国語相手受身文の例を(42)〜(48)に示す。

(42) 韩一潭望着那一尺来高的诗稿,仿佛自己被宣判了重刑,惊惶得说不出话来。《钟鼓楼》

(43) 哥哥姐姐被迫表示"划清界限",搬到学校住去了。《钟鼓楼》

(44) 张秀藻记得很清楚,那时候她才七岁,不懂得世界上发生了什么事,她和妈妈,还有哥哥、姐姐,有一天都被"勒令"到一个广场上去参加批斗会,……。《钟鼓楼》

(45) 就是那向来冷静的地方,也被和风晴日送来游人,正如送来蝴蝶。《骆驼祥子》

(46) 刚才我到学堂来,一路上被一些学生同流氓、弹神跟着。《家》

(47) 他的举动总有一天会被那般爱说闲话的人注意到的。那时候会

有……《家》
(48) 她说她本也想买一辆旧汽车，可她不敢开得太快，那样在高速公路上开就要被罚款，所以没买。《插秧队的故事》

(42)〜(48)の受身文に対応する能動文はそれぞれ"（某人）宣判韩一潭死刑""（某人）迫使哥哥、姐姐表示划清界限，搬到学校住""（某人）勒令她和妈妈，还有哥哥、姐姐到一个广场""和风晴日给那向来冷静的地方送来游人""一些学生同流氓、韂神跟着我们""那些爱说闲话的人注意到他的举动""（有人）要罚她款"であると考えられる。"宣判韩一潭死刑"は「韓一潭に死刑を言い渡す」という意味であり、この場合の「韓一潭」は述語動詞の表す動作作用の向かう相手であることが分かる。また、中国語では"给韩一潭宣判死刑"という言い方もできる。この場合、"韩一潭"は"给"によって「相手」の意味が際立てられていると考えられる。"迫使哥哥、姐姐表示划清界限，搬到学校住"における"迫使"と"勒令她和妈妈，还有哥哥、姐姐到一个广场"における"勒令"は、それぞれ「無理やりに誰かに何かをさせる」「誰かに何かをするよう命令する」といった意味を表す。即ち、"迫使""勒令"はそれぞれ「使役」と「命令」の意味を持っている。「使役」と「命令」は通常、それぞれ使役の相手、命令の相手が必要である。そして、この場合、使役と命令の相手に当たるのは"哥哥、姐姐"と"她和妈妈，还有哥哥、姐姐"であると考えられる。"和风晴日给那向来冷静的地方送来游人"における"那冷静的地方"は"给"によって動作作用の向かう「相手」が示されている。また、述語動詞"送来"が直接目的語と間接目的語の両方を必要とする動詞であることからも、"那冷静的地方"が"送来"の「相手」であることが分かる。"一些学生同流氓、韂神跟着我们"における"跟着"と"那些爱说闲话的人注意到他的举动"における"注意"がそれぞれ「誰かに付いて行く」「何かに気づく」という意味を表しているゆえ、この場合の"我们""他的举动"は述語動詞"跟着""注意"の「相手」を表していると考えられる。また、"要罚她款"における"罚"は「誰かから罰金を取る」という意味を表す。この場合の"她"は「罰金」の「出所」であるという点に

おいては他の例と違うが、同じ「相手受身文」を作っている点においては変わらない。総じて言えば、(42)～(47)における受身文はすべて述語動詞の表す動作作用の向かう「相手」を主語にしており、(48)における受身文は「物の出所」を主語にしていると考えられる。

3.2 日中受身文の対応状況分析

日中両言語において、共に直接対象受身文が存するが、しかし両者の対応状況を見れば、日本語直接対象受身文のうちの32%しか中国語の直接対象受身文に翻訳されておらず、その相当の部分、およそ48%が中国語他動詞文に翻訳されている。従って、中国語自動詞文に翻訳されている8.3%の日本語直接対象受身文を考慮に入れると、中国語能動文に翻訳された日本語直接対象受身文は日本語受身文全体の半分を上回ることになる。中国語他動詞文と中国語自動詞文に翻訳された日本語直接対象受身文の例を(49)～(54)に示す。

(49) Tシャツの背中にはアップル・レコードのりんごのマークが大きく印刷されていた。『ノルウェイの森』
(訳文)海军衫的背部还印着一个大大的苹果标记。《挪威的森林》

(50) 髪はひどく雑然とカットされて、ところどころで立ちあがってとびだし、前髪も不揃いに額に落ちかかっていたが、その髪型は彼女にとてもよく似合っていた。『ノルウェイの森』
(訳文)她头发剪得相当草率，长短不一，到处都有几根头发卓尔不群地横冲直闯。《挪威的森林》

(51)「こないだ、あの方からも、何かとほめられたのでしょう。」『斜陽』
(訳文)"上次那个人大概也称赞过你什么吧？"《斜阳》

(52) みるみる畳の上に、天井板の隙間や節穴の位置や大きさが、そっくり浮き彫りになって写し出される。『砂の女』
(訳文)眼看着地席上映现出一层浮雕，和天花板上的缝隙、洞孔的位置、大小都一模一样。《砂女》

(53) 僕は彼女たち二人のいるあの小さな部屋に戻りたいという激しい想いに駆られた。『ノルウェイの森』

（訳文）我油然腾起一股不可遏止的冲动,恨不能马上返回那小小的房间。《挪威的森林》
　(54)　しかし、すぐに現実に引戻された。この部屋が使えないとすると、女は一体、どこで寝るつもりなのだろう？
　　　（訳文）他立即又回到了现实。这个屋子不能住人，那么，那女人究竟打算睡在哪里呢？《雪国》

　(49)～(51)における「印刷される」「カットされる」「褒められる」は中国語訳文においてはそれぞれ"印（着）""剪（得）""称赞"に訳されており、そして後者はいずれも他動詞であることは言うまでもない。(52)～(54)における「写し出される」「駆られる」「引戻される」は中国語においてはそれぞれ"映现""腾起""回到"に訳されており、そして後者はいずれも自動詞である。

　一方、中国語直接対象受身文と日本語直接対象受身文の対応状況を見ると、47％の中国語直接対象受身文が日本語直接対象受身文に翻訳されており、残りの多くが日本語自動詞文に翻訳され、または日本語に意訳されている。その中で、自動詞文に翻訳されている中国語直接対象文が直接対象受身文全体の23％を占めている。日本語直接対象受身文が中国語直接対象受身文に翻訳された割合は中国語直接対象受身文が日本語直接対象受身文に翻訳された割合と比べ、15％ぐらい高い。いったいどういう場合、日本語直接対象受身文が中国語他動詞文に翻訳されやすいのか、また、どういう場合、中国語直接対象受身文が日本語自動詞文に翻訳されやすいのかは興味深い問題であり、また複雑で難しい問題でもあり、その詳しい研究は今後を待たなければならない。しかし、受身文が自動詞文と他動詞文と深く関わりあっていること、また少なくとも日本語に比べ、中国語は受身文より他動詞文と自動詞文、なかでも他動詞文が使われやすいことが言えるであろう。

　森田(1998)も日本語が中国語に比べ、受身文の使用率が高いことを言及し、その理由を、日本語では物語を進める場合、通常視点を最後まで一貫させることに帰している。[6)]日本語において視点の一貫性は確かに存在する。(55)を見ていただきたい。

(55) おやじには叱られる。兄とは喧嘩をする。清には菓子を貰う、時々賞められる。『坊ちゃん』
(訳文) 遭父亲责骂，跟哥哥打架，阿清时常给我点心，并不断地夸奖我。《哥儿》

(55)の日本語原文の視点は終始一貫「坊ちゃん」である。対応する中国語訳文においては、最初の視点は「坊ちゃん」であるが、途中で「清」に変わっている。

しかし、(56)のような中日対訳の例も一方、見られる。

(56) 觉慧答应着，他想分辩几句，但是他刚刚开口，又被祖父抢着接下去说了。《家》
(訳文) 覚慧は応答もし、いいわけもしようと思ったが、口を開こうとすると祖父はおっかぶせるように話しつづけた。『家』

(56)の中国語原文は「覚慧」の視点から述べているが、しかし対応する日本語訳文においては、途中で覚慧から祖父に視点が変わっている。そういうわけで、視点の一貫性はあくまでも程度の問題であると考えるべきであろう。

また、表1から、日本語持ち主受身文、相手受身文、関係者受身文でも、中国語他動詞文に翻訳されている例が他の場合と比べて多いことが分かる。特に、日本語相手受身文と関係者受身文の半分以上が中国語他動詞文に翻訳されている。

4. 本稿の結論

本稿の結論を次の三点にまとめられるであろう。

〈1〉 日本語においても、中国語においても直接対象受身文が他の種類の受身文に比べ、受身文に占める割合が遥かに大きい。そして、日中両言語を比べれば、中国語直接対象受身文の中国語受身文に占める割合が日本語直接受身文の日本語受身文に占める割合より高い。

〈2〉 関係者受身文を除いて、日本語持ち主受身文、相手受身文の日本語受身文に占める割合が中国語持ち主受身文、相手受身文の中国語受身文に占める割合より高い。また、今回検出したデーターでは、日

本語と中国語関係者受身文の受身文に占める割合がほぼ同じであるという結果が出ているが、日本語では「太郎が雨に降られた。」「太郎が父に死なれた。」などが言えるのに、中国語では"太郎被雨下了。""太郎被父親死了。"が言えないことから、中国語の関係者受身文の使用が日本語のそれより制限されていると考えるべきであろう。

〈3〉 日本語受身文が中国語に翻訳される場合、中国語他動詞文に翻訳されるケースが他の場合と比べて多い。これに対して、中国語受身文が日本語に翻訳される場合、日本語受身文に翻訳されるケースが他の場合と比べて多い。

　以上はもっぱら今回の集めたデーターに基づいて得た結論であるが、日中受身文の本当の構成状況や対応状況を反映しているかどうかは今後さらにデーターを増やして調査を行わなければならないであろう。

注

* 本稿は 2010 年 5 月 23 日高千穂大学で行われた日中対照言語学会第 23 回大会における発表をもとに、調査データーを増やして整理し直したものである。大会で発表するとき、高橋弥守彦先生をはじめ、参会者の皆様からいろいろご意見やアドバイスをいただき、ここにおいて改めて感謝の意を表したいと思う。

1) 中国語においては、「地上浸飽了那些女子的血涙，<u>她们被人拿镣铐锁住</u>，<u>赶上这条路来</u>，让她们跪在那里，用她们的血涙灌漑土地，让野兽们撕裂、吞食她们的身体。《家》」のような例がある。この例においては、二つの受身文、即ち「<u>她们被人拿镣铐锁住</u>。」「（她们）（被）<u>赶上这条路来</u>。」が含まれていると考えられる。しかし、前者は受身のマーカー"被"を持っているのに対して、後者はそれを持っていない。そして、「＊（她们）赶上这条路来。」が示すように、受身のマーカーがなければ、文として成立し得ないゆえ、後者においては、受身のマーカーが省略されていると考えるべきであろう。即ち、中国語の受身のマーカーは何らかの条件の下で省略できるのである。これに対して、日本語の受身のマーカーは通常省略できない。そういう意味で、日本語の受身のマーカーは中国語のそれと比べ、より文法化が進んでいると言えるであろう。本稿は、上のような受身のマーカーが省略されている中国語文をも受身文として認める。

2) "被动动词句"は赵(1993)による命名である。高橋(2011)はこれを「語彙上の受身文」と呼んでいる。詳しくは赵(1993)p.100、高橋(2011)p.8 を参照。なお、宋(1991)は"被动动词句"を意味的受身文として扱っている。詳しくは宋(1991)p.46 を参照。
3) それぞれの種類の受身文の特徴については、工藤(1990)p.51-57 を参照。
4) (11)～(21)およびそれに対応する能動文は工藤(1990)から引用したのである。詳細は工藤(1990)p.51-52 を参照。なお、(21)は関係者受身文の外に、持ち主受身文とも読み取れるのであいまいである。
5) 中国語では、"太郎被雨淋了。"が言える。しかし、"下雨"における"下"と違って、"被雨淋了"における"淋"は他動詞である。
6) 詳細は森田(1998)p.137-141 を参照。

参考文献

Edward L. K, Matthew S. D（2007）Passive in world's language, Language Typology and Syntactic Description. Cambridge University Press.
工藤真由美（1990）「現代日本語の受身文」『ことばの科学 4』むぎ書房.
高名凯（1960）《语法理论》商务印书馆.
朱德熙（1982）《语法讲义》商务印书馆.
杉村博文（1997）「遭遇と達成——中国語被動文の感情的色彩——」『日本語と中国語の対照研究論文集』くろしお出版.
宋玉柱（1991）《现代汉语特殊句式》山西教育出版社.
高橋弥守彦（2011）「中日対照関係から見る中国語の受身表現について」2011 年北京外国语大学日語本科教学改革国際学術研討会における発表原稿.
张兴旺（2008）<现代汉语被动句的界定及分类>《阴山学刊》（1）.
赵清永（1993）<对被动句的再认识>《北京师范大学学报（社会科学版）》（6）.
寺村秀夫（1982）『日本語のシンタクスと意味Ⅰ』くろしお出版.
傅雨贤（1986）<被动式与主动式的变换问题>《汉语学习》（1）.
森田良行（1998）『日本人の発想　日本語の表現』中公新書.
刘月华（2003）《实用现代汉语语法》商务印书馆.
吕叔湘（1980）《现代汉语八百词》商务印书馆.
林青樺（2009）『現代日本語におけるヴォイスの諸相——事象のあり方との関わりから』くろしお出版.

日汉语被动句识解对比研究[1)]
Construal Contrast Research on Japanese-Chinese Passive Sentence

王黎今
WANG Lijin

摘要 本文运用 Langacker 提出的认知识解（Construal）方法，在对比研究日汉语被动句语料的基础上，分析了二者在识解方面的对比性差异。主要涉及详略度(Specificity)、辖域(Scope)、视角(Perspective)、突显(Salience)等四个主要方面。研究表明，日汉语被动句在这四个方面都表现出对比性特征，显示了共通的识解能力背后不同的识解原则。本文旨在为认知语言学补充日汉语对比研究方面的实证性数据，并服务于日语教学，扩展日语教学的深度和广度，以及为日语语言学研究的发展献力。

关键词 日汉被动句对比；详略度(Specificity)；辖域(Scope)；视角(Perspective)；突显(Salience)

目录
1. 本文的意义
2. 认知语言学的识解方法
3. 识解对比的具体内容
4. 结语

Abstract: The article uses the method called Construal which is put forward by Langacker. It analyzes comparative differences of construal on the basis of contrast studies of Japanese-Chinese passive sentence corpus. Specificity, scope, perspective and salience are mainly involved in this thesis. The survey shows that Japanese-Chinese passive sentence demonstrates comparative features in the four aspects, which reveals common construal capacities underlying different construal principles. This thesis aims at supplementing empirical data to cognitive linguistics on Japanese and Chinese contrast studies, giving service to and broadening the depth and range of Japanese teaching, and contributing to the development of Japanese linguistics research.

Keyword: Japanese-Chinese passive sentence contrast; Specificity; Scope; Perspective; Salience

1. 本文的意义

日语被动句可以概括为"N1（受事）+が(は)+N2（施事）に／によって／から／で等+动词+れる(られる)"，大致包含直接被动句和间接被动句两大语义类，在历代的诸家研究中有二分法、三分法、四分法、五分法，不一而足（详见王黎今2009）。现代汉语被动句一般包括有标记的被动句（指以"被、受、遭、叫、让、为、给、由"为标记的被动句）和意念被动句，历代以来，无论从句式语义结构特征，还是语用特征等方面，研究颇多。

不论是日语被动句，还是汉语被动句，都是比较复杂的范畴，是语言中不可缺乏而独特的句式。日语和汉语中的被动句有相通之处，也有非常大的差异。对日汉语被动句的本体研究和对比研究，在语言学界均有相当深厚的积累。但运用认知语言学的方法进行对比研究的，尚不多见也不够充分。

日汉语言对比研究需要更多地与国际语言学研究接轨，把现代语言学理论应用到对日汉语的对比考察上来。对比研究的目标，绝不仅仅在于罗列并描述语言表层结构的相似点和差异，更在于通过调查和描写不同语言间的表层结构和语言形式，找出隐藏在语言现象之下的语言普遍特征和生成不同语言表述的认知机制。

本文是运用认知语言学理论和方法进行日汉语对比研究的又一实例，可

用来补充和实证认知语言学理论的建设，也可以服务于日语习得与教学研究等方面，扩展日语教学的深度和广度，以及为日语语言学研究的发展献力。

2. 认知语言学的识解方法

与形式语言学不同，认知语言学认为，语言表达基于人们对外界现实的感知体验和认知加工，语法结构取决于人们的认知系统和语义结构，人们解释的角度和分析的方法对于语义和语法构造的理解是十分关键的。人们为达到思维和表达的目的，可以站在不同视角、选择不同辖域、突显不同焦点、进行详略度不同的解释，这种认知能力是形成语义结构和语言表达的具体方式。Langacker(1991：4、2000：5)称之为认知识解（Construal）或识解方法。

识解方法对于语法分析十分新颖而实用，就本文来说，它对于日汉语被动句的构式差异、施事和受事的择用差异等形式语言学难以解释的问题，具有相当的解释力。

3. 识解对比的具体内容

3.1 认知详略度(Specificity)的不同

认知语言学认为，同一个情形可以用不同详细程度的句子来描述。从日汉语对比的角度来看，两种语言中的被动表述的详略度，体现了各自成句的制约，揭示了对比性特征。请先看例句[①]：

日语例句：
（1） お母さんは子供に泣かれてしまった。
（2） 僕は何人かの背の高い人に前に立たれてしまった。
（3） 彼は秘書の人に休まれてしまった。
（4） 田中老人は娘にその青年と結婚された。
（5） 山田は花子にアパートに来られた。

汉语例句：
（6） 给孩子一哭，妈妈心烦意乱的。
（7） 给他们往前面一站，我什么都看不见了。

(8) 叫秘书这么一请假，他的工作没办法展开了。
(9) 给女儿这么一嫁，老人家感到很孤独。
(10) 给花子这么一来做客，山田什么也做不成了。

在以上的日语例句和汉语例句中，各句都表现为被动句。可是双方表达的详略度有差异。日语表达得简练，汉语表达得详细。在各自的语言系统中均可成句，但如果用汉语的详细程度改写日语被动句，或者用日语的简略程度改写汉语被动句，就大大减低了各自的成句程度，甚至使句子无法成立。如：

(11) *妈妈被孩子哭了。
(12) *我被高个子的人站了。
(13) *他被秘书请假了。
(14) *老人被女儿嫁了。
(15) *山田被花子来了。

这些汉语句子的表达显然如日语被动句一样简洁了，但却无法成句。同理，用汉语例句中的详细度改写上述日语句子也会大大减低其成句的自然度。可见，识解详略度是揭示语际对比异同的一个重要手段。不同的详略度构成不同语言的表达方式，并且反映了不同语言所反映的识解民族性。以上对比性特征，说明日语被动表达在认知模式中对世界知识的依赖，即对于那些人们有默契的世界知识（如上例中的母子情感具有最大关联性、人类视线的无法穿透性、婚姻具有封闭性等等），只把它作为认知背景，而无需在文字层面表达就可以彼此领会。这正如所谓的"糅合"（blending）认知操作（沈家煊2006），借助糅合手段产生的浮现意义，使被动表达简略并达意。而这一点在汉语中不可行。这无不与汉日两个民族在疆域的大小、交际范围的宽窄等方面有直接的关系。识解详略度在日汉语被动句成句中的这种作用，反映了日语被动句具有符合"经济原则"的理想特征，而汉语用较多的语符数，临摹事实进行表达，可以说，日语是比汉语更重于认知推理的语言。

3.2 认知辖域（Scope）的不同

认知语言学认为语义即概念结构的形成过程。Langacker 将语言象征单位的语义极叫做述义，一个述义选择一定的相关辖域。辖域就是在概念化过

程中形成的一个内在的、连贯的、凝聚在一起的范围,可基于其上进行语义描写。辖域的边界是模糊的,一个句式所激活的辖域至少包括射体(tr.)和界标(lm.)。射体和界标表明了在关系述义中各参与者之间的不对称性。最突显的参与者,表示了关系述义中被聚焦的一个实体,叫做射体;为射体提供语义参照点的次突显实体,叫做界标。射体-界标这对概念是基于心理学中用于描写感知的图形-背景概念的,前者是后者在语法分析中的应用。

被动句式有相应的辖域,表示受事的主语名词对应于射体,表示施事的名词对应于界标。在日汉被动句表达中,所涉及的辖域有大有小。在被动句式中,所能激活的最大语义内容,就称为"最大辖域(MS)",与被动句主语也就是射体最相关最邻近的概念,称为"直接辖域(IS)"。一般来说,在正确的语言表达中,对直接辖域的选择是至关重要的,就被动句而言,选择直接施事作受事主语的直接辖域是最合乎常理、最具有认知现实性的,因为受事和直接施事有最大的认知相关性。 在这一点上日汉语具有一致性。如:

（16） 彼は先生に叱られた。

（17） 他被老师批评了。

句中"老师"是"批评"的施事,构成"他"的直接辖域。这种被动句在日汉语中都是典型被动句,具有一致对应性。

然而,除了直接施事之外,还有一些间接地与受事存在某种关系的主体,如影响受事的情感、情状、情绪、心理等的主体,这类关系在汉语中往往不能用被动句表示,也就是说,这类主体不能列入汉语被动句的辖域。与此相对,日语中这类关系也可以用被动句表示,也就是说,日语中这类主体也可以建构被动句的辖域使被动句成立。 举例而言:

日汉语对译例句:（符号"≡"表示对译）

（18） うちの子はエレベーターの中で知らない人に話しかけられました。≡电梯里有一个陌生人跟我儿子搭话。

（直译）*我儿子在电梯里被一个陌生人搭话。

（19） 「落ちましたよ」隣の客にゆり起こされて、わたしは封筒を渡された。

≡"掉东西了。"旁边的旅客把我叫醒,给我递过来一个信封。
（直译）* …………我被他递来一个信封。

(20) ふと気がつくと津上は誰かに傘をさしかけられ雨滴から守られているのであった。
≡这才发现,有人为津上撑开一把伞,为他遮雨。
（直译）* 这才发现,津上被人撑开一把伞,……。

(21) 王先生はリフトの中で知らない人に笑いかけられた。
≡在电梯里有个人朝王老师笑了笑。
（直译）*王老师在电梯里被人笑了笑。

以上例句在日语中可以用被动句表达,而在汉语中只能用带有介词词组的主动句表达,不可以用被动句表达,上述直译的汉语被动句均不能成立。这反映了日汉被动句在辖域选择上的认知差别。在认知被动事件时,辖域的选择在汉语中比日语受到更大的限制,我们可以把被动事件的辖域看作一个原型范畴,对受事直接施加影响力的为典型成员,对受事间接施加情感、情绪、情状、心理等方面的影响力的,典型性减低。在汉语中,对于非典型性的成员,往往用别的句式表达,不再可以进入被动句,这也表现了汉语被动句整体典型性高的特性,而日语对于非典型性的成员也一概包容,可以进入被动句。这反映了日语被动句的可选择辖域远远比汉语被动句宽泛这样的特征。如下图表 1 所示。

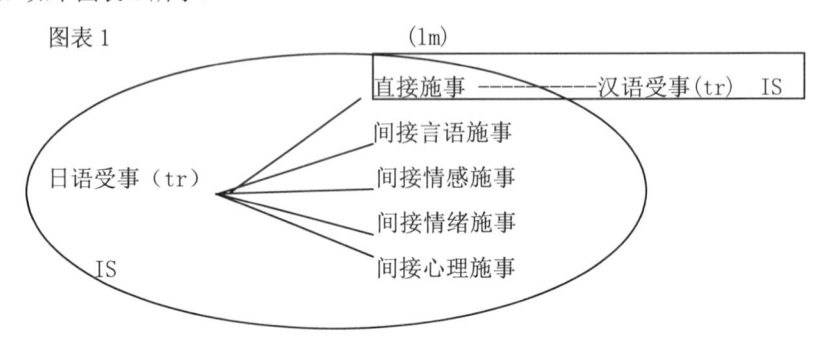

图表 1　　　　　　　　(1m)

　　　　　　　直接施事 ----------汉语受事(tr)　IS
　　　　　　　间接言语施事
　日语受事（tr）　间接情感施事
　　　　　　　间接情绪施事
　　IS　　　　　间接心理施事

3.3 认知视角(Perspective)的不同

古有名句说"横看成岭侧成峰",它启示我们描述事物时视角是一个重要的因素。视角不同,直接影响对事体的理解和语句的表达,并产生不同的认知参照点,形成不同的认知途径。由被动表述可以洞悉视角的选择对前景化方式的决定性影响。日汉语被动句在这方面呈现出很强的对比性特征。请看例句:

(22) 友達はかねてから国元にいる親達に勧まない結婚を強いられていた。≡住在乡下的我朋友的父母亲,老早就在强迫他结婚。
直译:?我朋友被他乡下的父母亲强迫结婚。

(23) 太郎は先生に呼ばれた。 ≡老师叫太郎。
直译:*太郎被老师叫了。

(24) 遊びに出ようという時、母に呼び止められて、用事を頼まれました。
≡我刚要出去玩儿的时候,给妈妈叫住,吩咐我办一件事儿。
直译:*我刚要出去玩儿的时候给妈妈叫住,被吩咐办一件事儿。

在这组例句中,日语被动句选取了和汉语不同的视角进行表述。上述汉语直译句均不成立,这说明汉语不能从与日语相同的视角进行表述,而是从与日语相对的视角进行主动表述。尤其是例句(24),日语例句始终从"我"为视角进行被动表述,而汉语对译句前半部分以"我"为表述视角,但后半部分却发生了视角转换,以"妈妈(吩咐我办一件事儿)"为视角了。若采取与日语一样的视角,如直译句"我……被吩咐办一件事儿",就汉语语感来讲就显得别扭。

究其原因,在两个有生性名词之间选择认知视角时,日汉语具有对比性特征,即日语遵循"第一人称>距离近的、熟悉的人>距离远的、不熟悉的人"的原则,与说话者人际关系距离越近的、越熟悉的,越容易作为全句展开论述的视角; 而汉语不受这一原则的支配,乃更多受制于语境连贯性的影响。

另外,在有生名词和无生名词之间选择视角的时候,日汉语也呈现出差异。如:

(日语例句)

(25) 暗い道を歩いていた時、だれかに肩を叩かれてびっくりしました。

　　　　　　＊暗い道を歩いていた時私の肩がだれかに叩かれてびっくりしました。
（26）　日のうちに、多くの紅軍戦士が厳寒に生命を奪われていった、
　　　　　＊日のうちに、多くの紅軍戦士の生命が厳寒に奪われていった、
（27）　彼女は第三者に主人を連れていかれた。
　　　　　＊彼女の主人は第三者に連れていかれた。
（28）　俞作柏は李宗仁らに兵権を奪い取られて広西から締め出され、たった一人、とりあえず香港で亡命生活を送っていた。
　　　　　＊俞作柏の兵権は李宗仁らに奪い取られて広西から締め出され…
（29）　僕はあの人に椅子を蹴飛ばされた。
　　　　　＊僕の椅子はあの人に蹴飛ばされた。
（30）　私は空襲で家も家具も焼かれた。
　　　　　＊私の家も家具も空襲で焼かれた。

（汉语例句）
（31）　那一起交通事故中他被车轮子压断了腿。
　　　　　那一起交通事故中他的腿被车轮子压断了。
（32）　那一天，多名红军战士被严寒夺走了生命。
　　　　　多名红军战士的生命被严寒夺走了。
（33）　我被严重地刺伤了自尊心。
　　　　　我的自尊心被严重地刺伤了。
（34）　他只是在死后才被个别人想起了好处。
　　　　　他的好处只是在死后才被个别人想起来了。
（35）　俞作柏被李宗仁等削去兵权，排挤出广西，一个人在香港权当寓公。
　　　　　俞作柏的兵权被李宗仁等削去，…。

　　这一组日语例中，从有生命主体为视角（如25句的"私"、26句的"紅軍戦士"等）表达的被动句成立，而从表示非生命主体的名词为视角（如25句的"肩"、26句的"生命"等）表达的被动句不能成立。与此相对，这一

组汉语例中，无论是从有生命主体为视角（如31句的"他"、32句的"红军战士"等）展开论述，还是从表示非生命主体的名词为视角（如31句的"腿"、32句的"生命"等）展开论述，两种被动句均成立。

由此可知，日语被动句视角的选择受到有生无生性的影响，而汉语不受这种影响。究其原因，汉语的被动句，其表述的着眼点在于施动和受动的关系如何，同时也表达受害的关系如何，所以既能以有生性受事主体作为视角，也能以无生性受事物体作为视角展开被动表述；与此相对，日语的被动句，从作主语的生命体的感受出发陈述被动事件（井上1992：233），其表述重点在于有感官能力的当事人受到了的被动体验，有生主体之外的事物没有感官能力，不能表达被动体验，无生性名词对于日语被动句的主位没有语义适宜性。所以日语在有生性受事主体和无生性受事物体之间，优先选择有生性主体作为被动表述的视角。可以说，日语被动句视角的选择遵循"有生＞无生"的原则，而汉语被动句不拘泥于此。

但是，当有生性名词为无定名词，而无生性名词为有定名词时，上述原则要受到另一条原则"有定＞无定"的调整。例如：

（36）この部屋はゆうべ何者かに入られたらしい。
　　　≡？这个房间昨晚好像被人进去过。
（37）金閣寺は義満によって建てられた。
　　　≡金阁寺由义满组织建造。
（38）地震後、その教会は地域の住民によって再建された。
　　　≡地震后，由当地居民重建了那座教堂。
（39）漫画週刊誌は若いサラリーマンによく読まれている。
　　　≡？漫画周刊杂志受到年轻上班族的喜爱。

这组例句中有生性名词均为无定不确指的名词，如（33）句的"何者（某人）"、（34）句的"義満（以义满为负责人的某集团）"、（35）句的"地域の住民（当地居民）"、（36）句的"若いサラリーマン（年轻上班族）"。而无生性名词具有高度的有定性，这使得有生性名词在认知视角上的优势受到削弱，日语中择优以有定的无生性名词为视角展开被动表述，并在句法上以标记性

强的复合助词"によって"来标引有生性名词，似乎暗示着"有定＞无定"原则对"有生＞无生"原则的调整。

总而言之，在选择认知视角时，日汉语被动句呈现出对比性特征，日语被动句往往受如下视角选择原则的制约：

{有生(第一人称＞距离近的、熟悉的人＞距离远的、不熟悉的人)＞无生}+{有定 ＞ 无定}

而汉语被动句不受该原则的约束。

3.4 认知突显(Salience)的不同

认知突显的基础是人类所具有的确定注意力方向和注意焦点的认知能力。在认知语言学中，突显是分析句法等的一个重要依据。在关系述义中，不同关系成分的突显造成关系项的不对称，并造成不同的语义结构，其中，射体是最突显的参与者。可以说，被动句是讲话者对事件进行被动概念化过程的反映，而这个被动概念化过程受到突显原则很大的制约。不同语言间被动句表达的差异，一方面说明了人类具有共通的突显能力，另一方面表明不同民族在突显原则上的差异。日语被动句和汉语被动句在主语突显方面表现出不同的原则。请先看例句（括号表示可省略）：

（40）　他终于被我说服了。≡(私は)とうとう彼を説得した。

直译：*彼はとうとう私に説得された。

（41）　一个高大的年轻人，被我撞倒在地上。

≡(私は)背の高い若者を突き倒してしまいました。

直译：*背の高い若者は私につきたおされてしまいました。

（42）　弟弟被我叫住了。≡(私は)弟を呼び止めた。

直译：*弟は私に呼ばれました。

以上为一组带有角色"我"为事件参与者的例句，其中，汉语均为"N被我V"的被动句，但日语中均为"我VN"的主动句，直译的日语被动句均不成立。也就是说，在有"我"参与的表达式中，汉语中即使"我"是施动者，也突显"我"之外的主体，以"我"之外的主体作为射体，构成被动表达，而日语恰恰相反，在有"我"参与的表达式中，只能突显"我"，而不能

突显"我"之外的主体,所以构成以"我"为主语的主动句。这一现象反映了日汉语被动句的一个很大差异,而这个语言差异反映了日汉民族在认知识解方式上的一个对比性特点。

久野彰(1978)提出的共感度原则很有利于表明日语突显原则的特点。所谓共感度原则,就是发话者以句子中某一个名词 x 作为视点,并将此视点视同自己来陈述,称为共感(Empathy),共感的程度就是共感度,记作 E(x)。E(x)也就是指发话者以 x 为视点的共感度。E(x)=0 的时候,是客观描写,E(x)=1 的时候,是完全视同自己的第一人称写法。E(x)是在 0 到 1 之间的连续统。在 x 和 y 中选取 x 作为视点时,E(x)>E(y)。

日语表述中突显的射体往往是由共感度的高低决定的。第一人称代名词"我"共感度呈最大值,日语多以"私(我)"或者离"私(我)"近的角色为突显角色,表现为句子多以"私(我)"或者离"私(我)"近的角色为主语,甚至由于太常见了,就默认为常规原则而对主语"私(我)"省略不提(如上例句中括号所示)。韩国发行的日语教科书《日本语》(韩国东亚大学校日本语教材编撰委员会编著 1993)中有观点认为,日本人的思维方式总是以"自我"为中心的,总是以自我为说话的出发点。这个观点从另一个侧面反映了上述共感度连续统在日语表述中的真实性。我们可以找到很多的日语语言事实与汉语作对比来证明这个观点。比如,中国人 A 挨了 B 的欺负,口头说起这件事的时候,总是会说"他打了我"之类,而一般少在口头说"我被他打了",这是语感支持的事实。但是同样的事件在日语中只能说"私はあの子に殴られた(我被他打了)",用被动句表达,而没有主动句"あの子が私を殴った(他打了我)"的说法。再如,要表达"太郎投了快速的曲线球,使我在比赛中处于被动"这一事件,并要表露其中的负面意义时,日语中最贴切的方式就是用被动句"太郎に早いカーブを投げられる",直译为汉语即"*我被他投了一个快速的曲线球"。这种汉语被动句不能成立,只能用如上流水句表达。以上两例表明,日语中不拘用主动句或被动句,在表述有"我"参与的事件时,总是以"我"为主语,即共感度最大的"我"总是具有突显优势。 与此相对,汉语与日语有相反的倾向,往往突显第一人称之外的他人角

色,倾向于把第一人称低置于没有焦点的位置。正如王寅(1998) 提道:"汉民族常从客体入手开始描写,自古有之。……汉民族的思维是从'事件或物体'开始的,客体在前,主体在后,英民族则是从'人'开始考虑的,主体在前,客体在后。"这也侧面反映了汉语突显"我"之外的客体这个与日语及英语相对立的特点。

　　总而言之,在认知识解的突显原则上,日汉语被动句表现出一定的差异。我们把日汉语被动句的突显原则总结为以下两条相对的序列(S=Salience):

　　日语被动句:

　　S(第一人称代名词"私(我)")＞S(与第一人称的关系近的有生性名词)＞S(与第一人称的关系远的有生性名词)＞S(无生性名词)

　　汉语被动句:

　　S("我"之外的客体)＞S(第一人称代名词"我")

4. 结语

　　日汉语被动句在各种层面的异同,反映了日汉民族在识解被动事件上认知能力和方式的异同,也表现了不同的认知能力和语言表达之间的关系。这正是认知语言学所要揭示的语言本质。

　　认知语言学近十几年的发展和研究证明,识解方法是对语言现象行之有效的方法,但还有待于更进一步的证实和运用。到目前为止,识解方法的运用大多数都集中在词语范畴或单项语言(如英语本体、汉语本体)的研究方面,在日汉语对比研究这一领域还有待于更多更深刻的探索。

附注

1)本文得到云南大学人文社会科学研究基金项目资助。

本文日语例句出处

　　例(1)-(5)句和(36)-(39)句分别出自论文《被动句》(王黎今,载于国家社科基金十一五规划项目《外国人学汉语语法偏误分析》p133-140),论文《日语受身文和汉语被字句的语义对比研究》(王黎今,载于日语学习与研究2008年第六期p36-40),寺村秀夫《日语的句法与意义》p213、p206、p227,例(16)-(30)句出自电子版《中日对

译语料库》(北京日本学研究中心，2001) 所载文章：《明日くる人》《鼻》《金閣寺》。

参考文献

Langacker,R.W.(1991)*Concept, Image and Symbol:The Cognitive Basis of Grammar*[M].Berlin:Mouton de Gruyter.

Langacker.R.W.(2000)*Grammar and Conceptualization*[M].Berlin:Mouton de Gruyter.

井上和子(1992)日本文法小事典[M]. 东京：大修馆书店

久野彰(1978)日本文法研究[M]. 东京：大修馆书店

沈家煊(2006)王冕死了父亲的生成方式——兼说汉语"糅合"造句[J].北京：中国语文 4

王寅(1998)从话题象似性角度谈英汉象似性对比[J].山东：山东工业大学学报社会科学版

王黎今(2009)论日语被动句的分类[J].华南日本研究.广州：中山大学出版社

中日同形語と受身

The passive voice of the same characters in Japanese and Chinese

何　宝　年
HE Baonian

提要　本文通过对講談社『日中辞典』中的含有作为「サ变動詞」被动态而使用的中日同形词的被动句与中文译文进行了详细的对比后发现，日语中的被动句使用率比汉语高，除了"被""由"等被动标记之外，还有"受""经""得""遭""挨"等"准被动标记"，而"获""获得""赢得""在……中""在……下"等也有时含有被动的意义。"主动句"译文的主语具有多样性，使役句和形容词谓语句也可以成为被动句的译文。由于中日同形词的词义、词性等有差异，导致其在译文中的使用率偏低。最后，以所有的中日同形词为对象，根据各自的词性，对比探讨了双方构筑被动句的可能性，发现双方的对应关系非常复杂，并非所有的他动词都可以使用被动态，而汉语中的一部分动宾结构词汇也可以使用被动态。

キーワード：中日同形語　受身　受動文　訳文　品詞性

目次
1. はじめに
2. 中日同形語とは
3. 先行研究
4. 日本語の中日同形語の受動文に対応する中国語表現
5. 中日同形語の受動文を構築する可能性の比較
6. 終わりに

1. はじめに

　日本語と中国語の受動文 1)に関する研究が多くの研究者によって盛んになされてきている。それぞれの研究が深められるにつれて、受動文の日中対照研究も増えてきた。しかし、中日同形語のサ変動詞の受身に関する研究成果がまだ確認されていないので、本稿はヴォイスの受身の角度から中日同形語を比較してみたい。

2. 中日同形語とは

　中日同形語 2)とは、音訓の読み方・文字数・借用関係を問わず、中日両国の文字改革によりもたらされた字体の相違があっても、漢字のもとが同じである、中国人の立場から見る、中国語と日本語の間に存在している同形の漢字語である。

　中日同形語の中で、中国語で動詞として使われ、受動文を構築できる言葉、あるいは日本語でサ変動詞として受動文を構築できる言葉が数多く存在している。しかし、双方は必ず対応関係をなしているとはかぎらない。例えば、「洗練」「含意」「邪魔」「懸念」「象徴」などの言葉は、日本語で受動文が成立できるが、中国では成立できない。逆に、"被发展""被关心""被鼓动""被需要"などのように、中国語で受動文が構築できるが、日本語で構築できない言葉も少なくない。

　日本語では漢語はほとんど名詞として使用されているので、サ変動詞の「する」がつけられてはじめて動詞として成り立つ。漢語サ変動詞は受身の意味を表すとき、「する」を「さ」に変え、受身の意味を表す助動詞「レル」をつけなければならない。一方、中国語の受身は動詞としての漢語自体に形態的変化が生じないが、動詞の前に受身マーカーの"被"などをつけられるのが一般的である。

3. 先行研究

受動文の日中対照研究として、中島悦子(2007)と飯嶋美知子(2007)が挙げられる。

中島悦子(2007)は、「受身と日中対照」で志賀直哉の『暗夜行路』とその訳本孫日明他の『暗夜行路』(漓江出版社 1985)を受身の日中対照の資料として、日本語の直接受身文、間接受身文、自動詞の受身などに対応する中国語表現を取り上げ、日本語の直接受身文と対応する中国語表現を「"被"受身文」、「他動詞能動文」、「無対応」、「自動詞文」、「語彙的受身」の5類に分類し、日本語の和語の動詞(例えば、叱る、死ぬ、握る、怨む、打つ、傷つける、与える…)を中心に、日中の受身の比較を展開した。

飯嶋美知子(2007)は、論説文の受動文を「直接受身」と「内容の受身」に大きく二分類した上で、「直接受身」をさらに「動作主不明」と「動作主あり」の2類に分類した。そして、「動作主不明」の中国語への訳され方を、「"被"構文」、「語彙レベルの受動文」、「意味上の受動文」、主語の明記されている能動文(「能動文1」)、主語が省略されている能動文(「能動文2」)、「存現文」、「"是～的"文」、「慣用表現・固定表現」、「意訳」の9パターンに、「動作主あり」の中国語への訳され方を、「"被"構文」、「語彙レベルの受動文」、「意味上の受動文」、「能動文1」、「能動文2」、「存現文」、「"是～的"文」、「意訳」の8パターンに下位分類し、詳しく考察した。

4. 日本語の中日同形語の受動文に対応する中国語表現

4.1 講談社『日中辞典』で受身形と受身の意味で使われた中日同形語

筆者は講談社『日中辞典』のCD-ROMを使い、「され」というキーワードで検索した結果、1387件の例文が見つかった。その中から、中日同形語を含んでいる509の受動文[3]を抽出して統計した結果、310の中日同形語が受身形と受身の意味で使用されていることがわかった。以下五十音図順で使用頻度によって分類し、表1に整理した。

表1

頻度数	中日同形語	語彙数	受動文数
1	圧倒 威嚇 移送 移入 依頼 運転 解決 回航 開始 解釈 開設 改訂 解任 開発 回避 開封 開放 拡大 隔絶 課税 還元 刊行 完成 完備 緩和 記載 逆転 求婚 凝縮 供出 強制 強迫 強要 挙行 議論 駆逐 敬愛 計算 掲示 係留 撃沈 決定 結党 検出 厳選 建造 降格 拘禁 攻撃 公告 絞殺 公示 交渉 更新 公布 護衛 告訴 告発 護送 混入 建立 彩色 削減 削除 詐取 殺害 惨殺 算出 算定 刺激 試験 実行 実施 執筆 射殺 惹起 邪魔 遮蔽 収監 重視 収集 修正 収蔵 収容 蹂躙 収録 種別 樹立 順延 潤色 上映 召還 召集 消毒殺菌 承認 招聘 証明 省略 触発 嘱望 嘱目 処刑 処罰 処方 除名 信仰 侵犯 信頼 推挙 吹奏 水葬 寸断 生産 精選 製造 説教 設計 設定 節約 選定 選任 選抜 創建 増進 創設 増発 装備 増幅 創立 束縛 阻止 組織 尊敬 代表 達成 弾劾 蓄積 中止 注射 中断 注目 徴集 彫琢 徴用 嘲弄 珍重 陳列 追徴 締結 適用 電解 展示 転用 投影 投下 討議 凍結 搭載 同情 淘汰 導入 盗用 毒殺 独占 内蔵 軟禁 二等分 認定 任命 悩殺 媒介 配合 排出 配属 迫害 発刊 発掘 発行 破門 反映 判断 判定 反対 販売 頒布 批評 罷免 描写 封印 封鎖 賦与 分断 分割 分配 分類 閉鎖 併称 返還 変更 編纂 包用 包含 放置 報道 補強 保釈 保存 保証 翻刻 埋葬 密封 命名 免職 黙認 約束 誘拐 猶予 輸入 養育 流露 陵辱 冷遇 轢断 連結	224	224
2	愛 印刷 汚染 解放 隔離 加工 感化 歓迎 救出 起用 啓発 検挙 催促 質問 支配 遮断 祝福 出題 出版 授与 上演 召喚 処分 審議 診断 占領 断定 展開 爆破 発令 批判 評価 編入 放映 忙殺 放出 没収 利用	38	76
3	延期 改正 確認 加算 許可 形成 懸念 構成 拘束 誤解 採用 施行 釈放 選出 提出 暴露 派遣 翻弄 抹殺 免除 予想	21	63
4	延長 期待 指摘 指名 宣告 洗練 注意 剥奪 否決 非難 保障 目撃 優先 要求	14	56
5	解雇 公開 支持 指定 請求 設置 配置	7	35
6	左右 破壊	2	12
7	起訴 発表	2	14
9	禁止	1	9
20	逮捕	1	20
合計		310	509

4.2 上述した日本語の中日同形語の受動文に対応する中国語表現

日本語の509の受動文は全部直接受動文であるので、本稿は直接受動文

を中心に考察していく。間接受動文の中日対照研究は別の機会に譲る。

大部分のサ変動詞は他動詞[4]か自他動詞であるが、「同情」「説教」「反対」のような「に」で対象を表せる自動詞[5]も直接受動文が構築できる。

筆者は509の受身文に対応する中国語の訳文を詳しく分析し、中国語への訳され方によって、大きく「受動文」、「能動文」、「無対応文」に分類して表2にした。

「受動文」はさらに「"被"構文」と「意味上の受動文」に下位分類し、「意味上の受動文」をさらに「"被"以外の受身マーカー構文」と「非情物主語＋自動詞構文」に下位分類した。

「能動文」はさらに「動作主不明」と「動作主あり」の2類に分類した。

「無対応文」はさらに「意訳文」、「存現文」、「"是～的"文」、「使役文」などに分類した。

表2

訳文の分類			訳文数
受動文	"被"構文		176
	意味上の受動文	"被"以外の受身マーカー構文	76
		非情物主語＋自動詞構文	74
能動文	動作主不明		57
	動作主あり		52
無対応文	意訳文		44
	存現文		6
	"是～的"文		11
	使役文		4
	形容詞文・ほか		9

「意味上の受動文」である「非情物主語＋自動詞構文」は中国語ではあまり受動文として意識されないので、本当に受動文と言える訳文は「"被"構文」と「"被"以外の受身マーカー構文」で、その数は252で全体の半分にも満たない。中国語で受動文が構築でき、日本語で受動文が構築できない言葉(詳細後述)は若干あるが、全体的には中国語より日本語のほうは受動文が多用されているといえよう。

4.2.1 受動文

「"被"構文」は多くの方に論じられてきたので、ここで主に「意味上の受動文」について詳しく考察していく。「意味上の受動文」は「"被"以外の受身マーカー構文」と「非情物主語＋自動詞構文」に再分類できる。

4.2.1.1　"被"以外の受身マーカー構文

「"被"以外の受身マーカー構文」は中島悦子(2007)に「語彙的受身」と、飯嶋美知子(2007)に「語彙レベルの受動文」と呼ばれているが、受身の意味を表す自動詞も語彙に属するので、筆者はそのような呼び方を避けたのである。

次の表3のように、"被"以外の受身マーカーが使われている。

表3

受身マーカー	受動文数	受身マーカー	受動文数
"受""受到"	44	"获""获得"	2
"遭""遭到""遭遇"	9	"挨"	1
"得""得到"	7	"赢得"	1
"经""经过"	5	"在……中"	1
"由"	5	"在……下"	1

"被"以外の受身マーカーとして、"让""叫""给""由"が挙げられるが、訳文では"让""叫""给"が確認できなかった。"让""叫""给"は話し言葉で使われるからであろう。"被""让""叫""给""由"は介詞として受動文に使われるので、受身マーカーとして認められているが、"受""经""得""遭""挨"などはまだ動詞を保ったまま、介詞化していない。しかし、"经""经过"の受身マーカーの働きはすでに屈哨兵(2008)によって証明された。屈哨兵(2008)は"经""经过"のような言葉を"可能被标"と名づけた。筆者は"受""经""得""遭""挨"などを「準受身マーカー」と呼ぶことにする。

"获""获得""赢得""在……中""在……下"などにも受身の可能性が含まれているので、「意味上の受動文」に分類したのである。「準受身マーカー」の類に入るのは無理があるが、便宜上、そのように分類したのである。

次に、上述した受動文と訳文をそれぞれ1例ずつ取り上げる。

(1)契約の当事者は締結した契約に<u>拘束される</u>／契約的当事人<u>受</u>所订契约的约束。

(2)校則に違反した生徒は厳しく処罰される／违反校规的学生将受到严厉处罚。
(3)騒乱罪で逮捕される／疑涉骚乱罪而遭逮捕。
(4)提案は38票対45票で否決された／那个提案以38票对45票遭到了否决。
(5)頭越しに交渉された／遭遇"越顶外交"。
(6)当店ではこのブランドのバッグがシンプルで飽きのこないデザインで幅広い層から支持されています／在我们店，这个牌子的提包设计简朴大方久用不腻，深得消费者的信赖。
(7)情報はまだ確認されていない／这个消息还没得到证实。
(8)内容が不適切と判断されるメッセージは無警告で削除されます／经判断认为内容不合适的留言，将被无警告删除。
(9)水道水は塩素で消毒殺菌されている／自来水已经过氯气消毒杀菌。
(10)委員会は5人の委員によって構成されている／委员会由五个委员组成。
(11)救助されたとき彼はまだかすかに息があった／刚获救时他还有微弱的呼吸。
(12)法案は原案どおり承認された／法案按原案获得了批准。
(13)注意された生徒はむっとした顔で教師を睨み返した／挨了训的学生不服气地回瞪了教师一眼。
(14)廉直な人柄で周囲から尊敬されている／为人廉洁正直赢得周围人的尊重。
(15)2人は両親や友人から祝福されて結婚した／他俩在父母和朋友的祝福中结婚了。
(16)首相は身辺警護のSPに護衛されて会議に出席した／首相在贴身保镖的护卫下出席了会议。

4.2.1.2　非情物主語＋自動詞構文

　「非情物主語＋自動詞構文」は中島悦子(2007)に「自動詞文」と、飯嶋美知子(2007)に「意味上の受動文」と呼ばれているが、「意味上の受動文」の外延はもっと広いと思われる。

「非情物主語＋自動詞構文」の「自動詞」は表面上他動詞のように見えるが、自動詞の使い方も成立している。中国語ではもともと動詞は自他の区別がはっきりしない。むしろ自他の意識がないほうが自由に言葉を駆使できる。訳文の中に使われた「延期」「延長」「解決」「開始」「決定」「更新」「増加」「蓄積」「中断」などが日本語でも自他両用サ変動詞であるので、まったく問題にならない。一方では、「開放」「上映」「形成」「出版」「実施」「増強」などの言葉は中国語では自他両用であるが、日本語では他動詞の使い方しかないので、中国語から日本語に翻訳されるとき、受動文がやや使われにくいであろう。

4.3 能動文

能動文は「動作主不明」と「動作主あり」に分類した。

4.3.1 動作主不明

(17)雑念がわいて思考が邪魔される／产生了杂念，影响了思考。

(18)面接では英会話の能力が試験される／面试时要测验英语会话能力。

(17)の受動文は動作主が全くわからないといってもいい。(18)の受動文は常識から、動作主が「試験官」であることが推測できる。訳文には動作主が訳されていない。

4.3.2 動作主あり

動作主が受動文で「に」「から」「によって」などで表される場合、すぐ判断できる。例えば、

(19)<u>ガイドに</u>過分の謝礼を要求された／<u>导游</u>索取过多的报酬。

(20)<u>友人から</u>本を返すよう催促された／<u>我朋友</u>催促我还书。

(21)<u>大臣の発言によって</u>大論争が惹起された／<u>大臣的讲话</u>引起了一场大论战。

文脈によって、受動文に潜んでいる動作主を探し出して、訳される場合もある。次の例を見よう。

(22)<u>料理に</u>適度な酸味があると食欲が増進される／<u>菜中</u>带有一点儿酸味更能增加食欲。

(23)災害時に自衛隊の戦闘糧食が被災者に供出された／在灾害发生时自卫队把他们的携带粮提供给了灾民。
(24)あいつの約束はいつも空手形で実行されたことがない／他总是开空头支票，从来没有兑现过。

(22)の能動文として「酸味のある料理が食欲を増進する」と判断できる。「料理」が能動文の主語なので、動作主である。(23)(24)の動作主は受動文では所有者の形で現れたのである。

受動文で空間を表す場所が動作主として抽象的な名詞に訳された能動文も少なくない。例えば、

(25)うちの市にもようやく児童相談所が開設された／我市也终于设立了儿童咨询所。
(26)この文集には卒業生の思いが凝縮されている／这本文集凝聚了全体毕业生的情怀。
(27)この国では多量の鉄が生産される／这个国家生产大量的铁。

(25)の「うちの市」、(26)の「この文集」、(27)の「この国」は訳文では意味が変えられてしまった。

次の「場所」と「主語」を兼ねる文はユニークな現象といえよう。

(28)この作品には，作者自身の内面がたぶんに投影されている／这个作品中，大量映衬了作者的内心世界。
(29)日記には書き手の真情が流露されている／日记中流露出作者的真情。
(30)この一言にはいろいろな意味が包含されている／这一句话里包含着很多意思。

次の受動文の「の間で」「間に」も空間と主語両方を表している。

(31)警官と犯人との間で銃撃戦が展開された／警察与罪犯之间展开了枪击战。
(32)両国間に講和条約が締結された／两国间签署了媾和条约。

もとの受動文に動作主が現れていないが、文脈から推測して、動作主を付け加えた訳文も少なくない。

(33)行員たちはピストルで威嚇された／歹徒用手枪威胁银行工作人员。
(34)この新技術は景気回復の起爆剤として期待されている／人们期待着这项新技术能带动经济复苏。
(35)石油危機の再来が懸念されている／人们担心会再次发生石油危机。

(33)は一般的な常識から動作主が"歹徒"であることが推測できる。(34)、(35)は大勢の人の「期待」と「懸念」を表しているので、"人们"と訳されたのである。

4.3.3 目的語の前置

受動文を能動文に翻訳するとき、"対""把"などをもって目的語を動詞の前に置かせるのも訳文の特徴の一つといえよう。

(36)カンニングをした者は厳重に処分される／对考试作弊者严加惩罚。
(37)新人賞作家の第2作は評論家から手厳しく批評された／对于获得新人奖的作家的第二部作品，评论家给予了毫不留情的批评。
(38)利益は株主に分配される／把盈利分配给股东。

4.4 無対応文

「無対応文」はさらに「意訳文」「存現文」"是～的"文」「使役文」「形容詞文・ほか」に下位分類できる。「意訳文」「存現文」"是～的"文」「使役文」は他の研究者によく論じられてきたので、ここで「形容詞文・ほか」だけ取り上げる。

「形容詞文」とは訳文の述語が形容詞である文のことである。次の例を見よう。ただし、(39)だけは形容詞文ではない。

(39)洗練された文章／洗练的文章。
(40)この就業規則は全社員に適用される／这个就业规则适用于所有的员工。
(41)歩行者は車より優先されるべきだ／行人应该比汽车优先。

日本語では(39)の「洗練」と(40)の「適用」は名詞・サ変他動詞で、(41)の「優先」は名詞・サ変自他動詞であるが、中国語では現在全部形容詞であるので、訳文で形容詞に訳されたわけである。

そのほか、中国語では名詞で、日本語で名詞・サ変他動詞である中日同

形語も少なくない。(42)の「彩色」は代表的な例である。

(42)美しく彩色された陶器／美丽彩色的陶器。

4.5 訳文における中日同形語の使用率

509の受動文と、対応する中国語への訳文を比較し、統計した結果、日本語の受動文と訳文に両方使用された中日同形語が139あること、日本語の受動文と対応する中日同形語を使用した訳文は226あることがわかった。以下、使用頻度により、五十音図順で表4にした。

表4

頻度数	中日同形語	語彙数	受動文数
1	解決 開始 開発 開放 確認 隔離 完成 緩和 記載 求婚 起用 強制 強迫 挙行 撃沈 決定 厳選 建造 攻撃 交渉 更新 護衛 彩色 催促 採用 削減 惨殺 実施 重視 収蔵 上映 上演 消毒殺菌 省略 触発 処置 信仰 侵犯 信頼 推挙 吹奏 水葬 生産 精選 製造 設計 設置 設定 選出 洗練 創建 束縛 阻止 尊敬 代表 弾劾 蓄積 中断 注目 徴集 徴用 嘲弄 陳列 追徴 適用 電解 展示 転用 投下 凍結 同情 淘汰 盗用 独占 軟禁 任命 排出 配置 迫害 爆破 暴露 派遣 発掘 発行 反映 反対 判断 批判 罷免 封鎖 賦与 分割 分配 包囲 包含 保釈 保存 密封 命名 免職 予想 流露 轢断	104	104
2	汚染 加工 感化 歓迎 救出 啓発 指名 釈放 祝福 出版 審議 診断 断定 展開 剥奪 評価 没収	17	34
3	延期 期待 形成 提出 否決 優先	6	18
4	延長 公開 支持 指定 保障 目撃	6	24
5	解雇 禁止 破壊 発表	4	20
7	起訴	1	7
19	逮捕	1	19
合計		139	226

以上統計した訳文での中日同形語の使用数と日本語受動文での中国語の使用数から、使用語数の比率が44.8%であると算出できる。また中日同形語が使用された訳文の数と日本語受動文の数から、使用文数の比率が44.4%であると算出できる。

訳文での中日同形語の使用は全部適切であるとは限らないし、他の未使用の中日同形語が適切な訳語として使われる可能性もないわけではないが、

訳文での中日同形語の使用語数の比率も使用文数の比率も 45％を下回ることが、半分ぐらいの中日同形語は意味用法などにずれがあり、対応していないことを反映したといえよう。

4.6 訳文に中日同形語が使用されなかった要因

訳文に使われなかった言葉の意味用法などを比較し、次の4類に分類した。

① 意味用法にほとんどずれがなく、そのまま訳文で使える言葉
　　解釈　開設　拡大　凝縮　駆逐　誤解　催促　実行　支配　設置
② 意味にずれがある言葉
　　愛　　依頼　改正　解放　懸念　検挙　拘束　告訴　建立　質問
　　樹立　召喚　請求　注意　配合　放置　翻弄　約束
③ 品詞性にずれがある言葉
　a.中国語では自動詞で、日本語では名詞・サ変他動詞である。
　　運転　併称　執筆　出題　除名　免職　課税　発令　分類
　b.中国語では名詞で、日本語では名詞・サ変他動詞である。
　　懸念　邪魔　処方　増幅　媒介　種別　二等分
　c.中国語では形容詞で、日本語では名詞・サ変自他動詞である。
　　完備
④ 日本語でよく使われているが、中国語であまり使わなくなった言葉
　　解任　開封　刊行　絞殺　削除　指摘　討議　封印　閉鎖

上述した②③④が中国語への訳文に関係の中日同形語が使われなかった要因といえよう。

5. 中日同形語の受動文を構築する可能性の比較

上述の内容から、中日同形語は意味、品詞性、文化の差異などによって受動文を構築する機能が必ずしも一致していないことがわかる。以下、「中日とも受動文を構築できる言葉」「中日とも受動文を構築できない言葉」「日本語で受動文を構築できるが、中国語で受動文を構築できない言葉」「中国語で受動文を構築できるが、日本語では受動文を構築できない言葉」の 4

類に分類して、考察していく。

5.1 中日とも受動文が構築できる中日同形語

中日とも受動文が構築できる中日同形語は以下の6類に分類できる。

① 中国語では他動詞で、日本語では名詞・サ変他動詞である言葉

中国語に受動文より能動文が多用される傾向があることは多くの研究者によって明らかにされたが、大部分の中日同形語の他動詞が受動文を構築できる点では対応している。次の中日同形語の例が挙げられる。

記載　建造　更新　削減　重視　省略　製造　設計　束縛　尊敬　凍結

② 中国語では自他動詞で、日本語では名詞・サ変自他動詞である言葉

中日とも自他動詞として使える同形語も少なくない。次に挙げられる同形語の中で、「開始」「後悔」「増進」「流露」以外の言葉は全部受動文を構築できる。

移動　延期　延長　解決　解散　開始　拡大　確定　加速　完成　呼吸
継続　決定　結合　結束　減少　後悔　実現　集中　縮小　消耗　増加
増進　注意　転移　展開　暴露　普及　埋蔵　流露　連絡

「開始」「後悔」「増進」「流露」の四つの言葉を"被开始""被后悔""被增进""被流露"をもって北京大学漢語言語学研究センターがオンラインで公開しているコーパス（以下「コーパス」と省略する）で検索したが、用例が見つからなかった。受動文が作られにくいと思われる。

③ 中国語では自動詞で、日本語では名詞・サ変他動詞である言葉

一部の「動賓」構成の同形語は中国語で自動詞として使われるが、日本語のように目的語を持って能動文を構築することができない。しかし、受動文が成立するのである。次の同形語が挙げられる。

解体　消毒　分類　除名　免職　課税

　(43)按厂规厂法，这3名女工将被除名。　　　　　　（コーパス）

　　　　工場に規定によって、3人の女子工員が除名されることになった。
　　　　　　　　　　　　　　　　　　　　　　　　　　（筆者訳）

"除名女工"のように目的語を持つことができないが，"把女工除名"の

ように、介詞"把""対"をもって対象を動詞の前に前置させることができる。上述した同形語は"把某物解体"、"把某人免職"、"対某物消毒"、"対某物課税"、"対（或把）某物分類"のように表現できる。

6つの同形語の中で「課税」だけ対象が中国語と違う。

　　(44)給与収入が103万円を超えると所得税が課税される。／工资的年
　　　　收超过103万日元，要征收所得税。　　　　　（『日中辞典』）

日本語では「課税する」の目的語が「所得税」のような「税」である。「課税する」対象物は「に」で表される。例えば、

　　(45)輸入品に課税する／対进口商品征税。（筆者訳）　　（『大辞泉』）

④　中国語では他動詞で、日本語では名詞・サ変自動詞である言葉

　　次の同形語は中国語では他動詞として使われ、動詞の後に直接目的語を持つことができるが、日本語で「に」を用いて、動作の対象を持つことができる自動詞として扱われている。しかし、他動詞と同じように直接受動文が構築できる。次の例が挙げられる。

　　影響　抗議　賛成　抵抗　同意　同情　反抗　反対　服従　報復
　　(46)年轻的女人也需要被同情。　　　　　　　　　（コーパス）
　　　　若い女性も同情される必要がある。　　　　　　（筆者訳）

⑤　中国語では形容詞・他動詞で、日本語ではサ変自他動詞である言葉
　　(47)这严峻的气氛也许能被缓和下来。　　　　　　　（コーパス）
　　　　この険しい雰囲気がやわらげられるかもしれない。（筆者訳）

⑥　中国語では名詞・形容詞・他動詞で、日本語では名詞・他動詞である言葉

　　「誇張」という言葉は中国語で他動詞として使われるとき、能動文で使われにくい。受動文で使われるほうが自然である。

　　(48)事実有可能被夸张。　　　　　　　　　　　　（コーパス）
　　　　事実が誇張されたおそれがある。　　　　　　　（筆者訳）

5.2　中日とも受動文を構築できない同形語

　　中日とも受動文を構築できない同形語はなかなか探しにくい。また受動

文を構築できるかどうか判断するのも非常に難しい。

　現在「忍耐」しか見つかっていない。受身の「忍耐される」と"被忍耐"の使い方が確認されていないので、「忍耐」は受動文を構築できない可能性が高いと思われる。

5.3　日本語では受動文が構築できるが、中国語では受動文が構築できない同形語

これはさらに次の4類に分類できる。

　① 中国語では他動詞で、日本語では名詞・サ変他動詞である言葉
　　演出　交渉　惹起　象徴　締結　内蔵　養成

以上の言葉に"被"をつけて、コーパスで検索したが、1例も見つからなかった。また、日常生活で受身の形で使われにくい。

　　(49)「源氏物語」に象徴される平安中期の宮廷文化を育んだ。(『朝日新聞』)
　　　　孕育了以《源氏物语》为代表的平安中期的宫廷文化。(筆者訳)

　② 中国語では自動詞で、日本語では名詞・サ変他動詞である言葉
　　運転　営業　結党　執筆　推理　寸断　出題　併称　発令

「運転」「寸断」「併称」はもともと中国語で自動詞として使われたが、日本語に入って他動詞に変えられて、受身の用法を持つようになった。

「営業」「結党」「執筆」「推理」「出題」「発令」はみな「動賓」構成の言葉である。「動賓」構成の熟語は中国語でほとんど自動詞である。"动员""关心"のような他動詞は多くない。これらの熟語にすでに目的語が含まれているので、中国語では更に別の目的語を持つのは難しいであろう。

　③ 中国語では名詞で、日本語では名詞・サ変他動詞である言葉

次の同形語は中国語では名詞として使われているので、受動文を構築できないが、日本語では他動詞なので、受動文を構築できる。

　　意味　含意　契約　懸念　処方　信用　増幅　二等分　媒介

"处方""信用"は中国語で動詞としての使い方があったが、今は消えてしまった。"意味"[6]は中国語で動詞として使われるとき、あとに"着"をつけなければならない。その他の言葉も名詞の使い方しかない。

(50)電流が真空管内で増幅される／电流在电子管内増強。(『日中辞典』)
(51)国内生产总值増幅超过 10%。　　　　　　　（コーパス）
　　　GDP の増加幅が 10%を超えた。　　　　　　（筆者訳）

④　中国語では形容詞で、日本語では名詞・サ変他動詞かサ変自他動詞である言葉

　　完備　洗練　鎮静　鎮定　徹底　特定　悲観　優先　適用

　上の「優先」以外の言葉は中国の古代で動詞としての使い方があったが、だんだん動詞から形容詞化してしまった。日本語ではまだその動作性を保っているので、動詞として使われている。

(52)文章结构紧凑，文字洗练／文章は構成が緊密で、表現が洗練されている。(『中日辞典』)

　(52)のように、これらの言葉は中国語から日本語に翻訳されるとき、受動文が使用されなければならないが、誤用が生じやすい。

5.4　中国語では受動文が構築できるが、日本語では受動文が構築できない同形語

　この類の同形語はさらに次の 5 類に分類できる。

　①中国語では他動詞か自他動詞で、日本語では名詞・サ変自動詞であるこの類の同形語は次の例が挙げられる。

　他動詞：懐疑　激怒　交代　鼓動　葬送　超過　通過　伝播　発覚

　自他動詞：感染　感動　消滅　接触　重複　伝染　突出　燃焼　発展

(53)市民们被激怒了。／市民が憤慨した。(筆者訳)（コーパス）

「激怒」は中国語では他動詞で、「怒らせる」の意味を表すが、日本語では自動詞で、「激しく怒る」意味である。日本語で個別的に「激怒される」が「迷惑の受身」の意味で使われる可能性がある。

(54)大家被他的话感动了／みんなは彼の話に感動した。(『中日辞典』)

中国語では「感動」は自他動詞なので、"被感动"が使えるが、日本語では自動詞なので、訳文では「感動した」になったのである。

②中国語では他動詞か自他動詞で、日本語では名詞である

この類の例として次の同形語が挙げられる。

　圧制　運輸　危害　犠牲　参考　収入　需要　損害　損失　打撃　迷信

(55)冒着<u>被打击</u>报复危险挺身而出。（コーパス）

　　<u>打撃</u>を受け報復される危険を買って出た。（筆者訳）

(56)只有政府撤销派兵决定才能避免更多的生命<u>被牺牲</u>。（コーパス）

　　政府が派兵決定を撤回しなければ、更なる多くの人の<u>犠牲</u>が避けられない。（筆者訳）

これらの言葉の受身は中国語から日本語に翻訳されるとき、「～される」に訳されがちなので、注意が必要である。

③中国語では形容詞・他動詞で、日本語では名詞・形容動詞である

中国語では形容詞の他動詞化が一つの特徴である。次の同形語は中国語では形容詞と他動詞であるが、日本語では名詞と形容動詞である。

　温暖　可憐　疎遠　怠慢　豊富　明確　模糊

これらの言葉は中国語で全部"被"をつけて受動文を構築できるが、日本語ではサ変動詞ではないので、受動文が成立しない。中国語から日本語に翻訳するとき、形容動詞を使ったり意訳したりしなければならない。

(57)欧洲人一直<u>被疏远</u>。　　　　　　　　　（コーパス）

　　ヨーロッパ人がずっと<u>疎遠</u>にされていた。　　（筆者訳）

(58)道德标准<u>被模糊</u>。　　　　　　　　　　（コーパス）

　　道徳の基準が<u>曖昧</u>にされてしまった。　　　（筆者訳）

④中国語では形容詞・他動詞で、日本語では名詞・サ変自動詞である

この類の同形語は、「充実」「満足」「迷惑」「彎曲」が挙げられる。中国語では他動詞としても使われ、受動文が構築できる。例えば、

(59)当这些需求<u>被满足</u>时，客人就感到是受到了尊重。（コーパス）

　　これらのニーズが<u>満たされた</u>とき、お客様は尊重されていると思うようになる。　　　　　　　　　　　　　　（筆者訳）

6. 終わりに

　本稿は講談社『日中辞典』に出た中日同形語の受動文を抽出して、対応する中国語の訳文を細かく分析して、訳文を大きく「受動文」「能動文」「無対応文」に分類した。訳文の半数以上が受動文の形式を取っていないので、日本語での受動文の使用が中国語より多いことがわかった。訳文の受動文では"被"以外の受身マーカーとして、"由"が使用されたが、話し言葉で使われる"让""叫""给"が訳文では確認できなかった。書き言葉を重んじる傾向がうかがわれた。そして「準受身マーカー」である"获""获得""赢得"及び"在……中""在……下"などの表現に受身が含意されていることがわかった。「能動文」では動作主が多様であること、無対応文では「使役文」「形容詞文」なども可能であること、また訳文で使われた中日同形語の数が全体の半分にも満たなかった原因が中日同形語の語義のずれ、品詞性の不一致、言語環境の変化及び訳者自身などにあること、がわかった。更に研究対象を中日同形語全体に広げて、中日同形語の品詞性に基づいて、双方の受動文を構築する可能性を比較検討した結果、その実態が非常に複雑であること、中日とも一部分の他動詞が受動文を構築できないこと、中国語の一部分の「動賓」構成の自動詞が受動文を構築できることがわかった。それらをもたらす要因が何か、中日同形語と間接受動文の間にどんな関係があるのか、また中国語の自動詞と受動文の関係、中日同形語の受動文の習得などに関しても研究を進める必要があるので、今後の課題としておきたい。

注
1) 日本語の"被动句"に「受動文」と「受身文」2種の言い方があるが、筆者は「受動文」を使うようにしている。
2) 筆者の定義である。
3) 全く同じ文や長い文に含まれた短い文を除外した。
4) 「忙殺」の「殺」は「意味を強めるための助辞」で、「殺す」意味ではない。「忙殺」は「非常に忙しい」という意味で、他動詞ではない。『岩波国語辞典』では

「《多く「―される」の形で使って》非常に忙しいこと。仕事などに追いまくられること。」と説明している。意味の説明と使い方が矛盾していることがわかる。これは村木新次郎に「みかけだけの受動文」と呼ばれている。「悩殺」も同じである。
5) 森田良行が「影響する」のような「ニ」格を取る自動詞の受身を「自動詞による直接受身」と呼んでいる。筆者はその説に従う。
6)『中国語常用動詞例解辞典』には"意味着"が一つの言葉として収録されている。

例文出典

『中日辞典』,相原茂,講談社(2010)
『日中辞典』,相原茂,講談社(2006)
『大辞泉』増補・新装版,小学館『大辞泉』編集部,小学館,(1998)
『朝日新聞』,2011年02月25日,夕刊
北京大学コーパス:http://ccl.pku.edu.cn:8080/ccl_corpus/

参考文献

相原茂(2010)『中日辞典』,講談社
荒屋勸(1995)『中国語常用動詞例解辞典』紀伊國屋書店,東京
飯嶋美知子(2007)「論説文の訳文から見た受動文の日中対照研究 -中国語母語話者への教育の一環として-」『早稲田大学日本語教育研究』(10)
何宝年(2011)「「中日同形語」の定義」『言語文化』19,pp.35-49,愛知淑徳大学言語コミュニケーション学会.
中島悦子(2007)「受身と日中対照」,『日中対照研究ヴォイス:自・他の対応・受身・使役・可能・自発』,おうふう
新村出(2008)『広辞苑』,岩波書店
西尾実・岩淵悦太郎・水谷静夫(2000)『岩波国語辞典』第6版, 岩波書店
日本語記述文法研究会,(2009)『格と構文/ヴォイス』,くろしお出版
村木新次郎(1991)『日本語動詞の諸相』,ひつじ書房
森田良行(2007)『助詞・助動詞の辞典』,東京堂出版
漢語大詞典編輯委員会, 漢語大詞典編纂処編纂, (1986-1994)『漢語大詞典』,上海辞書出版社
中国社会科学院语言研究所词典编辑室(2005)《现代汉语词典》第5版,商务印书馆
屈哨兵(2008)《现代汉语被动标记研究》,华中师范大学出版社

日本語の格と中国語の介詞構造
―「デ格」と"被(bèi)"構造の関係―
Japanese "cases" and structure of Chinese Prepositions –
the relationship between "De-" cases and "Bèi-" structure

廖 郁雯
LIAO Yuwen

要旨 日本語の受け身文「れる・られる」は中国語の"被(bèi)"と対応することが分かる。一見すれば「デ格」は中国語の「"被(bèi)"構文」と関係が無さそうに見える。しかし、筆者は、文学作品の実例を収集した際、日本語の「デ格」と中国語の"被"との関係の手がかりをつかんだ。そこで実例に基づき、この両者の関係について考察を試みる。

キーワード： デ格　道具　様態　原因　"被"

目次
0. はじめに
1. 道具を表す「デ格」と"被"との関係
2. 様態・方法・手段を表す「デ格」と"被"との関係
3. 原因・理由を表す「デ格」と"被"との関係
4. 日本語の表現からみた"被"（１）
5. 日本語の表現からみた"被"（２）
6. 日本語の表現からみた"被"（３）
7. 日本語の表現からみた"被"（４）
8. おわりに

0. はじめに

　日本語の「デ格」は一般的に言えば、「道具」・「様態」・「原因」・「空間」・「動作主」などのさまざまな役割を果たす。例えば、ペンで手紙を書く（道具）、裸足で走る（様態）、雨で電車が止まる（原因）、部屋で手紙を書く（空間）、この事件は警察で解決する（動作主）などである。

　また、日本語の受け身文「れる・られる」は中国語の「"被（bèi）"構文」と対応すると一般的に言われている。(0.1)「わたしは先生にほめられました」/引用者訳:我被老师称赞了。(0.2)「わたしは犬に手をかまれました」/引用者訳:我的手被狗咬了。(0.3)「雨に降られました」/引用者訳:被雨淋湿了。(0.4)「昨夜ダイヤモンドがぬすまれました」/引用者訳:昨天晚上钻石被偷了。
※(0.1)～(0.4)の用例は『学ぼう！にほんご初級2』から取り出したものである。下線は引用者が引いたものである。

　上例(0.1)～(0.4)から見れば、中国語の「"被"構文」は"被"があらわれるものと"被"があらわれないものの二種類に分けられる。後者は「意味上の"被"構文」と呼ばれている[1]。また、"被"があらわれる「"被"構文」はさらに先行研究によって"被"の役割が様々であり、大まかに下表のように分類される。

	"被"	先行研究の例文
呂 (1992)	介詞及び助詞 (1と2の"被"は介詞であり、3と4の"被"は助詞である)	1.我被一阵雷声惊醒。(呂1992:17) 2.小张被大家批评了一顿。(呂1992:17) 3.大坝被冲垮了。(呂1992:18) 4.这支军队被称为'铁军'。(呂1992:18)
侯 (1998)	介詞及び助動詞 (5と6の"被"は介詞であり、7と8の"被"は助動詞である)	5.茶杯被我打了。(侯1998:17) 6.大地被月光覆盖着。(侯1998:17) 7.他被怀疑了。(侯1998:20) 8.这儿还有人被压着哪。(侯1998:20)
李 (2003)	介詞	9.你小时候被妈妈打过吗？(李2003:346) 10.他过马路时,被车撞了一下。(李2003:346) 11.这个孩子被吓坏了,一句话也说不出。(李2003:346) 12.毕业后,我被分配到报社工作。(李2003:346)

張 (2005)	介詞及び動詞 (13～15の"被"は介詞であり、16と17の"被"は動詞である)	13.王宝被地主打了一頓。(張斌2005:23) 14.小船被抬得很高。(張斌2005:23) 15.敵人的油庫被炸毀了。(張斌2005:23) 16.楊春转身得迟,被一飞刀,战马着伤,弃了马,逃命而走。(張斌2005:29) 17.此时独身抢来,被曾升一箭,腿上正着。(張斌2005:29)

現代中国語「"被"構文」の"被"は本来動詞であり、「蒙る」「被る」「遭遇」「～に遭う」などの動詞から発展したものである。本来、話し手（受け手・受動側）が不如意、望ましくないことに遭遇することによって、その話し手の不幸、被害もしくは不愉快な心情を訴えることに由来するものである。また、中国語の「"被"構文」は"被"の導きによって話し手の「不如意な遭遇」(不快、不本意、望ましくない、不利益や損害を受けることなどのマイナスの感情）が訴えられるものである。現代中国語の受動文（「"被"構文」）は大部分の情況ではこの意味が依然として含まれている。しかし、時代の流れと共に「"被"構文」の意味も徐々に多様に変化してきた。不本意、不幸な気持とは限らず、話し手(受け手・受動側)が「幸運」「如意」「愉快」な気持ちを訴える場合にも「"被"構文」が用いられる(例1)。さらに評価・論評せず、ただ「中性」「中立」な意味のみを表す場合にも「"被"構文」で表すことが少なくない(例2)[2]。

　(1)她作文写得好，常被老师表扬。(張 2005:127)引用者訳:彼女は作文を書くのが上手で常に先生に褒められる。

　(2)房間被灯光照耀得如同白昼。(張 2005:127)引用者訳:部屋はあかりで白昼のように照らされている。

中国語の受動文を表す介詞には、"被"のほか、"叫""让""给""挨""遭""为"などがある。前述したように、"被"は本来動詞「蒙る」「被る」「遭遇する」などから発展したものであり、受動文専用の介詞である。"叫""让""给"は受動のほか、使役と兼用する。本稿では"被"を中心とし、「デ格」と"被"との関係と、加えて日本語の表現からみた中国語の受け身を表す"被"がどのように表されるか、実例を通して検証を試みる。

1. 道具を表す「デ格」と"被"との関係

　道具を表す「デ格」は中国語と対応するとき、本来、"用""以""拿"などの介詞を用いる[3]。

　　　(3)石で殻を割り(略)(世 85)対訳:用石头敲开壳,(略)(在 85)
　　　(4)あなたはあっちこっちで追い出され、揚句の果て、首を折って、死人の担架で運ばれて。(深 345)対訳:你到处被驱逐,最后连脖子也断了,被用抬死人的担架抬走。(深 281)

　例(4)で示したように受け身表現で表す場合、対応する中国語は語順として"用"が"被"の後ろにくっつき、表すものである。このような介詞が二つ同時に用いられるのは可能であり、これは日本語「格助詞」と異なる中国語の介詞の特徴の一つと言えるであろう。
　下例では日本語では受身表現でないものの、中国語と対応した結果、介詞"用"の前に"被"があらわれ、受動文の形であらわれている。

　　　(5)そのとき胸の奥底に、針でつついたほどの小さな穴があいた。それはブラックホールのように、一瞬にしてすべてを呑み込んでしまった。(世 204)対訳:此时我的内心深处像是被针扎了个小洞,接着就像是黑洞一瞬间将所有给吞噬,(略)(在 199)
　　　(6)そして壁のあちこちにピンでさした昆虫のように大きな蛾がとまっている。(深 240)対訳:墙壁上到处停着有如被用大头针钉住,像昆虫的大蛾。(深 192)
　　　(7)母からの手紙も、あちこちが墨で抹消してある。(奔 413)対訳:母亲来的信件也被到处用墨汁涂抹。(奔 339)

　行為者(やり手)が不定・不特定もしくは特定できないな場合は、例(8)と(9)の中国語訳文のように"人"が介入する場合もある。この"人"の有無は文全体の意味に影響しない。

　　　(8)酔ってやくざ者と喧嘩をやり、顔をビール瓶で殴られて、生涯、頬に傷を残した。(文 374)対訳:(略)也曾经因为喝醉酒和流氓打

架,被人用啤酒瓶砸伤了脸,在脸上留下了一生无法抹灭的伤疤。(文下332)

(9)そのあとわたしはそのバッグが真っ白な紙で包まれ、箱に入れられて、金色のリボンで飾られるのをしばらく眺めた(ど121)対訳:之后我又看了好一阵子,看到那个皮包被人用纯白的纸包起来，装進盒子又加上了金色缎带作为装饰。(到108)

　中国語の「"被"構文」に道具を表す介詞"用"の介入によって文のニュアンスは変わるであろう。例えば(6)の中国語の訳文では"被用大头针钉住"と"被大头针钉住"では意味的には変わらないが、前者は"用"が介入するため、道具の意味が強いと感じられる。一方、後者は道具の意味が文にあらわれず、単なる受動文の形であらわされると考えられる。

　また、"被用"の間に、"人"が割り込むことは可能であるが、このような単語が介入すると、"用"を省略することができなくなる。例えば(6)(7)の場合は"被人用大头针钉住"、"被人到处用墨汁涂抹"とは言えるが、"被人大头针钉住"、"被到处墨汁涂抹"とは言えない。

　中国語の「"被"構文」は、損害をこうむったり、災難・不幸な目に遭うことを意味するものであり、話し手（受け手・受動側）にとっては不本意、望ましくない出来事に遭った時、使われるものである。文中の行為者(やり手)は人名詞とは限らず、「電話」「杭」のような物(名詞)は道具の存在でありながら受け手に与える被害の行為者とされる場合もある。

　　(10)なんだか舌の先を針でさされたようにびりりとした。(吾514)
　　　　対訳1:舌尖就好像被针尖扎了一般,刺痛得很。(我430)
　　(11)事務所からの電話で起こされた。(ふ225)対訳:我被公司打来的
　　　　电话吵醒,(略)(両213)
　　(12)杭で打たれるような頭痛、意識が裂けていくような感覚の中、
　　　　何かを見たような気がした。(土140)対訳:宛如被木桩敲打般的
　　　　头痛,在感觉意识逐渐分裂之中,我仿佛看到了某种东西。(泥138)

　「針で」「電話で」「杭で」の「デ格」は道具を表し、本来中国語の介詞"用"と対応するが、ここでは"用"を用いず、"被"のみで表されている。これは

話し手（受け手）は被害を受けたため、自分の被害・困惑な気持ちを訴えたいという傾向があると考えられる。

　次に示した用例は「デ格」の名詞と対応し、「"被"＋道具(性)名詞」の形で単なる受動文で表し、話し手(受け手・受動側)は損害をこうむったり、不幸な目に遭う意味が含まれているかは文中から判断できず、単に一つの状況を述べるのみと考えられる。

(13)トナカイとわたしは厚い<u>ガラスで</u>隔てられている。(ど 123)
　　対訳:驯鹿与我之间<u>被一层厚玻璃</u>隔开。(到 109)
(14)<u>救急車で</u>運ばれている途中で、急速に意識は晴れ渡っていった。
　　(い 275)対訳:在<u>被救护车</u>送往医院的途中,我的意识突然清醒起来。
　　(现 247)
(15)<u>船首で</u>切られた水面が、V字模様の波紋を運河に残す。(東 24)
　　対訳:一艘货船正行驶在幽暗的河面上,<u>被船首</u>切开的水面上残留着V字型的波纹。(东 27)
(16)薄くスライスされた白っぽいタマネギが肌色のかつお節と混じり合って<u>箸で</u>固定されて持ち上げられる。(ど 49)対訳:切成细丝的白色洋葱混合着肉色的柴鱼片,<u>被筷子</u>固定住夹了起来。(到 50)

　次の例文は主語が話し手（受け手）から外され、主語自身が生産物となり、「デ格」の名詞はその原料・材料・構成要素を表すものである。

(17)「日本酒は<u>こめで</u>つくる」(高橋 2005:39)引用者訳:日本酒是<u>用米</u>做成的。
(18)現在でいう千羽鶴は、折り紙の鶴を<u>ひもで</u>通したものを意味します。(日 241)対訳:现在所说的千羽鹤,则是<u>用线</u>穿过一千隻用紙折成的紙鶴。(日 240)
(19)「このコップは<u>紙で</u>作られました」(『学ぼう！にほんご初級2』)
　　引用者訳:「这杯子是<u>用纸</u>作成的。」
(20)「この寺は<u>木で</u>建てられました」(『学ぼう！にほんご初級2』)
　　引用者訳:「这寺庙是<u>用木头</u>作成的。」

(21)「これらの家具はダンボールで作られました」(『学ぼう！にほんご初級2』)引用者訳：「这些家具是用瓦楞纸作成的。」

(22)この世界は人間ひとりひとりで構成されているんだ。(五体不満足)対訳：这活生生的世界是由一个一个的人组成的,(略)

　この場合は日本語では受け身文であらわれるものの、中国語の「"被"構文」とは対応せず、「"是…的"構文 4)」と対応する。分類すれば、原料を表す「デ格」の名詞は中国語の「"是用／由…的"構文」と対応する(例 17)。材料を表す「デ格」の名詞は中国語の「"是用…的"構文」と対応する(例 18〜21)。構成要素を表す「デ格」の名詞は中国語の「"是由 5)…的"構文」と対応するものである(例 22)。次のようにおおまかにまとめる。

　　原料を表す「デ格」—「"是用／由…的"構文」
　　材料を表す「デ格」—「"是用…的"構文」
　　構成要素を表す「デ格」—「"是由…的"構文」

2. 様態・方法・手段を表す「デ格」と"被"との関係

　前述したように道具を表す「デ格」は"被"もしくは"被用"と対応する。すなわち、介詞"用"を使うかは任意である。次の例文を見れば、様態・方法・手段を表す「デ格」も"被用"と対応することが分かる。

(23)妻の顔を見て、止して可かったと思う事もありました。そうして又凝と竦んでしまいます。そうして妻から時々物足りなそうな眼で眺められるのです。(こころ)対訳：(略)看到妻的脸,我也有过觉得幸而没有自杀,但最后又呆呆地缩在一边。而这样又往往被妻用不满的眼光望着。(心(1))

(24)原文：越是查禁这些书,人们读书的愿望就越强烈,很多书都被用巧妙的方法偷偷藏起来,在一双双渴望的手中悄悄传递着。(轮椅上的梦)対訳：禁じれば禁じるほど、本を読みたいという人々の願いも強くなり、たくさんの本が巧妙な方法で隠されて、待ち望む手から手にひっそりと送られている。(車椅子の上の夢)

この場合の"用"は道具を表す"用"と違い、必ず必要とされる。また、ここでの「デ格」は"用"と対応し、"被"は「カラ～れる・られる」と対応することが考えられる。

3. 原因・理由を表す「デ格」と"被"との関係

例(25)のように日本語の受け身文は中国語の"被"と対応するが、ここで自然現象やモノを表す名詞が「デ格」の形をとって「自動詞」「なる」と組み合わさるときも、その「デ格」の名詞は原因を表し、受け手はその現象やモノによって変化をこうむる状態となり、文全体が因果関係を表すことになる。例(26)～(35)はこの類の例文である。

(25)雨で壊された巣を急いで張り直しているんだろうけど、(略)
(い 237)対訳:可能是想要快点修复被雨打坏的蜘蛛网吧,(略)(现 213)

(26)浴槽の水は、血で赤く染まっていた。(私下225)対訳:(略)浴缸里的水也被血染成一片鲜红。(迟下260)

(27)のけぞった学生の顔が血で赤く染まるのを、信介はようやく冷静に返った意識で眺めた。(青 75)対訳:个子跌了个仰八叉,脸被鲜血染红了。信介恢复了冷静。(青 42)

(28)夕暮れでぼんやり赤く染まった部屋のなかで、ふたりは顔を見合わせた。(ロ 231)対訳:两人在被夕阳微微染红的房里,互相对看着,(略)(长 305)

(29)醤油で黒く汚れたかつお節が箸のすき間からテーブルの上に落ちていく。(ど 49)対訳:被酱油染黑的柴鱼片从筷子缝间掉落桌面上。(到 50)

(30)スクーターで、港南大橋を渡って「海岸浴場」へやってきた亮介は、汗と排気ガスで汚れた顔をタオルで拭き、(略)(東 10)対訳:亮介骑着轻型机车,跨越港南大桥来到了「海岸浴场」;先是用毛巾擦了擦被汗水和废弃弄脏的脸,(略)(东 11)

(31)それからその長いやつを七輪の角でぽんぽんたいたら、長い

のが三つほどに砕けて近所は炭の粉でまっ黒くなった。(吾 378)
対訳1:(略)然后在炭炉边「啪啪」地敲,碎成了三块。四周被炭末涂成漆黑。(我 316)

(32)泣いて泣いて、そこいら中が僕の涙で水浸しになって、(略)(さ 130)
　　対訳:哭着哭着,附近一帯都被我的泪水淹没了。(櫻 93)

(33)熱で溶けたミントのガムが、僕の手をべたべたと汚して、(略)
　(さ 170)対訳:热气融化的口香糖，黏黏稠稠地弄脏了我的手，(略)(櫻 122)

(34)目の上に生えている長い毛が、西日で白く光っていた。(さ 47)
　　対訳:眼睛上的长毛,被夕阳照得闪闪发亮。(櫻 32)

　日本語の受け身文と対応する中国語は"被"で表すのは一般的であるが、上記の例文は受け身文でないにもかかわらず、"被"と対応するのは、おそらく人間が意図的に行う行動でなく、現象やモノの働きかけを受けて何らかの変化の結果状態となるからである。つまり、ここで使われる「"被"構文」は受け手がある現象やモノの働きかけを受けた原因が重視されるものと考えられる。原因・理由を表す「デ格」は中国語の"被"と対応すると、ある事柄がある結果を招いたという意味で因果関係が強く示される[6]。

　「煙草の火で焼ける」「戦争で焼けただれる」の「デ格」は原因・理由を表すものであり、動詞の形から見ても受け身文でないものの、依然として中国語の"被"と対応する。

(35)机の前には薄っぺらなメリンスの座布団があって、煙草の火で焼けた穴が三つほどかたまってる。(吾 335)対訳2:桌子前边放了一块用洋纱做的薄薄坐垫,有一块地方被香烟灰烧了三个窟窿。(我 238)

(36)背後のそんな会話をききながら木口は戦争で焼けただれた日本を知らぬこの若夫婦が不快だった。(深 171)対訳:木口听到背后这样的对话,对这对年轻夫妇完全不了解被战争火化为灰烬的日本感到不悦。(深 137)

「陽にやける」「火にほてる」「飲み物（コーヒー）・煙にむせる」のよ

うな表現はその「ニ格」も原因・理由の意味が含まれる。日本語では受け身文でないものの、中国語の"被"とも対応する。

(37) 笠井のうしろにいたのは宇崎秋星だった。彼は古い革のトランクをさげ、やや陽に灼けたような顔の色で、ニコニコ笑いながら信介と織江に手をあげると、(略)(青 262)対訳:在笠井后面是宇崎秋星,他的脸似乎被太阳晒黑了。拎着一只旧皮箱,笑嘻嘻的向信介和织江打招呼。(青 155)

(38) 飯沼はかつて手きびしい訓育と涙による理解を望んだものだが、今、目の前で、火にほてる頬にしたたる美しい涙は、何ら飯沼の力に依るものではなかった。(春 180)対訳:这是饭沼过去希望得到的严厉训育和理解的眼泪。可是,如今饭沼眼前所看到的清晰,被火灼热了的流淌在脸颊上的美丽泪珠,已经不是饭沼的力量所引起的了。(春 145)

(39) その顔は本当に「ぎゅっとする」という表現がぴったりで、ぎょっとした後は、漫画みたいにコーヒーにむせて、咳込んだ。(さ 108)対訳:那张脸只能用『震惊』来形容,震惊之余,像漫画人物被咖啡呛到般,咳个不停。(樱 76)

例(40)(41)の「デ格」は「ニ格」に置き換えることが可能である。いずれも原因を表すものである。

(40) a. ズボンが汗でぬれないようにするためです。(日 289)
対訳:其作用是防止长裤被汗弄湿。(日 288)

b. (略)日を浴びた東京湾を見つめながら汗に濡れたTシャツを脱いだあと、ちらっと腕時計で時間を確かめた。(東 6)対訳:(略)一面眺望着沐浴在阳光下的东京湾,一面脱下早已被汗水濡湿的汗衫,并且瞥了瞥手表以确认时间。(东 7)

(41) a. 霜が降りて銀杏の葉が散るころには、好太郎さんのうちの屋根は落葉でいちめんに覆われて、黄色い屋根になっていた。(黒い雨)対訳:霜降以后,银杏树开始落叶时,好太郎家的房顶全

被落叶覆盖,变成黄颜色的屋顶。(黒雨)

　　b.船は京橋川右岸の御幸橋のたもとのところに着いた。橋から川上の方は黒煙に覆われて、火焔が至るところに見えながらも市役所附近はどうなっているのかわからない。(黒い雨)対訳:船到达京桥川右岸的御幸桥边。桥和河都被黑烟笼罩着,到处都可以看到火焰,不知道市政府附近怎么样了。(黒雨)

　下例は「(母親の)乳で顔を濡らす」「涙でいっぱいにしそうだ」のような「他動詞」表現であるが、「乳で」と「涙で」の「デ格」が「顔を濡らす」と「いっぱいにする」と因果関係があることにより、この「デ格」は原因となり、この場合の「デ格」も中国語の"被"と対応する。

　　(42)佑司は満腹になってもなお噴き出してくる母親の乳で顔を濡らした。(い233)対訳:佑司已经吃饱后,仍然被母亲的乳汁喷湿了脸。(现209)

　　(43)（略）ふたり、馬鹿みたいに涙を流して、六畳の部屋を、その涙でいっぱいにしそうだった。(さ307)対訳:(略)两人哭得稀里哗啦,六个榻榻米的房间,眼看就要被泪水淹没了。(櫻224)

　今まで述べてきた「"被"+名詞」の"被"は介詞の役割を果たすものである。次より述べる「"被"+動詞」の"被"は助詞を表すものである。

4. 日本語の表現からみた"被"（1）

　「質問を受ける」「叱責をうける」「批判を受ける」などの表現は「受ける[7]」という語彙自体が「受け身」を含意するため、受け身動詞文「れる・られる」を用いない受け身表現である。このような文が外形＝表現面では能動文でありながら、実際、意味＝内容面では受動的な意味を持つことは否定できないだろう。しかし、このような受け身文でない表現は「ヴォイスのサブカテゴリー」[8]の枠に入れられているが、ヴォイスの領域内に入いるかは疑問視される。

　　(44)テレビ・ドラマに出はじめた頃、インタビューでこんな質問をよく受けた。(ふ59)対訳:我于电视剧崭露头角之初,在接受访问时,

常会被问到这样的问题。(两49)
- (45)この考えは修道会では危険なジャンセニスム的で、マニ教的な考えだ(要するに異端的という意味です)と叱責をうけました。(深192)対訳:这种想法在修会是危险的禁欲主义,被斥责是狂热宗教的想法(即异端之意),告诉我恶与善既不可分,也绝对无法相容。(深154)
- (46)神学校のなかでぼくが、一番、批判を受けたのは、ぼくの無意識に潜んでいる、彼等から見て汎神論的な感覚でした。(深191)対訳:在神学院里我最被批评的是;以他们来看,我无意识中隐藏着泛神论之感觉。(深153)
- (47)ふしぎなことに、彼女が前世で銃撃を受けたという鼠蹊部に母斑があり、その点も共通しております。(深40)対訳:奇妙的是,她说前世被打中的鼠蹊部有胎痕,这一点倒是吻合。(深28)
- (48)彼は、強盗殺人の罪で、死刑の判決を受けた人物だ。(青249)対訳:他因强盗杀人罪,被判处死刑。(青146)

この場合は中国語の「"被"構文」と対応し、"被"は必ず必要である。前に述べたようにこれは「受ける」という語彙自体が「受け身」の意味を持つからである。

5. 日本語の表現からみた"被"（2）

下例は文中に「捕まる」「ばれる」「みつかる」「首になる」[9]などの単語もしくは慣用句などがあらわれ、受け手が行為を受ける状態・結果を表すものである。このような場合は、受け身文「れる・られる」であらわさないものの、受け身の意味が潜在的に組み込まれている。

- (49)(略)一週間で馘になった古参の家政婦が、しみじみと言っていた。(博15)対訳:一星期就被开除的前任管家说得咬牙切齿。(博14)
- (50)会社をクビになったとき、彼、日本で独立する気でいたの。(ひ219)対訳:被公司革职之后,他一度想在日本独立创业。(夏258)

(51)(略)もしこの日本で警察に捕まることがあったら、どうなるんでしょうか。(二 212)対訳:如果在日本被警察逮捕的话,会被判什么罪？(二 212)

(52)上司に捕まったんじゃ、途中で帰れないもんね。(東 152)
対訳:没办法嘛,被上司逮到了,没办法回来吧。(东 169)

(53)こんなことで嘘言ったりしないって。そんな、すぐばれるような嘘。(ひ 67)対訳:川嶋不会拿这种事情乱说的。这种谎言马上就会被拆穿的。(夏 71)

(54)ここでバレてたまるか、とあわてて否定する。(ふ 149)
対訳:(略)怎么可以在这里被拆穿呢！于是,我急忙否认。(两 141)

(55)これが空港近くの林で見つかった男の遺体写真です。(二 17)
対訳:这是在机场附近的树林中,被发现的男子尸体照片。(二 16)

日本語では受け身の表現が文中にあらわれないが、受け身の意味が含まれているため、中国語に訳すとき、"被"が必然的に付けられる。すなわち、この場合、"被"が省略されれば、文が成り立たないのである。

6. 日本語の表現からみた"被"（3）

複合助詞「として」は中国語の助詞を表す"被"と対応する。下例「（とある物・事）として使っている・使われる・売られる・持ち出される」のような文はその「とある物・事」が一つの基準とされるため、中国語と対応するとき、"被当做[10]（とある物・事）"という文型で表す。なお、この"做"は本来動詞の役割であるが、この場合には"当"の後ろにくっつき、結果補語になる。

(56)名古屋近郊の瀬戸市は特に日本の陶器の本場として有名で、そのため瀬戸物という言い方をしばしば陶器の総称として使っています。(日 307)対訳:名古屋近郊的濑户市尤以日本陶器的主产地而驰名远近,故而,所谓的「濑户物」往往被当做陶器的总称。(日 306)

(57)床の間はたいてい銘木でできた床柱と床框で区切られ入り込ん

だ空間で、部屋に品格を添えるので、床の間のある部屋はよく客間として使われます。(日 307)対訳:壁龕大部分都是用铭木制的梁柱与横匡隔成内凹的空间,由于它可以提高房间的格调,因此,附有壁龕的房间,往往被当作客房。(日 306)
(58)こけしは一般に旅行者のみやげ物として、みやげ物売場で売られています。(日 151)対訳:木偶都被当做观光客用来送礼的土产,在土产店出售。(日 150)
(59)この逸話は、三島嫌いの人のあいだで、三島批判の噂話としてよく持ち出された。(文 529)対訳:这个故事在讨厌三岛的人之间,经常被当作批判三岛的根据拿出来说。(文下473)

7. 日本語の表現からみた"被"（4）

　日本語の受け身文は「れる・られる」で表現されるが、中国語の訳文では"被"が省略されて表現される場合もある。すなわち、"被"なしでも受け身の意味が表現できる場合もある。これを「意味上の"被"構文」[11]という。同じ観点を持つ李(2003:349)は中国語表現の中で受け身の意味を含む文は全て「"被"構文」で表すとは限らず、例(62)(63)の"被"が取り除かれたならば、文がより自然な中国語の文に見えると主張している。また、文の中で受け身の意味がはっきりあらわれる場合は、行為者(やり手)があらわれなければ「"被"構文」で表されない傾向がある。このような文では主語の多くは「物事」である(黄 2003:152)。例(60)以外はすべての主語は物事を表す例文である。

　　　(60)这两个人该罚。(藤堂・相原 1985:148-149)
　　　　　対訳:この二人は罰せられるのが当然だ。
　　　(61)一切的路都封上了。(藤堂・相原 1985:148-149)
　　　　　対訳:道はすべてふさがれてしまった。
　　　(62)她的手被冻得通红。(李 2003:349)
　　　　　引用者訳:彼女の手は真っ赤に凍えた。

(63) 被冰雪覆盖的北国到处是白茫茫的世界。(李 2003:349)

引用者訳:氷雪に覆われる北国の到る所が銀色の世界だ。

(64) 沙漠是可以征服的。(黄 2003:152)

引用者訳:砂漠は征服できる。

(65) まだ朝早いので、湾は白い霧で覆われていた。(世 90)

対訳:因为一大早,海湾覆着一层白雾。(在 90)

(66) ゆるやかな谷間の斜面は、ほとんど墓石で覆い尽くされている。

(世 42)対訳:平缓的山坡几乎全布满了墓石。(在 43)

8. おわりに

日本語の「デ格」と日本語の表現から見た中国語の「"被"構文」は下表のようにまとめられる。

日本語	中国語		実例
	介詞の"被"	助詞の"被"	
1. 道具を表す「デ格」と"被"との関係	"被"		例:そして壁のあちこちにピンでさした昆虫のように大きな蛾がとまっている。(深 240)対訳:墻壁上到处停着有如被用大头针钉住,像昆虫的大蛾。(深 92)
	"被(人)用"		例:酔ってやくざ者と喧嘩をやり、顔をビール瓶で殴られて、生涯、頰に傷を残した。(文 374)対訳:(略)也曾经因为喝醉酒和流氓打架,被人用啤酒瓶砸伤了脸,在脸上留下了一生无法抹灭的伤疤。(文下 332)
	「"是…的"構文」		例:現在でいう千羽鶴は、折り紙の鶴をひもで通したものを意味します。(日 241)対訳:现在所说的千羽鹤,则是用线穿過一千隻用紙折成的紙鶴。(日 240) 例:この世界は人間ひとりひとりで構成されているんだ。(五体不満足)対訳:这活生生的世界是由一个一个的人组成的,(略)
2. 様態・方法・手段を表す「デ格」と"被"との関係	"被用"		例:原文:越是查禁这些书,人们读书的愿望越来越强烈,很多书都被用巧妙的方法偷偷藏起来,在一双双渴望的手中悄悄传递着。(轮椅上的梦)対訳:禁じれば禁じるほど、本を読みたいという人々

				の願いも強くなり、たくさんの本が巧妙な方法で隠されて、待ち望む手から手にひっそりと送られている。(車椅子の上の夢)
3. 原因・理由を表す「格」と"被"との関係	"被"			例:霜が降りて銀杏の葉が散るころには、好太郎さんのうちの屋根は落葉でいちめんに覆われて、黄色い屋根になっていた。(黒い雨)対訳:霜降以后,银杏树开始落叶时,好太郎家的房顶全被落叶覆盖,变成黄颜色的屋顶。(黒雨)
4. 日本語の表現からみた"被"（1）「質問を受ける」・「叱責をうける」・「批判を受ける」・「判決を受ける」		"被"		例:(略)インタビューでこんな質問をよく受けた。(ふ 59)対訳:(略)在接受访问时,常会被问到这样的问题。(两 49)例:彼は、強盗殺人の罪で、死刑の判決を受けた人物だ。(青 249)対訳:他因强盗杀人罪,被判处死刑。(青 146)
5. 日本語の表現からみた"被"（2）「首になる」・「捕まる」・「ばれる」・「みつかる」			"被"	例:会社をクビになったとき、彼、日本で独立する気でいたの。(ひ 219)対訳:被公司革职之后,他一度想在日本独立创业。(夏 258)例:(略)もしこの日本で警察に捕まることがあったら、どうなるんでしょうか。(二 212)対訳:如果在日本被警察逮捕的话,会被判什么罪?(二 212)
6. 日本語の表現からみた"被"（3）「〜として〜使う・使われる・売られる」			"被"	例:名古屋近郊の瀬戸市は特に日本の陶器の本場として有名で、そのため瀬戸物という言い方をしばしば陶器の総称として使っています。(日 307)対訳:名古屋近郊的瀬戸市尤以日本陶器的主产地而驰名远近,故而,所谓的「瀬戸物」往往被当做陶器的总称。(日 306)例:こけしは一般に旅行者のみやげ物として、みやげ物売場で売られています。(日 151)対訳:木偶都被当做观光客用来送礼的土产,在土产店出售。(日 150)
7. 日本語の表現からみた"被"（4）	隠れた"被"	隠れた"被"		例:まだ朝早いので、湾は白い霧で覆われていた。(世 90)対訳:因为一大早,海湾覆着一层白雾。(在 90)例:ゆるやかな谷間の斜面は、ほとんど墓石で覆い尽くされている。(世 42)対訳:平缓的山坡几乎全布满了墓石。(在 43)

　以上、「デ格」と日本語の表現から見た中国語の「"被"構文」との関係について考察を試みた。

　すべてのものが必ず対応するわけではないということが本稿から明らか

になった。下例のように「デ格」は「"被"構文」と対応しない例文も少なくない。何故このような現象が起きるか。それは話し手(受け手)あるいは文章執筆者の感情や態度があらわれるからであろう。そして、文脈関係にもスムーズさを重視するため、日本語は中国語と対応しきれない部分もあると思われる。例えば、(67)(略)いっぱい散らばっている硝子のかけらが車の輪で微塵に砕け、白く煌く二条の線が描けていた。(黒い雨)対訳: (略)満地的玻璃碴子,被车轮辗得粉碎,压出两道白花花的车辙来了。(黑雨)/(68)原文: 天棚裸露的木梁上粘着腐败桑叶的空间, 便被人塞满了。(饲育)対訳:天井の裸の梁に腐った桑の葉をこびりつけたまま大群になって移動して行った蚕の旧居は人間で充満するのだった。(飼育)/(69) (略)サニーが尻尾を振ると、その柔らかな風でどこかに飛んでいくような気がしました。(さ 379)対訳: 只要 SAYN 摇摇尾巴,就会被那柔和的风吹得烟消云散。(樱 284)/(70)埠頭の駐車場から港南大橋を渡って、数分スクーターで走ってきただけなのに、吹きつける寒風ですっかりかじかんでいるからだが、その湯気で弛緩する。(東 76)対訳:从码头的停车场骑着机车经过港南大桥来到这里,不过数分的时间, 身体便已被寒风冻僵了;然而只要来到这里,冻僵的身体便能从温热的浴池得到宽慰。(东 86)

また、「～ニ～れる・られる」のような受け身文は中国語の「"被"構文」と対応するのが普通であるが、本稿では、「～デ～れる・られる」のような受け身文は中国語の「"被"構文」とも対応することが明らかになった。本稿では扱いきれなかった例(71)～(74)のように「～カラ／ニオイテ／ニヨッテ～れる・られる」のような文型も中国語の「"被"構文」と対応することがありうることがわかった。今後は、これらの論点に注目していきたい。
(71)それで事が面倒になって、その男はもう少しで警察から学校へ照会されるところでした。(こころ)対訳:这就使事情变得很麻烦,那人差一点就要被警察报告校方。(心(2))/(72)第一、恋愛ならば、男の方が主動者でありたい。女から押しつけられた恋愛なんて、ちっとも面白くないと、彼は思った。(青春の蹉跌)対訳:他想,要恋爱的话应该是男方主动,被女人强加的恋爱一

点意思也没有。(青春的蹉跌)/(73)オリンピックはＩＯＣにおいて開催地が決定される。(金田他 1993:13)引用者訳:奥林匹克运动会的举办地被IOC所决定。/(74)容疑者は警察官によって詰問された。(金田他 1993:9)引用者訳:嫌疑犯被警察质问了。

注

1) (刘 1983:479)参照

2) (张 2005:127)参照

3) (廖 2008)参照

4) 「"是…的"構文」とは、ある動作・行為が既に発生したこと自体は明らかで、更にその動作・行為の行われた時間、場所、方式等を特に取り立てて述べるものである。（相原 1996:134 参照）

5) "用"を使う場合は、単に材料・原料を使い、生産物を作り出す。"由"は生産物の生産過程を含んでいる。日本語の「カラ格」に対応する。(廖 2008:35)参照

6) (鄭 1996:84)参照 s

7) 「受ける」の意味は『詳解国語辞典』(1985:86)によれば、「他からの作用・行為を身にこうむる」であり、「暴行を受ける」「被害を受ける」「影響を受ける」などの例が挙げられる。

8) (村木 1989:197)参照

9) 「首になる」は「解雇されることをいう」である（『例解新国語辞典』1984:325）。「捕まる」は「とりおさえられて、にげることができなくなる」である（『例解新国語辞典』1984:746）。

10) "做"と"作"は発音が同じで"zuò"である。両者の発音上の区別はないが、習慣によって具体的な物を作る場合には"做"と書き(たとえば"做桌子"、"做衣服"、"做文章"など)、やや抽象的なものとか、書き言葉の色合いが、強い語句、とりわけ成語の中では通常"作"と書く。たとえば"作罢"、"作曲"、"作文"(『中日辞典(1992:1987)』)。しかし、最近区別せず、使われているようである。

11) (刘 1983:479) (藤堂・相原 1985:148-149)参照

参考文献

相原茂他(1996)『中国語の文法書』同学社
大河内康憲(1891)「中国語の受身」,319-332,(『講座日本語学10』森岡健二他編に所収) 明治書院
金田章宏他(1993)『受動文・自動詞文と他動詞文』(千葉大学)
侯学超編(1998)『现代汉语虚词词典』北京大学出版社
黄成稳(2003)『实用现代汉语语法』知识出版社
佐々木勲人(1997)「中国語における使役と受動の曖昧性」,133-160,『ヴォイスに関する比較言語学的研究』筑波大学現代言語学研究会
小学館編(1992)『中日辞典』小学館
高橋太郎他(2005)『日本語の文法』ひつじ書房
张斌編(2005)『现代汉语虚词词典』商务印书馆
张豫峰(2005)「现代汉语被动句的语义,语用分析」,116-134,(『现代汉语三维语法论』陈昌来編に所収) 学林出版社
鄭暁青(1996)「中国語と日本語の受け身文」,78-85,『国文学解釈と鑑賞』61-7 至文堂
藤堂明保・相原茂(1985)『新訂中国語概論』大修館書店
日本語教育教材開発委員会編著(2009)『学ぼう！にほんご初級２』専門教育出版
林四郎他(1984)『例解新国語辞典第七版』三省堂
松本泰丈(2006)「ヴォイスをどうとらえるか」,233-248,『連語論と統語論』至文堂
村木新次郎(1989)「ヴォイス」,169-200,(『講座日本語教育４』北原保雄編に所収)明治書院
山口明穂(1985)『詳解国語辞典』旺文社
李晓琪編(2003)『现代汉语虚词手册』北京大学出版社
刘月华他(1983)『实用现代汉语语法』外语教学与研究出版社
廖郁雯(2008)「日本語名詞の格形式と中国語介詞構造との対照研究―デ格を中心として―」,1-123,『日本語とそれをとりまく言葉たち（１）』神戸和昭編に所収(人文社会科学研究科研究プロジェクト報告書第１７６集)千葉大学大学院人文社会科学研究科
呂叔湘(1992)『中国語文法用例辞典』東方書店

用例出典

嵐山光三郎(2000)『文人悪食』新潮文庫(文)(訳本:《文人的饮食生活(上)(下)》孙玉珍/林佳蓉 译 宜高文化(文$_上$)(文$_下$)).市川拓司(2003)『いま、会いにゆきます』小学館(い)(訳本:《现在,很想见你》王蕴洁 译 皇冠文化(现)).五木寛之(1990)『青春の門再起

編』講談社(青)(訳本:《青春之门》李永江/光赤/葛孚家译 时代文艺出版社).遠藤周作(1996)『深い河』講談社(深)(訳本:《深河》林水福译 立绪文化(深)).大石静(1995)『私の運命(下)』(私)(訳本:《迟来的春天(下)》赛琪译 加珈文化(迟$_下$)).小川洋子(2003)『博士の愛した数式』新潮社(博)(訳本:《博士热爱的方式》王蕴洁译 麦田出版(博)).片山恭一(2001)『世界の中心で、愛をさけぶ』小学館(世)(訳本:《在世界的中心呼喊爱情》杨岚译 时报出版(在)).唐沢寿明(1996)『ふたり』幻冬舎(ふ)(訳本:《两个人》萧照芳译 台湾东贩(两)).北川悦吏子(1996)『ロングバケーション』角川書店(ロ)(訳本:《长假》林芳儿译 台湾角川(长)).鈴木貴子(1996)『ひと夏のプロポーズ』双葉社(ひ)(訳本:《夏日求婚》郭淑娟译 东贩出版(夏)).中村文則(2005)『土の中の子供』新潮社(土)(訳本:《泥土里的孩子》萧照芳译 台湾东贩(泥)).夏目漱石(1962)『吾輩は猫である』角川文庫(吾)(訳本2:《我是猫》刘振瀛译 上海译文出版社(我)).夏目漱石(1962)『吾輩は猫である』角川文庫(吾)(訳本2:《我是猫》刘振瀛译 上海译文出版社(我)).西加奈子(2005)『さくら』小学館(さ)(訳本:《樱》涂素芸译 皇冠出版(樱)).藤本有紀他(2002)『二千年の恋』角川文庫(二) (訳本:两千年之恋』魏裕梅译 台湾国际角川(两)).本名信行・Bates Hoffer(1996)『日本文化辞典』鴻儒堂出版社(日)(訳本:同書 江资航/陈明钰译(日)).三島由紀夫(1977)『春の雪』新潮文庫(春)(訳本:《春雪》唐月梅译 木马文化(春)).三島由紀夫(1977)『奔馬』新潮文庫(奔)(訳本:《奔马》许金龙译 木马文化(奔)).村上龍(2003)『どこにでもある場所とどこにもいないわたし』文藝春秋(ど)(訳本:《到处存在的场所到处不存在的我》张致斌译 大田出版(到)).吉田修一(2003)『東京湾景』新潮社(東)(訳本:《东京湾景》纪智伟译 麦田出版(东)).中日対照コーパス第一版(2003)北京日本学研究センター

※本稿に収集した用例の訳本は、繁体字使用の場合も簡体字使用の場合もあるが、便宜上、全て簡体字で表記する。実例はすべて文学作品から採ったものなので、口語的な表現も文章語的な表現もある。

使役動詞を条件節述語とする文の意味と機能

The Meaning and Function of Japanese Sentences with Causative Verbs in Conditional Clauses

早津　恵美子
HAYATSU　Emiko

要旨　本稿は、使役動詞を条件節述語とする文について、実際の用例にもとづいてその性質を考察したものである。まず、使役主体が特定者であるか不特定者であるかによって主節の内容に違いがあること（前者では使役主体についての叙述・動作主体についての叙述・新たな事態についての叙述など多様であるのに対し、後者では動作主体についての叙述が9割を占める）をみた。次に後者について、〔動作主体ハ　V-(サ)セ-条件形　〜（動作主体についての叙述）〕（「太郎は演歌を歌わせると玄人はだしだ」）という構造をとり条件節に示される領域や機会における動作主体の性質を述べる文がほとんどであることをみた。この文では、「〜ハ」によるとりたてという構造と文要素の性質（使役主体の不特定性、使役動詞の条件節述語という機能、主節述語の意味的性質など）に支えられて、使役動詞条件形が後置詞的になり条件節は使役性が希薄になって、複文全体として品定め文のひとつの下位類（ある側面における品定め）となっている。

キーワード：使役動詞、条件形、使役主体の特定・不特定、使役性の希薄化、品定め文、後置詞（複合辞）、文要素の性質と文の意味

目次
1. はじめに
2. 対象と方法

3. 使役主体が特定者である使役動詞条件節を含む複文
4. 使役主体が不特定者である使役動詞条件節を含む複文
5. 使役主体が不特定者であることの意義
6. おわりに

1. はじめに

　使役動詞（「V-(サ)セル」）は、使役構造の文（「部長が部下に命じて荷物を運ばせる。」）の主節述語として用いられるだけでなく、連用節や連体節内の述語としても用いられ、その連用節・連体節は文中で一定の機能をはたす。そしてそれぞれの際に、述語以外の文要素の有無やそれらの語彙的・文法的な性質によって、当該の節やそれを含む文の文法的な意味も異なったものになる。本稿では、そのひとつとして、使役動詞が条件形をとって条件節（連用節の一種）の述語となっているものをとりあげ、そこにおける、文の諸要素の意味的機能的性質と文の意味との関係を考察する[1]。

　　(1)彼は子供たちを座席にすわらせると、弁当を買いにホームにでた。
　　(2)病人に皮をむいたりんごを持たせるとおいしそうに食べた。
　　(3)光秀は、天下を語らせると誰よりも明晰だ。

　考察に際しては、要素としての使役主体、すなわち、当該の使役動詞の表わす使役動作の主体（使役の引き起こし手）が特定者であるか不特定者であるかにまず注目して（上の例(1)(2)では特定者、(3)では不特定者）、両者における複文の性質の違いを確認する。そして次に、後者（使役主体が不特定者であるもの）について、条件節述語である使役動詞、その条件節、さらにはその条件節を含む複文がどのような文法的性質をもつかを考える。使役動詞が使役主体が不特定者である条件節の述語という機能をはたすとき、その使役動詞および条件節は典型的な使役構造のものではなくなり、そういう条件節をもつ複文には、動作主体「Y」を主題とし、主節でその性質を叙述する文〔Yハ　V-(サ)セ-条件形　〜〕（例(3)）およびそれに準ずるものが多くなる。このことを手がかりにして、使役文における使役主体

が不特定者であることの意義についても考えてみたい。

2. 対象と方法

本稿で分析の対象とするのは、使役動詞の条件形が条件節述語となっている(1)〜(3)のような複文である。使役動詞の条件形とは、動詞に使役接辞「-(サ)セル」がつき、それが「V-(サ)セレバ」「V-(サ)セルト」「V-(サ)セテモ」「V-(サ)セタラ」「V-(サ)セルナラ/-(サ)セタナラ」の形になったものをいう（「読ませれば」「読ませると」「読ませても」「読ませたら」「読ませるなら／読ませたなら」）。これらを条件節述語とする用例を、刊行されている小説・エッセイ・評論等 88 作品からの手作業および早津恵美子（2006）に示した電子化資料 [2] からの文字列検索によって収集した。該当する用例は前者から 9 例、後者から 216 例収集され、これを合わせた**計 225 例**を分析の対象にする。

なお、後者について少し説明を加える。電子化資料から文字列検索によってまず収集された「V-(サ)セ-条件形」に相当する形は 963 例であったが、次のものは今回の調査対象からのぞいた。(a)「知らせる、きかせる、合わせる」「(用事を) すませる」など他動詞相当のもの、(b)「(ヒトに) 言わせると、(ヒトに) 言わせれば」のような、高橋太郎（1983a後述）のいう「条件形から発達した後置詞」になっているもの、(c)「〜させると<u>いい</u>、〜させては<u>いけない</u>」のように、条件形と「いい、いけない」などとが組み合わさって慣用表現となったもの、(d)翻訳作品中の用例 [3]、である。手作業で収集したものにも、もちろんこれらは含まれない。

○使役主体の特定・不特定

考察にあたってまず、使役主体が特定者であるか不特定者であるかということについて注目するのだが、それに関わってすこし説明しておく。使役動詞の条件形が従属節に使われている複文のうちには、先の(1) (2)のように使役主体が特定の人であることが明白なものもあれば、(3)のように使役主体が不特定の人であることが明白なものもある。

しかし、使役主体が特定者であるか不特定者であるかがはっきりしな

いものもある。次の(4)の使役主体は、「大宮」という特定者だとも考えられるし、特定の誰かだということを問題としていないとも考えられる。また、(5)では、「お宅さんの会社」の特定の人（一人でも複数でも）なのか、社員一般の不特定者なのかどちらとも考えられる。

(4) 大宮は、考えた。熟練工でも手に負えない作業ならば、素人工を訓練して従事させても同じことではないか。『戦艦武蔵』

(5) 「何しろ、ここ何年て、もっぱらヘルメットかぶって、角材もちなれてるんですから。お宅さんの会社で、すぐ山奥の現場へ叩き込んで、保安帽かぶらして測量の棒もたせても、役に立つと思いますよ。『太郎物語』

本稿では、このようなものは特定性が不明なものとしておく。

○主節で述べられる事態の性質

使役主体が特定者である複文と不特定である複文とでどのように性質が異なるかを考えるにあたっては、主節の内容すなわち、使役主体の動作が述べられているのか、動作主体（＝使役の相手）の動作が述べられているのか、動作主体の性質が述べられているのか、といったことを手がかりにする。先の(1)(2)(3)の主節では、それぞれ、使役主体の動作、動作主体の動作、動作主体の性質が述べられている。

(1') 彼は 子供たちを座席にすわらせると、弁当を買いにホームにでた。
　　 使役主体　動作主体　　　　　　　使役主体の動作

(2') 病人に 皮をむいたりんごを持たせると おいしそうに食べた。
　　 動作主体　　　　　　　　　　　　　動作主体の動作

(3') 光秀は、天下を 語らせると 誰よりも明晰だ。
　　 動作主体　　　　　　　　動作主体の性質

なお、以下で用例を示す際、使役主体・動作主体にあたるものが前後の文も含め文中に示されている場合には、前者を網掛けで、後者を四角で囲んで示す（例：「太郎が 子供たち を座席に座らせる」）。

3. 使役主体が特定者である使役動詞条件節を含む複文

　使役動詞条件節を含む複文の主節は、使役主体が特定者であるとき、使役主体についての叙述であるものが動作主体についての叙述であるものよりも多い。そしてその他に、新たな事態の出現などを述べるものもある。

3.1 主節が使役主体についての叙述であるもの

　これには次のようないくつかのタイプがある。

（ア類）使役主体の動作

　条件節の主語である使役主体が主節事態の主体でもあり、条件節と主節に使役主体が行う二つの具体的な動作が述べられているものがある。条件節では動作主体に対する使役主体の動作が述べられ、主節では使役主体自身の（動作主体に関わらない）動作が述べられるものが多い。

(6) 山本太郎は、新幹線の席におやじとおふくろを並んで坐らせると、自分は数列前の席へ行った。『太郎物語・大学編』

(7) 兵士たちは殴りたおした男たちをひとりずつたたせて綱にそって一列にならばせると、今度は一軒一軒家に入っていってベッドのしたから物置のなかまで、徹底的に捜索した。『流亡記』

(8) 奉行は通辞に命じて、白湯を司祭のために運ばせると微笑を頬に浮べたまま、自分の赴いた平戸の話をゆっくりとしはじめた。『沈黙』

　またわずかだが、条件節で動作主体に対する使役主体の動作が述べられ、主節でも同じ動作主体に対する使役主体の動作が述べられるものもある。

(9) 私はお父さんに、二升の米と、半分になった朝日と、うどんの袋をもたせると、汗ばんでしっとりとしている十円札を一枚出して父にわたした。『放浪記』

　このア類は、上例のように条件節にも主節にも具体的な動作が述べられていて、二つの独立した動作が継起的に生じたことの表現となっているものがほとんどである。条件形の種類として「～ト」であるものがほとんどであることが関係している。条件節が「～ナラ」のものは、調査資料中 3

例のみであり、そのいずれもがこのア類である。

(10)「柳が絶対に厭だと言うんだよ。厭なのに無理に引退させるなら、それだけの金をよこせと言うんだ」『一瞬の夏』

これは上の諸例と違って継起的な動作が述べられているのではなく、条件節の事態が成立するのを仮定して、その際には使役主体にこういう動作を望むという動作主体（「柳」）の意向が主節に述べられている。

（イ類）使役主体の変化

　主節に使役主体の変化が述べられているのは、調査資料中に4例のみであった。(11)の主節では使役主体の心理的な変化が述べられ、(12)の主節では、使役主体の財産の状態の変化が述べられている。

(11)こう云う意味を書いて、すぐ速達便でださせると、信之は、やっと少し落ちつくことが出来た。『多情仏心』

(12)（本家が）……二男三男に分家をさせれば、本家の田畠を減らすことになるからである。『楡家の人びと』

3.2　主節が動作主体についての叙述であるもの

（ウ類）動作主体の動作

　使役主体から動作主体への使役動作が条件節で述べられ、それを受けてなされる動作主体の具体的な動作が主節で述べられるものがある。

(13)私は右の、エディは左のグローブをはずしにかかった。力をこめて脱がせると、内藤が眼を開けてこちらを見た。『一瞬の夏』

(14)私が声を出して抱き上げ、あぐらをかいている膝のあいだに坐らせると、極めて自然に私の胸に体をもたせかけてきた。『一瞬の夏』

(15)一番味の好さそうなのをお米は選んで、半分にさいて、皮を剥いて、小さく割って、そのまま手に持たせると、病人は秀雄の顔を飽かず見ながら、それをさも旨そうにサクサクと音させて食った。『生』

これらはいずれも「〜ト」節であって二つの動作は継起的でアクチュアルなものである。「〜バ」節や「〜タラ」節の場合には、継起的ではあるものの必ずしもアクチュアルではないが、「〜バ」「〜タラ」節はごく少ない。

(16)「尾島を取り調べている連中も、夫人に会わせれば、気持ちをほだされて尾島が自白するんじゃないかと期待してるようです」『女社長に乾杯』

（エ類）動作主体の変化

主節に、使役主体から動作主体への働きかけによって動作主体に生理的あるいは心理的な状態変化が生じることが述べられるものが、多くはないがある。

(17)八カ月目に風邪をひき、熱さましをのませると、今度は下痢がつづいて、伸子はみた目にはっきり痩せおとろえ、『死児を育てる』

(18)薬の調合は総て青洲がひとりでやっている。魚の出し汁で煮た米の雑炊の中に様々な煎じ薬を混ぜて犬や猫に食べさせると、数時間たたないうちに彼らはそれぞれ変化を見せ始めた。『華岡青洲の妻』

3.3 主節が使役主体や動作主体についての叙述でないもの

主節が、使役主体についての叙述でも動作主体についての叙述でもないものとして次のような類がある。

（オ類）新たな事態の現出

条件節の事態が実現したことをきっかけとして使役主体や動作主体のまわりに新たな事態が生じることが主節で述べられるものがある。(20)では、動作主体の変化を内に含んだ大きな事態の新たな現出が述べられている。

(19)そのころまで鷹ケ峰といえば盗賊の巣で、京の治安上、数百年来問題の土地であることを家康は知っている。光悦ほどの名望家にここを与えて住まわせれば、かれの名を慕う連中が多く移住するようになり、土地もひらけ、盗賊も棲まなくなるであろう、とみたのである。『国盗り物語』

(20) ｛講師である私が｝聴衆たちに唱和させると、会場の雰囲気が盛りあがり、なごやかになった。『人民は弱し官吏は強し』

（カ類）事実の判明（⇒使役主体の知識・認識の変化）

条件節で述べられている使役事態が生じた結果として、ある事実が判明

することが主節に述べられているものもある。

(21) 空襲のあった翌日の朝、柴田助役が登庁して黒瀬収入役を粟屋市長の自宅へ様子見舞に行かせると、粟屋さんの居間であったと思われる焼跡に、大人の半焼死体と幼児の半焼死体が互に寄添うようにして倒れていた。『黒い雨』

(22) 杉は生駒と共に二隊の兵を随えて大和橋を扼して待っていた。そこへフランスの兵が来掛かった。その連れて来た通弁に免状の有無を問わせると、持っていない。『堺事件』

ここで使役主体は、「粟屋市長」「フランスの兵」の状況を知りたくてそのために必要な行動を動作主体にとらせている。主節で述べられていることは条件節事態の実現によって新たに生じた事態なのではなく、それ以前から既にそうであった事態である。新たに生じたのはむしろ、主節で述べられている事実が判明することによって引き起こされた使役主体の知識や認識の変化である。上例の主節は各々「……倒れていたことがわかった」「……持っていないことを知った」というのに近く、その点で3.1節の「（イ類）使役主体の変化」に通じるところがある。

（キ類）条件節で述べられている事態についての使役主体や話し手の評価

次の例のように、主節述語が「もったいない」「かまわない」「おしまいだ」のような評価的な形容詞（及びそれに準ずるもの）であると、これらの主節は条件節の事態が成立すること（〔この男がフウチョウボクを食べることになる〕〔おれたちが雑巾をもつようになる〕）自体についての、使役主体や話し手の評価を述べるものになっている。

(23) しかし、フウチョウボクなどというものを、睨み鯛に食べさせたってもったいないので、それは省き、あとはこの男を驚かすために、レバー・ステーキとキャベツのバター煮を作ることにした。『太郎物語・大学編』（「睨み鯛」は「この男」のあだ名）

(24) 「止せ、止せ、河合が心配するから。……」……「なあに、ちっとぐらい心配させたって構わんさ。」『痴人の愛』

(25)「こんなもんおれたちがちょっと手を動かせば、三分間で、床も廊下もぴかぴか塵一つなくしてみせるんだ。しかしな、おれたちに、雑巾をもたせたら、もうそれでおしまいやぞ」『真空地帯』

　これらの用例は、使役主体が明白だとみなして（「僕」「僕たち」「おまえたち」）、使役主体が特定者である類としているが、実は次の点でここまでにみたア類〜カ類とは異なる。すなわち、上述のように主節の述語が形容詞相当のものであり、それは、条件節の事態が成立することを想定しての、それについての評価を述べるものである。そしてここでの条件節と主節は節としての独立性が希薄になっていて、(24)などは「心配させたっていい」に近く、本稿での考察対象からのぞいたモーダルな慣用表現に近くなっている。さらに、このように非アクチュアルな事態であることと関わって、使役主体も実は特定性をやや減じているともいえる。つまり、最初の例でいえば、〔この男がフウチョウボクを食べる〕ことは、「僕」ではなく誰が引き起こすとしても〔もったいないことなのだ〕ともいえる。このようなことから、これらの主節は「条件節で述べられている使役事態についての、使役主体または話し手の評価」という面だけでなく、「この男は、〜を食べさせてももったいない奴だ」「河合は、心配させたって構わないんだ」のような、動作主体に対する、評価者の個別性の減じた評価という面も併せもっているといえる。このキ類は、主節述語の形容詞性、使役主体の特定性の希薄化、複文全体が表現する意味などの点で、4節の類に近い面をうかがわせる。

　なお、ここでのキ類とは別に、主節で動作主体の性質を述べるもの（次節のＡ類にあたるもの）があってもよさそうに思われるが（「僕が太郎に絵本を読ませたら、とてもうまかった」）、調査資料にはなかった。

4. 使役主体が不特定者である使役動詞条件節を含む複文

　使役動詞条件節を含む複文の主節は、使役主体が不特定者であるとき、動作主体についての叙述であるものがほとんどである。

4.1 主節が動作主体についての叙述であるもの
4.1.1 主節述語の種類

　主節が動作主体についての叙述である場合、それは動作主体の性質とくに動作主体の能力の発揮や能力のなさの露呈とでもいえる表現であるものが圧倒的に多い。このことは、主節述語の性質に窺えることなので、まず、当該の用例について主節述語の具体的な例をみておく。主として品詞によって分けて、用例中の形に近い形で列挙すると次のようなものである。

《形容詞・形容動詞（およびそれに準ずるもの）》
- 面白かった、いちばん強い、～よりも強い、記憶が悪い、深切だ、素敵だ、中途半端だ、小器用だ、へただ、強そうだ、強かったろう、ひどいもんだ、器用なものだ、（～するのは）何でもない、始末におえない

《名詞》
- 〔形容詞で修飾された名詞〕　ゆゆしきお顔だ
- 〔評価的な意味を含んだ名詞〕　美人だ、作家はだしだ

《動詞》
- 〔性質や状態を表わすもの〕　役に立つ、役に立たない、わかっていない、音吐に力がある、しびれる（"すばらしい"の意）、（～することが）できない、愚鈍に見えない、安心して任せておける、なりたがる、ほしがる
- 〔変化や推移を表わすもの〕　天才的才能を発揮する、上達しそうだ、（才能が）伸びる、（気持ちが）しゃんとする、治る、調子づいてくる、（～に／～く）なる、なれない
- 〔動作を表わすもの〕　明晰そのものの判断を加えてみせた、大人も及ばぬような巧いことをやる、旨いことをいう、投げつけるだろう、おつゆをこぼす、茶碗のふちを欠いてしまう

　これらをみると、形容詞およびそれに準じるもの、形容詞で修飾された名詞や評価的な意味を含んだ名詞、性質や情態を表わす動詞、のように形容詞的な意味合いのものが多い。それ以外の動詞も、変化や推移を表わす

ものが多く意志的な動作を表わすものは少ない。「おつゆをこぼす」なども当該の用例中では無意志的なものとして使われている（後述）。また、プラスにしろマイナスにしろ評価的な意味合いをもつものが多い。

次節では、主節述語がこのような種類の語であることを考慮しつつ、主節で表現されている事態にどのような特徴があるかをみていく。

4.1.2 主節で表現されている事態の性質

（A類）動作主体の性質

主節が動作主体の性質についての叙述（能力の発揮や能力のなさの露呈など）であるときの例を、前節でみた述語の種類に沿うかたちでみていく。

（A-1）形容詞（およびそれに準ずるもの）によって表わすもの

調査資料中には、主節が形容詞（およびそれに準ずるもの）であり、それによって動作主体の性質を叙述するこの類の用例がいちばん多い。

(26) 松井のおっさんだって、昔は酒のませたら会社で一番つよくってさ、絶対に崩れたりしなかったんだ。……」『新橋烏森口青春篇』

(27) 小夜さんは何を為せても深切で、……『其面影』

(28) （彼は）顔はあんなにきびだらけで汚いけれど、歌を唄わせるとほんとに素敵よ。『痴人の愛』

なお、上の(27)もそうだが他にも「何をやらせても器用だ／中途半端だ」「碁を打たせると強い」のように主節が形容詞一語だけから成っていて「節」らしくないものがある。以降の類にもみられるが、条件節が「何をさせても／やらせても」というやや慣用的な表現であるものに多い。

（A-2）名詞によって表わすもの

名詞といっても、評価的な意味を含みこんだ名詞や、形容詞に修飾された名詞である例がほとんどである。

(29) 「お銀ちゃん栗栖君を何と思ってるんだい。あれは却々偉いんだよ。小説を書かせたって、この頃の駆出の作家跣足だぜ」『縮図』

(30) 母は火鉢でおからを煎りつけていた。……鍋を覗くと、黒くいりついている。何をさせても下手な人なり。『放浪記』

(A-3) 性質や状態を表わす動詞によって表わすもの

動詞のうち性質や状態を表わすもの（可能形によるものも含む）など、意味的には形容詞に近い動詞の用例もかなりある。

(31) 赤兵衛が、ごろごろ荷車をひいてきた。「お前はそういうものをひかせるとよくうつるようだ」『国盗り物語』

(32) {光秀は}山伏の作法や修法をさせても、本物の山伏よりも達者で音吐に力があり、『国盗り物語』

(33) この人の病ばかりはお医者の手でもあの水でも復りませなんだ、……、何を覚えさしましても役には立ちません。『高野聖』

(34) 歌をうたわせればこれがまたしびれる。『ブンとフン』

(A-4) 変化や推移を表わす動詞によって表わすもの

条件節事態が実現したときに動作主体に生じるであろう変化を主節で述べることによって、それを通してうかがえるその動作主体の性質を表現するものがある。

(35) とても頭のいい子で、一を言うと十まで気がつくような子だった。内藤はそうほめたあとで、こう言った。学校にちゃんと行かせたら、きっと伸びるだろうな。『一瞬の夏』

(36) その前に一人の芸者がいる。………顔も美しい。若し眼窩の縁を際立たせたら、西洋の絵で見る Vesta のようになるだろう。『ヰタ・セクスアリス』

(37) 絵を描かせるとこれも天才的な才能を発揮する少年『冬の旅』

(A-5) 動作を表わす動詞によって表わすもの

述語が動作を表わす動詞であっても、単に動作主体の動作を述べるというのではなく、そのことを通してその動作主体の性質を述べているものが多い。次の例で主節述語は「加えてみせた」「遣りおった」であるが、それぞれの補語は「明晰そのものの判断を」「大人も及ばぬような巧いことを」のように、人の性質をうかがわせる形容詞相当の修飾語のついた名詞である。そしてそのことによって、主節全体としては「光秀」「男」の性質を評

価的に述べるものになっている。

(38) なぜといえば、|光秀|は諸国をくまなく歩いており、人物、交通、城郭、人情にあかるく、天下の情勢を<u>語らせると</u>、豊かな見聞を材料にして明晰そのものの判断を加えてみせた。『国盗り物語』

(39)「何でも神戸では多少秀才とか何とか言われた|男|で、〔中略〕 説教や祈祷などを<u>遣らせると</u>、<u>大人も及ばぬような巧いことを遣りおったそうですけえ</u>」『蒲団』

(A-6) 直接には動作主体についての叙述ではないものの、主節全体として動作主体の性質を浮き立たせるもの

（A-1）～（A-5）では、主節が動作主体について叙述するものであった。それに対して、主節が直接には動作主体についての叙述ではないものの、主節で述べられている内容を通して、動作主体の性質を浮き立たせるようなものも、わずかではあるがみられた。次の例で、主節は動作主体（「庄九郎」「藤孝」）についての叙述ではない。しかし、「公卿も（庄九郎に）およばない」「藤孝ほどの者は……玄人にもいない」のように動作主体と比べながらの表現になっていて、それによって動作主体の性質を浮き立たせるものになっている。したがって、こういった主節も動作主体の性質の叙述になっているといえる。

(40) |庄九郎|は、学は内外（仏典、漢学）をきわめ、兵書に通じ、武芸は神妙に達し、舞、音楽を<u>やらせれば</u>、<u>公卿もおよばない</u>。これほどの才気体力があって天下をとれぬことがあろうか、とおもっている。『国盗り物語』

(41) |藤孝|には、歌道、茶道などの余技が多いが、そのなかでもきわだってみごとなのは、庖丁芸といわれていた。とくに鯉を<u>料理らせれば藤孝ほどの者はその道の玄人にもいない</u>といわれている。『国盗り物語』

(B類) 動作主体の動作

主節が動作主体についての叙述であるとき、それは、A類でみてきたよ

うに動作主体の性質を述べるものであることが多い。一方、主節が動作主体の動的な動作を表わすものは少なく、次の例がそうではある。

(42)「なんだって、いくらでも働くって、おまえにいったいどんな働きができるんだい。おぜんを運ばせれば、おつゆをこぼすし、茶ワンを洗わせれば、ふちを欠いてしまうし、……」『路傍の石』

(43)私と一緒に疲れきっている壁の銘仙の着物を見ていると、全く味気なくなって来る。何も御座無く候だ。あぶないぞ！あぶないぞ！あぶない不精者故、バクレツダンを持たしたら、喜んでそこら辺へ投げつけるだろう。『放浪記』

ただし主節で述べられている動作はいずれも非アクチュアルなものであって、同じく動作主体の動作の表現だとはいっても、3.2 節のウ類でみた、使役主体が特定者である場合とは異なっている。そして、(42)の主節の述語（「おつゆをこぼす」「ふちを欠いてしまう」）は、この文脈のなかで「うまくできない、粗忽ものだ」というのに近い。(43)の主節も、ここでの条件節を受けて「危険だ、何をするかわからない」といった「私」の精神状態・心情を比喩的に述べている。述語が動的な動作を表す動詞ではあるものの、主節全体としては動作主体の性質を述べるものになっているといえよう。

4.1 節の最後に、この類の複文における動作主体の文中での現れ方に簡単に触れておく。あげてきた諸例に窺えるように、動作主体は、「～ハ」等の形で複文の文頭に主題として現れていたり、被連体修飾語になっていたり、明示されていなくても複文の主題であることが明らかだったりする用例が多く、これは次の 4.2 節と異なる点である。

4.2 主節が動作主体についての叙述でないもの

主節が動作主体についての叙述ではないものは、本稿の調査資料中に少なく、5 例のみである。

(C 類) 新たな事態の現出

(44)ミロのヴィナスにパリ街頭を歩かせたらどんな事になるかというロダンの言葉を考えながら、『真贋』

(45) 物理学者と小説家を協力させたら、なにか科学的でそのうえ読物としてもおもしろいものができると思う『巨人と玩具』
(46) 「大畑さんが大きな権力を持っているということは事実です。逆らって怒らせたら、それこそ取り返しのつかないことになりますよ」『女社長に乾杯』
(47) 「そんなものを成功させたら、社会はめちゃくちゃだ。おいそうだろう」『二百十日』

　動作主体は、条件節中に補語として明示的に現れている例が4例、当該の文には現れていないものが1例（上の(46)）である。複文の主題として現れたり、条件節を含む文を受ける被連体修飾語となったりする例はなく、このことは、4.1節でみた類と異なる特徴である。主節には、条件節事態が実現したときにその帰結として生じてくるであろう事態が表現されているが、これは、条件節事態が成立すること（あるいは、成立した条件節事態）についての話し手の評価にもなっている。これについては5節で改めて触れる。

　以上この4節では、使役主体が不特定者であるときには、主節で動作主体について述べられる用例がほとんどであり、その他ごくわずか、新たな事態の現出が述べられるものがあることをみた。こういった偏りは、3節でみた使役主体が特定者であるときと大きく異なっている。

5. 使役主体が不特定者であることの意義

　述語動詞の表わす動きの主体が不特定者であると、特にテンス・アスペクトの分化しない文において、その文で表現される事態が、主体が特定者であるときと違って、アクチュアルなものでなくなり、非アクチュアル（ポテンシャル）なものになる（「酒は米からつくる。」「左沢と書いてアテラザワと読む。」「西門を入るとすぐ池がある。」）。このことは、本稿でみている使役動詞を条件節述語とする複文においても同じだと思われる。3節・4節でも使役主体がアクチュアルか非アクチュアルかという点にいくらか触れたが、この節であらためて、使役主体が不特定者であることの意義につ

いていくつかの点から考えてみる。

5.1 主節に表現される事態の種類

3節と4節で、使役動詞が条件節述語である複文において主節にどのようなことが述べられるかを、使役主体が特定であるか不特定であるかに分けてみてきた。そのなかで両者に違いがあることがわかってきたが、ここで、考察対象とした用例の各類の数を示す。各行の左端の「ア」〜「キ」、「A」〜「C」はそれぞれ3節・4節で用いた分類の記号である。なお、この用例数は、対象とした225例から、使役主体の特定性が判断できないものや内容の分類ができないもの24例をのぞいた201例のものである。

《使役動詞が条件節述語である複文の主節で述べられている内容の分布》

			使役主体が特定者	使役主体が不特定者
ア		使役主体の動作	52	—
イ		使役主体の変化	4	—
ウ	B	動作主体の動作	19	6
エ		動作主体の変化	6	—
	A	動作主体の性質	—	53
オ	C	新たな事態の現出	30	5
カ		事実の判明	12	—
キ		使役主体や話し手の評価	14	—
		計	137	64

本稿の調査資料の限りではあるが、使役主体が特定者か不特定者かによって、主節で述べられる内容にかなりの偏りがあることがわかる。前者では、使役主体についての叙述（ア・イ）が4割ほど（137例中56例：約40.9%）を占めるものの、動作主体についての叙述（ウ・エ）や、使役主体・動作主体ではない事態についての叙述（オ・カ・キ）もかなり多い。一方、後者では動作主体についての叙述（A・B）が9割強（64例中59例：約92.2%）を占め、とくに動作主体の性質を述べるもの（A）だけで8割強（64例中53例：約82.8%）を占めている。

使役主体が不特定者である複文において使役主体についての叙述がないのは、不特定である使役主体について何か述べるということが考えにくいことから当然ともいえるが、動作主体についての叙述のうち、動作ではなく性質についての叙述が多数を占めるのはなぜだろう。使役主体が不特定者であると、使役主体から動作主体への働きかけが現実性・具体性・個別性を欠き、たとえ「V-(サ)セル」という「-(サ)セル」の形で使役性（引き起こし性）が表現されたとしても、動作主体の動作は、特定の具体的な時間・空間において成立することとしては描き得ない[4]。特定の使役主体から動作主体への具体的個別的な働きかけが、条件節において仮定的にではあれ設定されないと、それを受けての／それに続いて生じるものとしての動作主体の動作をとりだすことがしにくいということではないだろうか。そしてまた主節事態のこの特徴には、次節で述べる複文の構造もむしろ強く関係している。

5.2　使役主体が不特定者であることによる条件節の独立性の弱まり
　　　　－品定め文の領域の設定・機会の設定－

　使役主体が不特定者である複文について、その構造を考えてみる。主節が動作主体の叙述（4.1節）であるか新たな事態の叙述（4.2節）であるか、そして前者については、動作主体（「Y」）の現れ方にも注目して構造を分けると、そのほとんどが次の4つの類にまとめられる。

Ⅰ：〔 Y ハ　V-(サ)セ-条件形　〜　（動作主体についての叙述）〕
　「Y」が、主題として複文の文頭に現れるか、文脈から明らか。
　　・光秀は、天下を語らせると誰よりも明晰だ。
　　・この子は、学校へ行かせれば伸びるだろう。

Ⅱ：〔V-(サ)セ-条件形　〜　（動作主体についての叙述）　Y 〕
　「Y」が、「Y」の現れない条件節を含む複文で修飾される被修飾語。
　　・絵を描かせると天才的な能力を発揮する少年。

Ⅲ：〔V-(サ)セ-条件形　Y ハ／ガ　〜　（動作主体についての叙述）〕
　「Y」が、主節中に主語として現れる。
　　・ああいうことをやらせると、あの子は器用なものだ。

IV: 〔(Y ニ/ヲ) V-(サ)セ-条件形 ～ (新たな事態の叙述)〕
　「Y」は、現れるとしたら条件節中に補語として現れる。
　　・物理学者と小説家を協力させれば、面白いものができるだろう。
　主節が新たな事態の現出の表現である用例（4.2 節）はIV型の構造である。ここでは、条件節で述べられる事態と主節で述べられる事態が、因果関係はあるものの独立した別の事態であり、条件節の事態が成立すればその結果として主節の事態が現出するという関係である。それに対して、主節が動作主体についての叙述であるときには（4.1節）、そのほとんどがI型～III型のいずれかとなる（Iが多い）。このとき、条件節事態と主節事態とは独立の別の事態というのではなく、条件節事態が成立する状態のなかで主節事態（動作主体の性質）が成り立つという関係である。
　このI型～III型の構造は、質的にも量的にも、I型に代表させることができ、動作主体「Y」の性質を叙述するものである。そしてこれは、佐久間鼎（1941）で「品定め文」（「物事の性質や状態をいひあらはす」）とされる文〔（何々）は　（かうかう）だ〕（p.155）に近い。条件節は挿入成分的になっていて 5)、「Y」がその性質を発揮したり露呈したりする領域、あるいは「Y」がその性質を発揮できる機会を、いわば設定している。
　〔領域の設定〕
　　・栗栖くんは、小説を書かせると作家はだしだ。
　　・あの人は、恋の歌を歌わせるととっても素敵よ。
　　・彼は、酒を飲ませたら会社で一番つよい。
　〔機会の設定〕
　　・彼女は、きちんと盛装させれば美人には違いない。
　　・この子は、ちゃんと学校へ行かせればきっと伸びるだろう。
　　・馬鹿は、金をもたせるとたちまち暴君になってしまう。
この、品定め文における領域や機会の設定ということにおいては、使役動詞条件形は次のような機能を果たしている。たとえば「花子は上手だ。」「太郎は成長するだろう。」のように、述語の意味が広くて品定め文としてやや

不安定なものである場合に、使役動詞条件形を述語とする条件節によって品定めを受ける範囲（領域や機会）を具体的に示すことによって、品定め文を実質的な表現にすることができる。

(48)花子は｛ワルツを踊らせると／パイを焼かせると／何を歌わせても｝とても上手だ。

(49)太郎は｛大学に行かせれば／いい監督につかせれば／経験をつませれば｝成長するだろう。

　使役動詞条件形のこのような性質は、高橋太郎（1983a）が「動詞の条件形から発達した後置詞」にみられる性質としてあげているものに似たところがある。高橋（同）は、「後置詞[6]」として、中止形から発達した「（〜に）おいて」「（〜を）めぐって」等だけでなく、条件形から発達したもの（「（〜と）いうと」「（〜から）みれば」等）もみとめ、後者を、それらのはたす機能の面から、〔話題をさそいだすもの〕と〔観点をひきだすもの〕との大きく二種に分けている。

〔話題をさそいだすもの〕
・新聞記事といえば、先日小林秀雄氏が逝去された記事をみた。『同姓同名』
・君江さんときたらじつにのんきだからな。『つゆのあとさき』

〔観点をひきだすもの〕
・匈奴の風習によれば父が死ぬと、長子たるものが、亡父の妻妾のすべてをそのままひきついでおのが妻妾とするのだが、……『李陵』
・これに比べると近代文学などはよほど淡泊だ。『冬の宿』

このうち後者の下位類の一つに〔側面のぬきだし〕というのがあり、次のような例があげられている[7]。（二重下線と波下線は早津）

・性質からいうと、Kは私より無口な男でした。『こころ』
・繊維の工業用の用途をかんがえると、事情はまったくべつである。『新しい繊維』

これらは、二重下線を付したものを主題にして、その性質が波下線を付し

たものであることを述べる文である。本稿でいう〔領域の設定〕という機能は、高橋（1983a）の分類の中ではこれに近い。一方、〔機会の設定〕に近いものは高橋の分類にはみられない。領域の設定のほうは、その領域を表わすような名詞（先の例では「小説」「恋の歌」「酒」）で代表させることがしやすく、その名詞に続く動詞（「書く」「歌う」「飲む」）は意味が希薄であってもよくなり後置詞に近いものと捉えうるのに対して、機会の設定のほうは名詞一つでは表わしにくく句的なもので表現するのがむしろ自然であるため、「名詞＋後置詞」という形では表わしにくいのだと思われる。

　高橋（同）は、中止形から発達した後置詞と条件形から発達した後置詞には「はたらき」に違いがあるとして、前者は「文や連語の名づけ的な意味（現実反映の側面）により多くかかわっている」のに対して、後者は「文の陳述的な側面（通達的な側面）により多くかかわっている」としている（pp.102〜3）が、このことは、文中での要素（成分）の構文的機能という点からみて、前者は補語的、後者は状況語的だと捉えなおすことができるだろう。本稿のⅠ型〜Ⅲ型の条件節は、事柄（性質）が成り立つ範囲を設定しているという点で状況語的であり、中止形からの後置詞「<u>教育について語る</u>」「<u>講堂において行われる</u>」が補語的である（「について」等が「複合格助詞」とされることがある）のと機能分担しているようにみえる。

5.3　「V-(サ)セ-条件形」と「V-条件形」との対立の弱まり

　先に5.2節でみたⅠ型〜Ⅲ型の類（上述のようにⅠ型で代表される）においては、「V-(サ)セ-条件形」を使役動詞ではない原動詞のままの条件形「V-条件形」に言いかえてもほとんど同じことが表わせる場合が少なくない。

　　(50)　栗栖くんは、小説を［書かせると／書くと］作家はだしだ。
　　(51)　あの人は、恋の歌を［歌わせると／歌うと］とっても素敵よ。
　　(52)　彼女は、［盛装させれば／盛装すれば］美人には違いない。
　　(53)　この子は、学校へ［行かせれば／行けば］きっと伸びるだろう。

　原動詞の条件形（「V-条件形」）を使っても、Ⅰ型の構造で述べれば動作主体のその領域における性質や才能やその機会を与えられた時の性質や才

能を評価的に述べることができるとすれば、なぜ、「V-(サ)セ-条件形」が使われるのだろうか。また、使役主体が特定者としてはっきり存在していないにもかかわらず、わざわざ使役動詞の形すなわち、原動詞の表わす動作の主体ではないものを主語にして述べる形を用いて表現するのだろう。

原動詞の条件形によって表現した文、たとえば「栗栖くんは<u>小説を書く</u>と作家はだしだ。」「彼女は<u>盛装すれば</u>美人だ。」は、単に「栗栖くん」「彼女」についてその性質や能力をいわば淡々と述べる文、たとえば「栗栖くん／彼女は 30歳だ。」「栗栖くん／彼女は 横浜に住んでいる。」「栗栖くん／彼女は 指が長い。」などと同じような性質の文となる。それに対して、使役動詞（「V-(サ)セル」）という、動作主体に関与するものとしての使役主体が潜在的にではあれ想定される動詞を用いることによって、動作主体（「栗栖くん／彼女」）の性質を、≪周りの人がその人のそういう領域に注目すれば／周りからそういう観点に光をあてられれば／周りの人がその人に適切な機会を与えれば ⇒ 実はその性質をもった人なのだ／気づかれていなかった性質が顕在化するのだ≫ という意味合いの述べ方にすることが可能になっているのだと思われる。

5.4　品定め文の領域設定のしかたの多様性

5.2 節でみたように、使役動詞条件形を述語とし使役主体が不特定者である条件節は、I 類〔Y ハ V-(サ)セ-条件形 〜（動作主体についての叙述）〕の構造の中で機能するとき、主語と述語を備えたものとしての節という独立性が希薄になって挿入句的になり、動作主体がその性質を発揮したり露呈したりする領域の設定や機会の設定を表わすようになる。これは、単なる用法ではなく、文構造にしばられた文法的な意味（機能）である。そうだとすれば、このようなことが起こるのは、この種の文の条件節が非アクチュアルな性質だということが重要なのであって、述語は必ずしも使役動詞条件形である必要性はなく、前節でみた原動詞条件形であっても同様な文法的機能をはたすことができる。そしてさらに、領域の設定の場合には、5.3 節で述べた領域を表わす名詞の性質とも関わって「名詞-ナラ」の形で

あっても、機会の設定の場合には受身動詞やV-テモラウ等の条件形であっても同様である。たとえば、「太郎は玄人はだしだ」「花子は伸びる奴だ」という、品定めの範囲のはっきりしない文に対して、次の「P」に様々な形式を入れた品定め文をつくることができる。

(54) 太郎は｛　　　　P　　　　｝玄人はだしだ。
　　　演歌を歌わせれば／演歌を歌えば／演歌なら
　　　恋愛小説を書かせると／恋愛小説を書くと／恋愛小説なら

(55) 花子は、｛　　　　P　　　　｝伸びる奴だ。
　　　むずかしいことを　やらせると／やると
　　　優しい監督の下で　育てれば／育てられれば／育ててもらえば
　　　ほめれば／ほめられれば／ほめてもらえば／ほめてやれば

　その際、それぞれの形式にふさわしい特徴がほのめかされ、独自の条件づけになるはずであり、使役動詞条件形と原動詞条件形については5.3節でみたとおりである。受身動詞やV-テモラウの条件形などが条件節に使われた場合の独自性についても見出すことができると思われる。

6.　おわりに

　使役文は、構文意味的な要素としての使役主体、動作主体、使役主体から動作主体への働きかけ（使役性）、動作主体の動作などから成り立っていて、それぞれの要素の文中での構文的な機能、形態論的な形、単語のカテゴリカルな意味などの総体として使役文の意味が現れてくる。したがって、要素の性質が典型的な使役文におけるそれと異なってくると、その使役文の意味や機能も典型的なものではなくなる。本稿は、そういったもののひとつとして、使役動詞が条件節の述語という構文的機能をはたしている複文をとりあげ、要素の性質と文の意味や機能との関係を考察した。

　まず、使役主体が特定者であるか不特定者であるかによって主節に述べられる内容に違いがあることを確認した。そして後者の文について、使役主体の不特定性に関わる問題をいくつか考察した。使役動詞条件節を含む

複文は、使役主体が不特定者であるとき、動作主体を主題とした〔動作主体ハ　V-(サ)セ-条件形　～（動作主体についての叙述）〕という構造をとることが多い。ここで使役動詞の条件形は高橋（1983a）のいう「条件形から発達した後置詞」に似た機能をはたすものになっていて、条件節は独立性を失い品定めの領域や機会を設定する挿入句的なものになっている。こういった構造をなすこの種の文は、条件節において人（動作主体）の才能が発揮される領域やそれが可能となる機会の設定をし、主節において動作主体の性質を述べる文となり、品定め文のひとつの下位タイプすなわち、条件節に示される領域や機会における品定めを述べる文となっている。

注

1) 工藤浩（2005）で述べられている「文の中での「位置」のちがいや、他の部分との「きれつづき（断続関係）」にもとづく「機能」のちがいといった、〈構造〉的な〈条件〉を精密に規定」するということを、使役動詞において考えてみられればと思う。
2) これは、4種類のCD-ROM版の電子化資料（『CD-ROM版　明治の文豪』、『CD-ROM版　大正の文豪』、『CD-ROM版　新潮文庫の100冊』、『CD-ROM版　毎日新聞'95』）をテキストファイル化したものである。作品の一覧および文字列検索に使用した文字列の詳細については、早津（2006）を参照されたい。
3) 翻訳作品には日本語の表現としてやや不自然な言い回しがみられることがあるので、本稿での分析の対象とはしなかった。
4) 単文の使役動詞文では、使役主体が不特定者であることは、一般的な事態を述べる文（「この保育園では園児をいつも裸足で遊ばせる。」）以外ではみられないのはこのためだと思われる（この文でも全くの不特定者とはいいにくい）。
5) 川端善明（1958:53）で、「今の状態から見て将来は有望ですねえ。」「君を加へて三人、信州のどこかで一夏暮らさないか。」などの下線部が、その主語が「普遍者」であることによって、「句資格を失って語格資格を帯びた」ものになっているとされるのと似たところがある。
6) 高橋（1983a:102）は、「後置詞」を「単独では文の部分とならず、名詞の格の形とくみあわさって、その名詞に一定の構文的な機能をはたさせる役わりをにな

7) 〔観点をひきだすもの〕の下位類の一つとして〔たちばのえらびだし〕というのもあり、その例の中に、「(～に) いわせると／いわせれば／いわせたら」という使役動詞の条件形からの後置詞があげられている。本稿の2節において、これらを考察対象からのぞくとしたのはこのためである。なお、高橋（1983a）で使役動詞条件形からの後置詞としてあげられているのはこの3例のみである。

参考文献

奥田靖雄 1975「連用・終止・連体……」『国語国文』6、宮城教育大学（『ことばの研究・序説』むぎ書房、に再録、pp. 53-66）

川端善明 1958「接続と修飾-「連用」についての序説-」『国語国文』27-5、京都大学国文学会、pp. 38-64

工藤浩 2005「文の機能と叙法性」『国語と国文学』82-8、東京大学国語国文学会、pp. 1-15

高京美 2010「連用の形の「V-サセル」が表わす使役の意味-使役主体と使役対象がヒトである場合-」『日本研究教育年報』14、東京外国語大学日本課程、pp. 21-38

佐久間鼎 1941『日本語の特質』育英書院

高橋太郎 1983a「動詞の条件形の後置詞化」渡辺実編『副用語の研究』明治書院.（高橋1994に再録、pp. 102-120）

高橋太郎 1983b「構造と機能と意味―動詞の中止形（～シテ）とその転成をめぐって-」『日本語学』2-12、明治書院.（高橋1994に再録、pp. 89-101）

高橋太郎 1994『動詞の研究-動詞の動詞らしさの発展と消失』むぎ書房.

早津恵美子 2006「現代日本語の使役文」京都大学文学研究科学位請求論文

三上章 1953『現代語法序説』刀江書院（1972 くろしお出版）

森重敏 1965『日本文法-主語と述語』武蔵野書院

※ 本稿の草稿を、高京美氏、張賢善氏（ともに、東京外国語大学大学院総合国際学研究科博士後期課程）に読んでもらう機会があり、有益なコメントをたくさん頂いた。記して感謝する。

日本語における「有対自動詞」の
ヴォイス性に関する考察[1)]

A Study on the Voice of Paired Intransitive Verbs in Japanese

姚　艷　玲

YAO Yanling

摘要　本文从广义的"态"范畴的角度分析了日语对偶自他动词中"有对自动词"无标记具有"被动"及"可能"语义的问题(例，「町が空襲で焼けた」「いくら押しても窓が開かない」)。通过考察"有对自动词"的词汇、语义特点，认为无标记被动句中，虽然由外部作用所引起的结果被突显，并由自动词形式来表达，但其语义结构中依然包含了受到外部作用的结果而变成某种状态，即「(サレテ)ナル」的合成机制。而无标记可能句的生成机制在于，表达由施事有意图的动作结果产生了(或未产生)所期待的状态变化。最后，本文根据这两种不同的语义派生过程，提出应区分由"动作主体"和"作用主体"引发结果事件的两类"有对自动词"，从而揭示了日语动词词汇与"态"范畴语义相关性的重要特征。

キーワード：　有対自動詞　ヴォイス　脱使役化動詞　受身　可能

目次

1. はじめに
2. 本稿における「ヴォイス」の捉え方
3. 有対自動詞による「受身」の意味的含意という現象
4. 有対自動詞による「可能」の意味的含意という現象
5. 終わりに

1. はじめに

　日本語の形態的な対応をなす他動詞と自動詞（「あける—あく」「こわす—こわれる」「うつす—うつる」）は語彙の問題ともいえるが、他動詞と使役動詞、自動詞と受身動詞との、形態面・構文面・意味面での近さは現代日本語研究において認められ、対応自他動詞は使役・受身にごく近いものとして、「ヴォイス」という文法カテゴリーの問題としても捉えられる（早津 2005：29 参照）。

　これまでヴォイスとの関連から対応自他動詞は活発に議論されているが、日本語における対応自他動詞の本質的な特徴を明らかにする上では十分なものであるということはできない。何故ならば動詞の自他対応の現象が広義のヴォイスの枠組みから統一的に議論されていないからである。特に自動詞に関しては、「受動態」との類似性などはしばしば指摘されてきたものの、受動文から議論を起こしたものがほとんどであり、自動詞の意味的分析に説明を求めるものが少ない。またヴォイスが狭義的に捉えられてきたため、自動詞と「可能態」との関連性などがあまり注目されておらず、広義のヴォイスという統一的な観点から、自動詞と「受身」、自動詞と「可能」との関係を十分に精密に考察した研究はあまりない。

　そこで、本稿では日本語の対応する他動詞形をもつ、いわゆる「有対自動詞」に焦点を当て、「町が空襲で焼けた」「いくら押しても窓が開かない」はそれぞれ意味的に対応する他動詞の受身形と可能形の「町が空襲で焼かれた」「いくら押しても窓を開けることができない」に置き換えられるという現象をめぐって、何故有対自動詞に無標識の形で「受身」や「可能」の意味が含意されるのか、どのような有対自動詞に「受身」や「可能」の意味が生じやすいのか、などの問題点を明らかにし、日本語の有対自動詞の持つヴォイス性を示したい。

2. 本稿における「ヴォイス」の捉え方

「ヴォイス（voice）」というカテゴリーを日本語の現象に適用するときに，《能動—受動（直接対象の受身・相手の受身）》を、もっとも狭義の（あるいは、典型的な・本来的な）ヴォイスとする捉え方があるが、いわゆる《間接受身（持ち主の受身・第三者の受身）》を含め、また、《使役》についてもヴォイスとするのが伝統的な立場である（早津 2005：22 参照）。

一方、日本語における動詞の語形変化の体系性に注目し、ヴォイスを広義に捉え、動詞の形態と、その意味や機能との相関を積極的に考えようという新しい立場がある。その代表的な研究としては寺村（1982）、野田（1991）、早津（2005）などを挙げることができる [2]。

寺村（1982）は対応自他動詞の問題を「語彙的態」としてヴォイスの体系の中に位置づけている。

態 ｛ 文法的態：受動態、可能態、自発態、使役態

語彙的態：自他対応

野田（1991）は従来より広い範囲でヴォイスの対立を考え、ヴォイスの対立を次の3種類に分けている。

文法的なヴォイス：「作る—作られる」「満足する—満足させる」など
中間的なヴォイス：いわゆる自動詞と他動詞の対立。例：「壊す—壊れる」「預ける—預かる」
語彙的なヴォイス：形態的には共通する部分がないが、意味的・構文的にヴォイスの対立を表すと考えられるもの。
　　　　　　　　　例：「殺す—死ぬ」「勝つ—負ける」

このように対応自他動詞は文法的なヴォイスほど生産性が高くなく、また語彙的なヴォイスほど個別的ではないということから、文法的なヴォイスと語彙的なヴォイスの中間に位置づけられるとしている。

早津（2005）は日本語の「ヴォイス」の性質を、"動詞の表す動きの成

立に関わるいくつかの要素のうちいずれを主語として述べるかを、動詞の語形変化によって表しわける文法カテゴリー"と捉えている (p.35)。日本語のヴォイスを、動詞の語形変化と主語の選択とが関わり合う文法カテゴリーであると捉えることによって、ヴォイスの範囲を、《原動》《使役》《受身》及び《対応自他動》が中心にあり、それに接する周辺的なものとして、《シテモラウ―スル》《シテヤル/シテクレル―シテモラウ》、さらに《可能》《自発》《シテアル》があるとしている (p.35-36)。つまり、対応自他動詞は使役・受身との近さから中心的なヴォイスと、「可能態」は語形変化や格標示の不規則から周辺的なヴォイスと位置づけている。

以上見てきたように、日本語においてヴォイスを広い範囲で捉えることによって、豊かな語形変化が特徴的である日本語の諸文法の現象を体系的に捉えることができ、形態とその意味や機能との相関から、対応自他動詞を含め、日本語の動詞の問題を統一的に説明することができると考える。したがって、本稿ではヴォイスの規定とその類型について早津（2005）の立場をとることにし、ヴォイス性の現れ方から日本語の「有対自動詞」と「受身」、「有対自動詞」と「可能」との意味・機能的類似性を中心に考察を行い、日本語における「有対自動詞」の特質を明らかにする。

3. 有対自動詞による「受身」の意味的含意という現象

3.1 何故有対自動詞に「受身」の意味解釈が生じるのか

井上（1976：89）は受動文と自動詞文との対応関係について、以下の例を挙げ、a、b、c 文の共通点としては、対象格を主語とすることであるとしている。

　(1)a.山門には大きな額が掛けられていた。

　　　b.山門には大きな額が掛けてあった。

　　　c.山門には大きな額が掛かっていた。

また一般人の意識で多くの場合に英語の受動文に「～てある」文や自動詞文が対応すると述べている。

一方、寺村（1975：64-68）は日英「態」表現の比較という立場から、動詞の自他対立をもつ日本語とそうでない英語を対照させ、仕手が不定、不明、不問の場合には、表現的には英語では一般に受身表現のほうがふつうで、日本語では自動表現がふつうだという見解を示している。たとえば、英語では次の例（2）のような言い方がふつうであるが、日本語では「建てられた」というより「建った」というのがより自然であると分析している。

(2) Many 'mansions' of that type have been built in the past few years.

英語は「スル」（その逆方向としての「サレル」）という表現を好むのに対し、日本語はできるかぎり「ナル」表現をとることを好む体質をもっており、前者は事象の「原因」に常に関心を持ち、後者は「結果」「現在の事態そのもの」に関心を持つ表現だというふうに日英語の類型的な差異として結論づけている。

寺村（1975）と同じく、池上（1981：195-196）においても以下のような例を挙げ、ふつう使われる型の表現として、英語ではａの受身文であるが、日本語ではｂの自動詞文であると指摘している。

(3) a. John was killed in the war.
　　 b. John died in the war.
(4) a. 太郎ハ戦争デ殺サレタ。
　　 b. 太郎ハ戦争デ死ンダ。

日英語のこのような表現形式の違いは＜する＞的な表現が基調になる英語と、＜なる＞的な表現を好む日本語との言語類型的な差の現われの一つであるとみられている。

以上の先行研究の記述から「（誰かが）死んだ」、「マンションが建った」といった結果の状態の発生に対して、英語ではそのような結果をもたらした原因事象も認知のスコープに入り、「原因→結果」という因果関係として捉えられ、いわゆる＜使役主＞の概念を際立たせる受身文の形式が用いられるが、日本語では同様の事態に対して、＜使役主＞の概念を強く持たず、

「戦争→太郎が死んだ」「誰かがマンションを建てた→マンションが建った」といった二つの事象の間には原因事象による結果生起という因果関係がみとめられず、自然の成り行きとして結果事象だけが認知され、自動詞表現が用いられるものと考えられる。

以上の日英語対照に見られた表現的対応は中国語にも観察されている。

(5)a.あの大地震で山手の方は残らず焼けてしまいましたが、本牧は助かった所が多く、私の家も…。（谷崎潤一郎『痴人の愛』）

b.在那次大地震中山手的房子被烧得荡然无存，…。（《痴人之爱》）

(6)a.つい半年ばかりまえの、ある嵐の夜、西の外れの穴で、ついに防ぎきれずに、家が(砂で)半分埋まってしまったことがあるという。（安部公房『砂の女』）

b.听女人说，正好是半年以前，一个狂风之夜，在村西角上的洞穴，防护栏被风吹毁，房子一半被埋没了。（《砂女》）

aの日本語は「山手の方の（家屋）」や「家」が今どうなったのかという変化を経た後の結果状態が焦点化されているのに対して、中国語の訳文では"被烧得荡然无存""被埋没了"のように、受身のマーカーの"被"を用いて、ある種の原因や手段によって、ある望ましくない結果がもたらされたという被害性が前面化されている。「被害」を伴っている出来事なのに、日本語では「受身」的には捉えられておらず、もっぱら事象の結果状態だけが注目され、自動詞文が用いられたわけである。

「焼ける」「埋まる」のような対応する他動詞形をもつ有対自動詞に観察された「受身」相当の意味合成は単なる先行研究で指摘されたように、表現形式の好み方の相違ということだけで解釈を済ませるのだろうか。日本語と英語や中国語との間に見られた同一の事態に対する言語化の仕組みの違いに関連付けられるほか、日本語の有対自動詞自体に「受身」の意味解釈が生じる場合があると考える。

(5)の「焼けてしまった」という事態の発生は「大地震」で家屋が「焼かれて」そうなってしまった結果であり、(6)も「砂」で埋められて「埋まっ

てしまった」という結果が引き起こされたわけである。

　このように、(5)と(6)の事態を「外部作用→結果」の二つの側面に分けて考えれば、「焼ける」「埋まる」という自動詞形によって結果の側面が焦点化され、表現されているが、意味的には「大地震」や「砂」による外部作用（「焼く」「埋める」）も含意されており、すなわち作用を及ぼされた結果、そうなってしまったという意味解釈が可能で、「（サレテ）ナル」という意味合成が生じていると考えられる[3]。

　野田（1991：225-226）では、文法的なヴォイスの語形と中間的・語彙的なヴォイスの語形の使い分けについて、たとえば、「風船が割られる」と「風船が割れる」を比べると、明らかに自然に割れる場合には「割られる」は使えないが、反対に、明らかに人が風船を割る場合にでも「割れる」は使えると指摘している。つまり、「割れる」が優先されると考えられ、前述したようにそのような場合には「（割られて）割れる」という意味が含意されているといえる。

　また望月（2007）では「切れる」のようないわゆる日本語の'-e-'自動詞に対して、中国語では"被｛剪/切/割｝断"というような「他動詞の受身形」によって対応すると述べている。すなわち「切れる」には「内在的状態変化」だけでなく、「外因的状態変化」も含意されるということであるが、「（切られて）切れる」という意味解釈ができるが故に、対応する中国語として「他動詞の受身形」が用いられたと考える。

　以上，語彙的・意味的側面から有対自動詞に「受身」の意味解釈が生じる仕組みを分析したが、次に構文的・機能的側面からその意味的含意の動機づけを探ってみたい。

　工藤（1990：82-93）では事態の参与者の機能的変化から、①受け手のテーマ化、②行為者の背景化、③結果化という三つの手順に分けて受動文の機能・意味を論じている。本稿でも工藤（1990）を踏まえて有対自動詞と受動文との機能的類似を考察することにする。

　①「受け手のテーマ化」において例の（5）と（6）の「家屋」や「家」

が自ら「焼けてしまう」「埋まってしまう」ことが考えられないため、いずれも「大地震」や「砂」という外因によって「焼けた」「埋まった」という影響を受けている「受け手」であると考えられる。その受け手が文のテーマ＝主語となるときに、働きかけ手が意味的に含意される対応他動詞形を持つ「有対自動詞」が選ばれるわけである。

一方、②に関しては、「大地震」や「砂」は意味的に結果状態を引き起こした原因や手段であり、行為者性を欠いているため、行為者を示すニ格の標示が不可能となり、いずれもデ格を用いなければならない。厳密な意味ではこの二つの文においていわゆる「行為者」が存在せず、「家屋」や「家」に生じた結果状態の変化は「大地震」や「砂」のような外的作用の影響性によって引き起こされたものであるといえる。

③の「結果化」において有対自動詞は、その対応他動詞形を有することによって意味的に原因事象による働きかけが含意されながらも、機能的には受け手の変化の側面が前面化（前景化）されているため、事態の結果化が実現している。この点において最も受動文との重なりが大きいといえる。これは二つの文がアスペクト的にその対応他動詞形による受動文と同様に＜結果持続＞を表している点から裏付けられる。

　　家屋が焼かれていた。　　　　家屋が焼けていた。
　　家が埋められている。　　　　家が埋まっている。

受動文の機能領域については工藤（1990）と同様に、大堀（2002：163-164）は認知言語学の立場から（ⅰ）状態化、（ⅱ）動作主の非焦点化、（ⅲ）被動者の話題化、の三つにまとめられている。これらの領域の交点にあるのが受動文のプロトタイプであるとし、スキーマ化して考えれば、それは「する」的な捉え方による積極的な行為から、被動者の経る変化とその結果へとプロファイルを移した「なる」的な捉え方といえるものと捉えられている。このように、意味・機能的には受動文と自動詞文とは連続的につながっているものである。自動詞の中には語彙・意味的な条件を満たしていれば、その対応他動詞形による有標識の受動文に置き換えられる

ものがあり、有対自動詞に無標識のままで「受身」の意味解釈が生じる場合があると考えられる。

3.2 どのような有対自動詞に「受身」の意味が含意されやすいのか

この問題を明らかにするためには、まず自動詞の意味的分類を明確にしなければならないと思われる。

影山(1996、2000、2001、2002)は一連の研究で語彙概念構造の理論に基づいて、動詞の意味構造を分析している。

(7) 行為　　　　　→　　　変化　　→　(結果)状態
　　[x ACT(ON y)] CAUSE [(y) BECOME　　[y BE AT-z]]

(7)の意味構造のどの部分が表現されるかによって、自動詞に関しては、次のような分類がなされている（影山 2001：32-33)。

　(ⅰ)非能格動詞：常に自力で活動を行う。（働く、遊ぶ、笑うなど）
　(ⅱ)非対格動詞：対象物の性質とは関係なく、自然発生的に起こる出
　　　来事、あるいは自然に存在する状態。（しおれる、かびる、潤う）
　(ⅲ)反使役化動詞：自力によって変化する。（破れる、切れるなど）
　(ⅳ)脱使役化動詞：他力の存在を陰に隠して、対象の変化のみを表す。
　　　（植わる、掛かる、集まる、閉まる、詰まるなど）

一方、早津(1987)では自動詞の意味的な分布領域と自他対応関係の有無との対応は次のように明らかにされている。

表1　「無対自動詞」と「有対自動詞」の意味的分布

無対自動詞	有対自動詞
・動きや変化を伴わない静的な状態を表す動詞（ある、居る、そびえる） ・人の動作・行為・表情・感情などを表す動詞（歩く、行く、怒る） ・広い意味の自然現象を表す動詞（晴れる、曇る、病む、太る）	・物の物理的状態の変化、存在場所の変化、二者間の位置関係の変化などを表す動詞（曲がる、移る、離れる、収まる、埋まる、付く） ・（人の活動によって成立する）事象そのものの変化を表す動詞（始まる、終わる、変わる、続く）

したがって、意味構造の違いに基づいた自動詞の非対格性と意味的な分布領域にみられる自動詞の形態的対応の有無との間の対応は次のように示

すことができる。

　　非能格自動詞：無対自動詞（働く、笑う、争う、泣くなど）
　　非対格自動詞：無対自動詞（錆びる、かびる、萎びる、そびえる）
　　反使役化動詞：有対自動詞（割れる、煮える、切れる、破れる）
　　脱使役化動詞：有対自動詞（閉まる、詰まる、焼ける、固まる）

　このように形態的に対応他動詞形を持つ「有対自動詞」は意味的に自力による変化を表す「反使役化動詞」と他力による変化を表す「脱使役化動詞」に分類することができると考える。このような意味構造を持つ有対自動詞であれば、「受身」の意味が含意されやすいといえるのだろうか。

(8)a.門歯は…数日前までは、ぐらぐらと根ごと揺れていたにもかかわらず、中途からぽろりと折れたらしい。（井伏鱒二『黒い雨』）
　　b.几天前牙齿连根都摇动了，好象是从半截处折断的。（《黑雨》）
(9)a.もとの茎は爆風で根元からぽっきり折れ、…。
　　（井伏鱒二『黒い雨』）
　　b.原来有一棵芭蕉树，被暴风齐根折断，…（《黑雨》）
(10)a.戸田から土肥までの海岸は…、そこにかなり荒い波が砕けていた。（井上靖『あした来る人』）
　　b.…海水在其脚下翻起汹涌的雪浪。（《情系明天》）
(11)a.通りすぎた後を振向いて見ると、いっぱい散らばっている硝子のかけらが車の輪で微塵に砕け、…。（井伏鱒二『黒い雨』）
　　b.满地的玻璃碴子，被车轮辗得粉碎，…。（《黑雨》）

　(8)と(9)、また(10)と(11)は同じように「折れる」と「砕ける」が用いられているが、それぞれ意味構造的には異なった事象変化を表しているといえる。

　(8)と(10)のa文では、誰かあるいは何かの働きかけによって「歯が折れた」「波が砕けた」という変化が生じたわけではなく、「主語名詞の内的な性質ないし内的活動が誘因となって変化が起こる」という自発的な変化として捉えられるものである（影山2001：26参照）。

一方、(9)と(11)のa文はいずれも「爆風(で)」「車の輪(で)」というような外部の力が誘因となって、「折れた」「砕けた」という変化が起きたため、「非自発的(非自律的)」な変化であり、原因事象の「爆風で」「車の輪で」と結果事象の「折れた」「砕けた」の間に一種の因果連鎖が成り立っているといえる。この因果関係は中国語ではより忠実に反映されており、いずれも有標識の"被"構文に訳されている。

以上のことから有対自動詞の中では外的な力、厳密に言えば具体的な「行為者性」を欠いた出来事やものが誘因となって、変化が引き起こされたことを表すような動詞に、「受身」の意味が含意されやすくなると考えられる。

このような意味構造を持つ有対自動詞はどのような形態的特徴を持っているのであろうか。影山(1991:53)は統語構造と語彙構造のヴォイス変換という視点から自他の形態的な対応現象を論じている。他動詞から自動詞への派生関係を表す接尾辞の中から受身形態素「られ」に対応するものとして、-e-という接尾辞を取り上げ、「(力をこめて引っ張ると)難なく釘は抜けた」というように、意味的に動作主を含意する自動詞を他動詞から派生すると、動作主を取り除く操作が関与することから、「られ」型の有対自動詞と直接受身「られ」との共通性を分析しているが、筆者がコーパスから検索した実例を観察した限りでは、影山が言うような「動作主の努力の結果としてその事態が生み出される場合を表す」-e-自動詞ではなく、動作主性(行為者性)を欠いた出来事やものの力、あるいは自然物の力の影響を受けて、状態変化が引き起こされた場合を表す-e-自動詞のほうが、直接受身と最も意味的な共通性を持っていると思われる。

(12)新兵器で広島の町が潰れたとき、…(井伏鱒二『黒い雨』)
(13)堀川はここでも染料で汚れた水をたたえていて、…。
　　　(水上勉『越前竹人形』)

(12)では「広島の町」に「潰れた」という事態が引き起こされたのは「誰かの努力の結果」によるものではなく、「新兵器」というものの力に影響された結果であり、また(13)も同じく、「染料」というものの影響

によって「堀川」に「汚れた」という被害がもたらされている。このように意味的にも機能的にも「受身」と共通性を持っているのは出来事やもの、あるいは自然物のような「作用主」の他力による変化を表す"-e-自動詞"(「脱使役化動詞」) であると考えられる。

3.3 「見つかる」「捕まる」の扱い

一般的に有対自動詞の中では、受動文と同様の位置づけを持つものとしてまず考えられるのが「見つかる」「捕まる」という二つの動詞であろう。杉本 (1991) ではこれらが「受動詞」と呼ばれ、次の例のように二格名詞句の振る舞い方から、この二つの動詞と間接受動文との間に、類似性が見られると指摘している。しかし一方、語例が少ないということがその問題点として挙げられている。

(14)次郎が太郎に見つかった。(次郎が太郎に見つけられた。)
　　*財布が太郎に見つかった。
　　財布が見つかった。

またヤコブセン (1989：240) では、自発 (自動) に受身の意味が生じやすい一例として、「捕まる」「見つかる」を取り上げ、この二つの動詞は動作主の存在があるか否かという点において受身と区別されているが、何らかの変化を被る対象物が意味の中心的役割を担うという点において共通していると指摘している。

この二つの動詞は受身の意味を持っているのが明らかであるということは中国語の対訳によっても検証できる。

(15)a.学生の時出来た子だ。おやじに見つかって、別れさせられた。
　　　(大岡昇平『野火』)
　　b.当学生的时候有了孩子，被老爷子发现了，硬逼我们分了手。
　　　(《野火》)
(16)a.番頭さんに見つかって叱られた。(川端康成『雪国』)
　　b.被掌柜发现，挨了一顿骂。(《雪国》)
(17)a.捕まって、つれ戻されることを思えば、いまさら迷ったりする

余地はないはずだ。（安部公房『砂の女』）
　　b.一想到被抓回去，现在这情况，可就没有犹豫的余地了吧。
　　　（《砂女》）
　日本語において同一のテーマの一貫性を保証するために受動文が要求されることがある。「別れさせられた」「叱られた」「つれ戻される」という受動表現との統一性を保つため、「見つかって」「捕まって」は「見つけられて」「捕まえられて」という受身に解釈されなければならない。しかし、「捕まる」「見つかる」は 3.2 で分析した「受身」の意味解釈が生じやすい-e-自動詞と、以下のように形態的にも統語的にも意味的にも異なっているように思える。

焼ける	捕まる
-e-	-ar-
*大地震が家屋を焼いた	警察が泥棒を捕まえた
家屋が大地震で焼けた	泥棒が警察に捕まった
動作主の働きかけが含意されない	動作主の働きかけが含意される

　「捕まる」については、影山（1991）は直接受身の形ではないから、統語構造では扱えなく、また次の例のように形態的には「植わる」類と似ているが、動作主を伴う点で異なると考えられている。
　(18)木が（*作業員に（よって））植わった。
　　　泥棒が（警察に）捕まった。
　動作主が明示できるということから、概念構造で作られる「植わる」「掛かる」などに対して、「捕まる」は概念構造でも統語構造でもなく、その中間としての項構造で作られると分析されている。
　この指摘から分かるように、「見つかる」「捕まる」は本稿で分析した「受身」に解釈されやすい有対自動詞とは異なった構造レベルで意味が派生されるものであるといえる。この二つの動詞は-e-自動詞と同様の観点から統一的な説明を行うことができるものなのか、あるいは違った観点から解釈

を施さなければならない個別的な語彙的な問題なのか、その取り扱いが今後の課題としてまだ残される。

4. 有対自動詞による「可能」の意味的含意という現象

ヤコブセン（1989：240）は自動の表現に受身の意味が生じやすいことを述べたほか、次の例のように可能の意味も生じやすいということも指摘している。

(19)いくら押しても窓が開かない。
(20)そんなに複雑な問題はそんなに簡単には片付かない。
(21)林檎は全部この箱に入らない。

このような有対自動詞による「可能」の意味的含意という文法現象を取り上げた先行研究はヤコブセン（1989）のほかに、張（1998）、山口（2000）、都築（2001a、b）、賈（2003）、大崎（2005）、呂（2007）などが挙げられるが、動詞の意味的分析という立場から論じたものとしてはヤコブセン（1989）、張（1998）、山口（2000）であるといえる。いずれの先行研究も有対自動詞による無標識の「可能」の存在が提起されているが、有対自動詞に可能の意味が付加される過程が必ずしも明確に示されているとは言えない。

4.1 何故有対自動詞に「可能」の意味解釈が生じるのか[4]

寺村（1982：269）では日本語の可能態の中心的な意味を「何々しようと思えば、その実現についてさまたげるものはない」としている。つまり、可能の意味が読み取れる場合には、①動作主が何かを実現しようとする意図、②そのような意図が実現するだけの条件が現実状況に備わっているかどうかという二つの要素が不可欠であるとしている。一方、尾上（1998：93）は可能という意味の内実を「動作主がその行為をしようという意図を持った場合にその行為が実現するだけの許容性、萌芽がその状況の中に存在する」というように捉えている。つまり、可能という意味は動作主の何かをしようとする意図と、その意図どおりに動作・状態が実現するという

二つの要因によって動機づけられるものであると捉えることができる。したがって、本稿では＜可能＞を「動作主から意図されている（待ち望まれている）動作・状態の実現」であると規定することにする。

一方、有対自動詞と「可能」との意味的関連性に関しては前掲した井上（1976：88）も(22)(23)の自動詞文に「他動詞文＋可能」の解釈が成り立つということを指摘している。

(22)a.金はすぐに集まる。
　　 b.金をすぐに集めることができる。
(23)a.この看板は屋上に上がらない。
　　 b.この看板を屋上に上げることができない。

また早津（1987：83）では有対自動詞の本質的な特徴について、①その主語は非情物である。②働きかけによってひきおこしうる非情物の変化を表す、という二点を明らかにしている。つまり、有対自動詞が表す非情物における状態の変化は人の働きかけによって生じさせうるものであるということである。例えば「いくら押しても窓が開かない」という場合において、「開かない」によって表されているのは「窓」における状態の変化の未実現であり、対応する他動詞ではないが、「押す」によって表されているのは、動作主の「窓を開けようとする」働きかけであるといえる。このように、有対自動詞による無標識の「可能」の成立にはおおまかに動作主が何かを達成するために働きかけを行うことと、その働きかけの結果として対象物に生じる変化の実現(或いは未実現)という要因が係わっていることが浮かび上がってきていると思われる。

4.2　どのような有対自動詞に「可能」の意味が含意されやすいのか

早津（1987）と影山（1996）における動詞の意味的分類によれば、有対自動詞には自力による変化を表す「反使役化動詞」と他力による変化を表す「脱使役化動詞」という二つの意味的タイプが存在していることが分かる。4.1で示した有対自動詞の意味的規定から、有対自動詞に無標識で「可能」の意味解釈が生じやすいのは(24)(25)のように、「脱使役化動詞」のほ

うである。そのような状態変化を引き起こす外部の起因者（動作主を示す名詞句が存在する）が容易に想定されるものであるからである。

(24) こうなれば隠れている奴を引きずり出して、あやまらせてやるまではひかないぞと、心を極めて寝室の一つを開けて中を検査しようと思ったが開かない。錠をかけてあるのか、机か何か積んで立て懸けてあるのか、押しても、押しても決して開かない。（夏目漱石『坊ちゃん』）

(25) いちばんの悩みの種は、お金だった。頼りにしていた企業からの協賛金が、なかなか集まらない。（乙武洋匡『五体不満足』）

「寝室のドア」が「開く」という変化は動作主の「開けようとする」或いは「押す」という働きかけによって実現されうるものであり、「協賛金が集まる」という結果の実現も「ぼくたち」の「企業まわりをして、協賛金を集める」という行為がなければ達成されないことである。

さらに有対自動詞に「可能」の意味が含意されるようになるということを説明するためには、「可能」ということの語用論的意味の問題に触れなければならないと思われる。渋谷（1993：9）では、「ある動作が可能である」というときの「ある動作」とは、常に話し手が期待する（待ち望む）動作でなければならないと指摘している。つまり、可能表現は〔＋話し手の期待〕という素性がある場合に成り立つものであるということである。

このことから、有対自動詞による無標識の「可能」解釈の成立は有対自動詞によって表される対象物の状態変化の実現が動作主の期待している、待ち望んでいるものでなければならないという語用的条件によって動機付けられると考えられる。「変化の実現」は動作主にとって、期待されている結果であるという語用論的意味が文脈的に明示されてはじめて、＜可能＞の意味が生じるわけである。例えば、(24)では「隠れている奴を引きずり出して、あやまらせてやる」ために、まず寝室を開けなければならない。「寝室が開く」という状態変化は動作主の期待している（意図している）ものであるといえよう。

一方、自他動詞の接辞の形態とその意味機能との相関から「可能」の意味的含意を持つ有対自動詞の形態的特徴も見てみるが、影山（1996：183）では、前にも触れた＜自動詞化＞に係わる接尾辞-e-のほかに、-ar-という接尾辞も取り上げ、-e-という形態は「使役主と変化対象を同定することで反使役化を実行する形態素であると考えられる」のに対して、-ar-は「『使役主を変化対象と別のものとして置いたまま、統語的には表出しない』という外項抑制の働きを持つと考えられ」て、「脱使役化」と呼ぶべきものであると指摘している。そして、以下のような例を挙げて、-ar-自動詞の背後に意味的に動作主の存在が前提になっていて、動作主が努力した結果として、その事態が生み出されることを意味していると述べている。

　(26)公園には様々な種類の木が植わっていた。
　(27)（募金運動をして）目標額が集まった。

　事態の達成を引き起こす動作主の存在が意味的に含意されているという記述から、前述した意味的性質を持ち、無標識で「可能」が含意される有対自動詞は形態的には-ar-という弁別的特徴を持つということが推定できよう。実際、採取した用例には＜両極化＞というパターンで派生される「開く、届く、治る、残る」という動詞以外、ほとんどが-ar-接辞の自動詞によって構成されるものである。例えば、「見つかる、伝わる、上がる、とまる、集まる、決まる、まとまる、助かる」などである[5]。

5．終わりに

　以上、動詞の意味的分析を行ったことによって、有対自動詞に無標識で「受身」と「可能」の意味が派生されるメカニズムを明らかにした。3.と4.に示したように、「受身」と「可能」の意味的含意が生じやすいのはいずれも他力による変化を表す「脱使役化動詞」という類の有対自動詞であるように思われたが、それぞれの意味派生の仕方が異なっていることから、いわゆる「脱使役化動詞」には実際にさらに二つの下位タイプが存在していることが考えられる。つまり、「可能」の意味解釈の成立から、「動作主」

による他力が「原因事象」となって、「結果事象」が引き起こされるという意味的タイプの自動詞のほかに、「受身」の意味解釈の成立から、動作主性を欠いた出来事やもの、あるいは自然物のような「作用主」による他力が「原因事象」となって、「結果事象」が引き起こされるという意味的タイプの自動詞も取り立てることができるのではないかと思われる。

　本稿では動詞の形態とその意味や機能との相関から、有対自動詞が無標識のままで有している「ヴォイス性」を示した。これによって日本語における「有対自動詞」の特質が検証されたと同時に、日本語の「ヴォイス」の性質の一側面も捉えられたと思われる。

注

1) 本稿では早津 (1987) に従って、対応する他動詞のある自動詞を「有対自動詞」と、対応する他動詞のない自動詞を「無対自動詞」と呼ぶことにする。
2) 動詞の自他対応との関連からヴォイスの捉え方を議論した研究としては佐藤 (1995a、1995b) がある。
3) 有対自動詞の意味合成については井上・木村 (2003) が示唆を与えてくれる。井上・木村 (2003) では [自動] を表す「車が門の前にとまった。」に接近することから、「車が門の前にとめられた。」を [準自動 (弱受身)] として捉え、「動作」の側面に一定の独立性を持たせつつ、結果の側面に焦点をあてるものと考えられている。
4) 「有対自動詞」と「可能」との意味的類似性についての詳しい考察は拙稿 (2006) を参照されたい。
5) 奥津 (1967) などで自他を転換する接辞形態について、他動詞から自動詞への＜自動化＞(例、挟む hasam-→挟まる hasam-ar-)、自動詞から他動詞への＜他動化＞(例、乾く kawak-→乾かす kawak-as-) 及び共通の語幹から自動詞・他動詞への＜両極化＞(例、直-nao-→直る nao-r-／直す nao-s-) という三つのパターンの接辞派生があると論じられている。

参考文献

池上嘉彦 (1981)『「する」と「なる」の言語学』大修館書店.
井上和子(1976)『変形文法と日本語・下』大修館書店.

井上優・木村英樹（2003）「「受身」の類型論―日本語と中国語の視点から―」「東アジア諸語のカテゴリー化と文法化に関する対照研究」研究会配布資料，2003年3月15日，東大駒場．

大崎志保(2005)「日本語の自動詞による可能表現―動詞制約を中心に―」『日本語文法』5巻1号，pp.196-211．

大堀壽夫(2002)『認知言語学』東京大学出版会

奥津敬一郎(1967)「自動詞化・他動詞化および両極化転形」『国語学』70，『動詞の自他』所収，1995，ひつじ書房，pp.57-81．

尾上圭介(1998)「文法を考える6　出来文(2)」『日本語学』17-9

影山太郎(1991)「統語構造と語彙構造のヴォイス変換」『言語理論と日本語教育の相互活性化』（予稿集），津田日本語教育センター，pp.49-58．

影山太郎(1996)『動詞意味論―言語と認知の接点』くろしお出版．

影山太郎(2000)「自他交替の意味的メカニズム」丸田忠雄・須賀一好（編）『日英語の自他の交替』ひつじ書房，pp.33-70．

影山太郎(2001)「動詞の意味を探る」影山太郎（編）『日英対照　動詞の意味と構文』大修館書店，pp.12-39．

影山太郎(2002)「非対格構造の他動詞」伊藤たかね（編）『文法理論：レキシコンと統語』東京大学出版会，pp.119-145．

贾黎黎(2003)「可能的意义试论―以非自主动词句与有标记可能句的互换为中心―」『日语研究』第1辑，商务印书馆，pp.111-129．

工藤真由美(1990)「現代日本語の受動文」『ことばの科学4』むぎ書房，pp.47-102．

佐藤琢三(1995a)「日本語のヴォイスの体系とプロトタイプ」『日本語と日本文学』21，筑波大学国語国文学会，pp.1-11．

佐藤琢三(1995b)「相対自動詞と受動態」『文教大学国文』24号，pp.12-23．

渋谷勝己(1993)「日本語可能表現の諸相と発展」『大阪大学文学部紀要』33-1　大阪大学刊，pp.1-261．

杉本武(1991)「ニ格をとる自動詞―準他動詞と受動詞」仁田義雄(編)『日本語のヴォイスと他動性』くろしお出版，pp.233-250．

張威(1998)『結果可能表現の研究―日本語・中国語対照研究の立場から―』くろしお出版．

都築順子(2001a)「「可能の意味を含む自動詞」に関する一考察」『2001年度日本語

教育学会春季大会予稿集』日本語教育学会, pp. 85-90.

都築順子(2001b)「日本語の「可能の意味を含む自動詞」に関する一考察―中国語との比較対照において―」『日本文化論叢 2』第二回中日文化教育研究フォーラム報告書, 大連理工大学出版社, pp. 221-235.

寺村秀夫 (1975)「「ナル」表現と「スル」表現―日英「態」表現の比較―」『国語シリーズ 別冊 4 日本語と日本語教育―文字・表現編―』国立国語研究所, pp. 49-68.

寺村秀夫(1982)『日本語のシンタクスと意味 I』くろしお出版.

野田尚史(1991)「文法的なヴォイスと語彙的なヴォイスの関係」仁田義雄(編)『日本語のヴォイスと他動性』くろしお出版, pp. 211-232.

早津恵美子(1987)「対応する他動詞のある自動詞の意味的・統語的特徴」『言語学研究』第 6 号 京都大学言語学研究会, pp. 79-109.

早津恵美子(2005)「現代日本語の「ヴォイス」をどのように捉えるか」『日本語文法』5 巻 2 号 特集「ヴォイスの射程と本質」, pp. 21-38.

望月圭子 (2007)「中国語と日本語における自動詞・他動詞の対応―'-e-'自動詞と'-ar-'自動詞との対照をめぐって―」2007 中日理論言語学研究国際シンポジウム配布資料, 2007 年 9 月 2 日, 北京大学.

ヤコブセン, ウェスリー・M(1989)「他動性とプロトタイプ論」久野暲・柴谷方良(編)『日本語学の新展開』くろしお出版, pp. 213-248.

山口敏幸(2000)「有対自動詞による無標可能表現」(九州大学大学院比較社会文化研究科修士論文)

姚艶玲(2006)「有対自動詞による無標可能文の成立条件―＜可能＞の意味合成のメカニズム―」『日本語教育』128 号, 日本語教育学会, pp. 90-99.

呂雷寧(2007)「可能という観点から見た日本語の無意志自動詞」『言葉と文化』(名古屋大学大学院)8 号, pp. 187-200.

用例出典

　『中日対訳コーパス(第一版)』(2003) 中国北京日本学研究センター

付記　本研究は 2010 年度中国国家社会科学基金(青年項目　課題番号：10CYY046, 研究代表者：姚艶玲)を受けて行われたものである。

汉语句式系统的认知类型学的分类
——兼论汉语语态问题
The Classification of Chinese Sentence System on Cognitive Typology
——and on the problem of the Chinese Voice

张 黎
ZHANG Li

提要 本文从汉语的语态问题谈起，结合英语和日语的语态问题的研究，具体讨论了汉语的语态定义，语态与句式、句式群、句式系统的关系，认为汉语的语态和句式群是一个连续统。在此基础上，本文基于汉语的认知类型学的特征，把汉语的句式系统分为六个子系统：1. 现象句式群；2. 活动句式群；3. 变化句式群；4. 状态句式群；5. 属性句式群；6. 心态句式群。

关键词 句式　句式群　句式系统　语态　认知类型学

一　从语态问提说起

1.1 汉语的语态问题是汉语语法学中没有得到充分讨论的问题之一。之所以会有这种现象，我们认为，一方面是由于对语态这一概念本身的研究不足、理解不够，另一方面也是由于汉语自身的结构特征所造成的。

1.2 语态(Voice)这个概念，同时制(Tense)、时体(aspect)、模态(modaity)、语气(mood)等一样，是源于形态语法学中的概念。Voice 原义为声/音，指承担语法意义的声响形式。作为语法概念意指同一内容的不同声(形)的表达。形态语法（如英语语法）以语言的形态为标准，区分了被动态和主动态。其中，被动态是有标的，而主动态是无标的。带有被动标记的句子称为被动句，不带这种标记的行为句为主动句。近来又把在形态上既不是主动态，也不是

被动态的句子称为中动句或中动语态句式(middle construction)①。如:

This book sells well.　　　　The car drives easily.

对于日语来说,如果以形态为标准来划分语态的话,就不仅包括主动(能动)和被动(受动)语态,还包括可能,使役,自动和他动以及与此相关的授受,相互动作等。因为这些范畴在语形上是相互关联、不易分割的。比如,柴谷方良(1982)在对日语和英语的 Voice 进行比较时就指出:"如果遵循'Voice 是同一内容的不同声(形)的表达'这样的狭义的、原本义的解释的话,就只能考查他动词的主动和被动形了。可实际上,一般还包括自动和他动的对应、使役形以及可能形的考查。"柴谷的观点对日语的研究是有效的,并已成为日本语学界的共识。

通观英语和日语的语态,至少可以确认以下几点:

(1)语态是英语和日语中和动词相关的、强制性的形态范畴。但语态源于对同一事象的不同视点的表达。比如,英语中的主动和被动所表达的事象是同一的,只是视点不同。

(2)语态虽是动词的形态屈折变化,但语态是事象整体的表达方式,语态是关涉句型、句式、句类整体的范畴,是关涉句子结构类型的范畴。

(3)即使是从形态的角度划分语态,英语和日语的语态范围是有所不同的。因此,语言不同,其语态所指也是可以有所不同的。

1.3 对于汉语来说,以形态划分语态的方法是很成问题的,因为汉语的动词缺乏形态变化,很多句式也是难以从形态上区分出语态的。比如:

　　　这房子盖了三年了。　　那辆自行车在这儿放了一个星期了。

对这样的句子,有人认为是意念被动句,有人认为是一种中动句,有人认为是宾语前置句,还有人认为是话题句。可见,用形态标准很难廓清上述句子的真实面目。

那么,汉语的语态是一种怎样的面目呢?汉语的语态又是一种怎样的结构呢?我们认为,要解决这些问题,必须首先在理论上廓清以下几点:

(1)应区别小语态和大语态、狭义语态和广义语态,即区别形态语态和事象类型。小语态即指形态语态,即以动词形态变化所表现出的主动、被动和

中动。大语态指事态。事态是指事象类型，而语态就是反映事象类型的句子类型。从根本上说，事态的类型决定着语态的类型。

(2)应摆脱动词中心论的影响，确立以事象类型为基础的认知类型学的语态观。像英语那样的语言，以动词的形态为中心，形成了主动、被动或中动这样的语法范畴，并以此为核心来统摄英语的组织结构。而对于汉语来说，动词中心说只能在一定程度上反映动词句的语态特征，不能涵盖其它句式。汉语中作为语态的常式是不能用动词的形态变化来反映的，必须从更广泛、更深入的角度讨论汉语的语态。我们认为，这包括现象句语态，活动句语态，变化句语态，状态句语态，属性句语态，心态句语态（参见第三节）。这可谓汉语的六大语态。

(3)问题的关键是，语态的本质是什么？我们认为，如果把语态定义为反映同一事象的不同视点的句法形式的话，那么语态的本质就是一组从不同视点反映同一事象的句式，即句式群。英语从形态的角度出发，区分出主动、被动、中动语态；日语也从形态的角度出发，认定了动词的主动和被动形以及自动和他动的对应、使役形和可能形对应等。而对于汉语来说，以形态标准来界定语态的路子是注定行不通的。汉语是意合语法，而不是形合语法。我们认为，从汉语的角度看，必须结合汉语的句式系统来讨论汉语的语态问题。因为汉语的语态是同汉语的句式系统问题相关的，只有弄清汉语的句式系统，才能看清某一个具体句式或某一个语态的本质特征。这里，我们把语态同句式系统的关系概括如下：

　　　　语态 → 句式群(句系) → 句式系统

一个句式群（句系）就是一组反映着对同一事象类型的不同视点的表达结构，这也就是一种语态。反过来说就是，一种语态，一定会归结为一个句式群。归根结蒂，语态的本质在于反映同一事象类型的句式群，或曰句系。而不同的句式群就构成了该语言的句式系统，从而也就构成该语言的语态系统。

二　对已往研究的反思

2.1 在汉语学界，直接以语态为题进行的研究并不多见。不过，汉语学界关于语态的研究主要是表现在对汉语的句型、句式、句类、句模和句系的

研究中。可以说，汉语的语态研究是渗透在关于句型、句式、句类、句模和句系的研究中的。这些研究主要从句法、语义和语用的角度对汉语的句子进行划分。其标准有三种：一是以形态特征为标准的；一是以功能为标准的；一是以形态+功能为标准。

（一）以形态特征标准的分类：

(1)以谓语的词性为标准：名词谓语句，动词谓语句，形容词谓语句，主谓谓语句。

(2)以代表词为标准：比字句，把字句，被字句，在字句，是字句，有字句，等等。

(3)以句子成分为标准：双宾语句，兼语句，连动句，小句宾语句，等等。

(4) 以句子结构的整体特征为标准：单句，复句，包孕句，紧缩句。

（二）以功能标准的分类：

(1) 句子功能：陈述句，祈使句，疑问句，感叹句；描写句，说明句，评议句；始发句－后续句，问句－答句。

(2)语义功能：判断句，处置句，使成句，存现句，位移句，差比句；被动句，主动句，中动句；肯定句，否定句；现实句，非现实句；主题句。

（三）以综合标准的分类：名句，动句； 受事宾语句，非受事宾语句；周遍主语句。

2.2 在众多的关于语态·句式的研究中，一些新近的研究值得注意和评介。

(1)木村英树(2000)对汉语的语态系统做了结构化和范畴化的研究。这是有关汉语语态结构化和范畴化的较早的理论研究。木村从形态入手，分析了"使""让""叫""被""把"字句间的语态关联，并从语义上把上述几类句子命名为指示使役句、放任使役句、诱发使役句、受影句和执行使役句。这种研究揭示了几种表面上似互不相关的句式间的内在语义关联，颇具理论价值。不过由于木村的这个研究是从形态出发的，因此也就使他的研究只能局限在有虚化了的形态标记的句式上。

(2)曹宏(2005)认为汉语存在着所谓的中动句，并对此进行了一些先行性的研究。姑且不论其具体结论如何，仅就中动句的概念的立论的基础而言，

我们认为是很值得商榷的。因为英语语法是以动词为中心的、以语言的形态为语法范畴涵盖对象的。英语学把在形态上既不是主动态，也不是被动态的句子形态归为中动语态，名曰为中动句是有其内在的理据的。而对于汉语来说，引进这种概念是要谨慎从事的。因为汉语不是形态语法，汉语的句式系统也不是能用主动、被动和中动这样几个概念所能涵盖的。

(3)范晓(2009)的研究可谓汉语学界关于句子结构和类型的最新成果。在这个研究中，他不仅具体分析了各种类型的句式，而且还致力于汉语句子的理论系统的研究。他提出了很多概念，值得探讨。比如句型，句模，句类，句位，句系。基于三个平面的理论主张，他认为句型是句子的形态结构类型，句模是句子的语义类型，句类是句子的功能类型，句位是综合句型、句模和句类的三位一体的抽象结构，而句系则是概括句位的系统。范晓的句子理论是可自圆其说的，也是很有价值的。但这种研究未能深入到句式系统的认知机制、从认知类型学的角度研究汉语的句型系统，这不能不是个遗憾。

(4)此外，一些学者关于汉语所独有的特殊句式的研究也是必须提及的。比如，张旺熹(1999)关于汉语的一些特殊句式的研究，陆俭明(1999)关于周遍性主语句的研究，张伯江(2001)、沈家煊(2006)、张黎(2007)关于把字句的研究，任鹰(2006)关于汉语非受事宾语句的研究，等等。这些研究之所以值得瞩目，是因为这些研究对汉语所独有的句式提出了汉语学界独到的见解。当然，像被动句、使役句、存现句、判断句这样的为一般语言所共有的句式研究，在汉语学界也是得到了应有的研究的。

2.3 句式的划分是同事象类型的划分密不可分的。汉语关于事象类型的讨论可以从汉语关于情状类型的讨论说起。Vendler(1964)对英语动词的情状类型作了著名的划分：

  动作动词（activeverbs） 完成动词（accomplishment verbs）
  状态动词（stative verbs） 达成动词（achievement verbs）

这种情状类型的划分主要是针对动词所表达的动作的活动类型的。这主要是由于像英语那样的形态语言是以动词为句法核心的。对此，戴浩一(1984)结合汉语的语言实际情况，认为应三分为：活动，状态，结果。陈平(1988)

认为汉语情状类型应分为：活动，状态，结束，单变，复变。郭锐(1993)以汉语动词的时相结构为纲，对汉语动词所表达的动作做了分类，细化了汉语动词的时相结构的研究。其研究结果也是同上述两项研究的结论大体一致的。

2.4 上述的各种研究和分类，为汉语的句式系统的研究提供了丰富的、有价值的先行性研究。但为了进一步推进关于汉语的语态-句式的研究，我们认为有如下几点问题。

(一) 主要是以形态为基本标准，比附形态语言的分类。缺乏认知类型的视野，更不能从不同的语言的认知类型的不同探讨句式系统。

(二)仍然局限于动词中心论。未能从句子整体的语义类型的角度对句式进行分类。

(三)未能从理论上打通语态同句式及句式系统的关系。因而也就不能从事象类型和句式整体的视角考察汉语的语言事实。

(四) 多重标准，缺乏一而贯之的统一标准。

以上问题，阻碍着汉语语态和句式问题的深入研究，从而也就从根本上影响着对汉语句式系统的合理划分。反过来说，也只有摆脱形态语法观的语态观，才能从从根本上确立汉语的语态-句式系统。

三　汉语的语态-句式系统

人类语言所面对的对象世界(包括主观的和客观的)是一样的。但语言的认知类型的不同和据此形成的语言世界却是有所不同的。其关系如下所示：

对象世界→认知世界→语言世界

这就是说，在语言的对象世界和语言的真实世界之间是有一个中介世界的。我们认为这个中介世界就是语言的认知世界。语言的认知世界说到底是一种经验结构，而且这种经验结构会因语言的不同而不同。不同的语言是通过不同的认知类型来塑造属于该语言的事象类型的。因此，事象类型并不是纯客观的，而是因语言的认知类型的不同而不同的。

另一方面，认知结构是有不同层次、不同类别的。语言中的认知结构既包括感觉、知觉、表象这样的传统心理学所研究的内容，同时也包括语言中

所涵盖的经验结构和常识结构。对语言中所涵盖的经验结构和常识结构的逻辑整理和科学的研究，也是言语认知类型学的重要内容。我门所强调的经验语法或常识语法当然就是指这种广义的认知类型学。

基于上述广义的认知类型学的理念和我们对汉语的语言事实的确认和整理，我们认为汉语的语态-句式系统从广义的认知类型学的角度看，可以分如下六个子系统：1．现象句式群 2．活动句式群 3．变化句式群 4．属性句式群 5．状态句式群 6．心态句式群。下面分别略加描写②。

3.1 现象句式群

现象句的语义图式是容器图式。现象句说的是言者意识中的场景所呈现的事件。即，场景+事件。现象句的语义结构应为：某容器+某现象。对现象句的句法结构的划分应为二分，而不应为三分。即，某容器中有某现象。我们把汉语现象句具体分类为：

(1)独词现象句： 蛇！　　飞机！
这是一种最简现象句，其场所和动作都被隐含在语境中、出现的只是现象的主体。

(2)处所现象句：地上一摊水。　远处山谷里一片青青的树林。
这种现象句可有"有"和"是"字句形式。如：
　　地上有一摊水。　远处山谷里有一片青青的树林。
　　地上是一摊水。　远处山谷里是一片青青的树林。
"有"字现象句说的是存在，"是"字现象句说的是指定，无"有""是"字现象句句是一种场面描写。

(3)有主生命现象句：那孩子长了三颗牙。　他身上长了个包。
这种现象句中的事件是一种生命型的事件，主语是一种有生性场所。

(4)无主自然现象句：下雨了。　着火了。
这种现象句中的事件是一种自然现象，场所是不言而喻的。

(5)蒙受现象句：他拔了一颗牙。　胳膊上叮了个大包。
这种现象句中的事件在意念上往往是一种被动性事件，主语往往为该事件的被动型承载体。

(6)得失现象句：王冕七岁上死了父亲。　她丢了钱包。

这种现象句中的事件为一种得失性事件，主语为该事件的承载体。

(7)静态现象句：台上坐着主席团。桌子上放了三本书。
这种现象句是一场面描写，句中的事件一般是一种已然性的事件。

(8)动态现象句：村里来了很多军人。 监狱里跑了三个犯人。
这种现象句中的事件是一种位移性的事件。

上述各类句式各有各的特点，都可以做专题研究。但作为现象句，其总体特征为：

a 现象句在意念上都有个场所。当然，这种场所或隐或现，或为物理空间，或为人为空间。这种空间性成分为后续事件提供了生发的载体。

b 现象句都表示某处发生某事，因此现象句都有一个事件。当然这种事件可用独词表达，也可用句子表达。可以是使变型事件，可以是自变型事件，也可以是自然型事件。

c 事件的主体不能充任句子的主语。这一点同活动句是完全不同的。活动句中的主体一般就是句子的主语，而现象句的主语只能是一种场景性成分。

3.2 活动句式群

活动句式也可简称为动句。活动句式的主要特征是一种能量的流动和传递。活动句式的意象图式为台球图式。也就是说，活动句中的连动、兼动、双及物、位移等活动模式都可用台球活动的模式加以解释和描写。活动型句式的主要特征是：

(1) 活动是活动能量传递的结构。
(2) 活动在时间流程中发生、发展、结束。一般遵循常识逻辑和时间原则。
(3) 致行而不致果。即，是一种行为句，而不是结果句或变化句。
(4) 各种活动句式之间有一个连续统的关系，呈现出一个相互过渡的逻辑结构。

活动句式可分为单事象活动句和复合事象活动句。单事象句的结构为: SVO。
如：田中学习汉语。（行为句）
　　王老师在教室里。（所在句）
　　我有一本中文词典。（所有句）

复合活动句有多种类型，包括连动句、兼语句(使役句)、趋向补语句(位移句)、双宾语句等(双及物句)。其基本句法结构是：SV1(N2)V2N2。

我们认为，这是汉语活动型复合句式的共同的初始语符。这些句式都有很多下位类型，每一个句式都是一个系统。而且这些句式之间有一个逻辑结构，共同构成了一个连续统。在某种条件下，不同句式之间是可以形成一种中介状态的，彼此可以相互过渡。

3.2.1 连动：指同一主体发出的有一定语义关连的动作链。记为，S→V1+V2+Vn。

动作之间有多种语义关系，这种关系是一种具有时序的、常识性的关系。主要有：

时序：他脱了鞋进屋了。　　　工具：他用铅笔写信。
状态：那孩子总躺着看电视。　目的：她救这孩子差一点儿掉沟里去。
征兆：民工吹哨子收工了。　　正反：他站着不走。
方式：我赚钱养活你。　　　　反复：上当受骗了。
原因：我疏忽忘记了。　　　　评价：用着不好用。
条件：说干就干。　　　　　　基准：他当一个笑话听。
伴随：她说着说着就哭起来了。依变：他越说越激动。
话题：她洗衣服从不费水。　　存有：我有决心干下去。

上述的语义关系都是常识结构或经验结构中的语义关系。其共同的特点是：在常识结构中，V1 在时序上先于 V2。可以说，常识中的常理是汉语连动句中两个动作衔接的基本规则。而这些规则的一个最基本的特征就是时间原则(戴浩一)，即句法结构中的两个动词结构间的语序临摹两个动作在常识结构中时序。即：V1→V2。

时间原则是汉语活动句的最重要的结构原则之一。这一原则对汉语的活动句有广泛的解释力。同时我们认为，为了正确的理解时间原则，必须注意以下几点：

(1)时间原则是一个总的原则，时间轴两端所系的语义范畴、语义关系是一种经验结构中的范畴和关系，也可以说是一种常识结构中的范畴和关系。正如我们上文所描写的那样，这些语义范畴和关系的描写、确立和解释，是

汉语语法深化的方向之一。

(2)时间原则对汉语的活动句有广泛的解释力、但对其他类型的句式,如现象句、状态句、属性句、心态句等却未必如此。因为这些句式并不是按时间原则组句的。

(3)即使在活动句中,语境以及其它因素也会影响对时间原则的解释。如:

　　a 对照性语境：吃烤鸭去全聚德,吃涮羊肉去东来顺。
"去全聚德吃烤鸭"是活动句,而"吃烤鸭去全聚德"目的句。

　　b 心理时序句：他坐了过来。　警察搜了过去。
心理时序是说从心理时序上看,目的在先,动作在后。

　3.2.2 兼动：兼动在本质上也是一种连动③,指同一主体同时具有受动和能动这两种动作。其下位分类为：

　　陪同：田中送朋友去机场。　　　授受：我给你一个东西看。
　　使役：妈妈让孩子写作业。　　　选评：大家选他当班长。
　　派遣：公司派他去中国。　　　　请求：他求我买衣服。
　　命令：师长命令他回去。　　　　喜好：我喜欢小王老实。
　　有无：他有个弟弟在美国。　　　称谓：我们称他为老大。
　　状态：那儿躺着一个人睡大觉。

连动和兼动的区别之一是 V1 对后续动作的操控度的不同、从完全操控到完全失控是一个连续统。如：老师让学生写作业(可操控)

　　老师通知学生去教室(半操控)

　　他找了一个秘书很能干。(非操控)

操控度也就是使役度,操控最强的句子就是使役句。操控度的强弱同 V1 的语法化程度相关。一般说,越是虚化的操控度越强。试比较：

　　　这件事使她大吃一惊。(使役)　　　她有个弟弟在北京。　(非使役)

　3.2.3 动作双及物：也叫双宾语句,指一个动作同时关涉两个对象。从两个对象物的语义范畴的角度看,双及物句有如下类型：

　　人物对象+事物对象：　老师教学生英语。　妈妈教孩子唱歌。
　　时量+事物对象：　　　我学了三年英语。　他去了两年北京。

动量+事物对象： 他咬了一口萍果。 我踢了他一脚。
人物对象+等同对象：我喊他老张。 我称他大哥。
场所+事物对象： 爸爸挂墙上一幅画。 我扬他一身沙子。
比较对象+比较量： 他整大我十岁。 我就小他一个月。
人物对象+事件： 他告诉小李他明天不能来了。

3.2.4 位移：指的是表达空间位移的句式。位移句一般用趋向补语形式表达。但趋向补语句并不都是表达位移句的。一般地说，趋向补语句可表达三种广义的"趋向"。如：

  a 田中走进了教室。（位移）

  b 天气渐渐地冷起来了。（时体）

  c 他迷上了电脑。（结果）

a 类句为空间位移句，b 类句为时体义，c 类句为结果句。a 类位移句是活动类句式，b 类和 c 类不是。典型的位移句不是结果句，也不是变化句，而是一种典型的活动句④。

  位移句可分自移句和致移句。自移句同致移句有不同的语法规则。试比较：

自移句：a 小王从后门走进图书馆去了。

    b?小王从后门走进去图书馆了。

    c?小王从后门走图书馆进去了。

致移句：a 小王从图书馆借回来一本书。

    b 小王从图书馆借一本书回来。

    c 小王从图书馆借回一本书来。

自移句只能有 a 类，不能有 b 和 c 类；而致移句 a，b，c 都可以。

3.3 变化句式群

3.3.1 变化的主要特征是能量存在形态的转换。变化句式群，是汉语特有的句式系统，反映着汉语独特的认知类型学的特征。因为"把"字句、重动句是英语和日语所没有的句式。而使成句和被动句的语义内涵也时同英语或日语有所不同的。

  从变化前后事象的类型上看，变化事象有以下几种类型：

　　　　a 状态1→状态2：　红了　冷了
　　　　b 活动　→　状态：　吃饱　喝醉
　　　　c 活动　→　属性：　说玄　包神
　　　　d 活动　→　事件：　哭红了眼睛
　　从变化的总体类型上看，变化可分为：
　　　　自变：那孩子长高了。　他的脸变白了。
　　　　因变：小王写完了作业。(意图性)　　　　他哭红了眼睛。(非意图性)
　　变化是一个复合事象类型。作为言语的认知类型来说、汉语是把变化作为一个基本类型而构筑其句式系统的。这包括：
　　　　(1)使成句：小王打碎了杯子。(自然性变化)
　　　　(2)把字句：他把杯子打碎了。(责任归属性变化)
　　　　(3)重动句：他写字写累了。　(非常规性变化)
　　　　(4)被字句：他被孩子的哭声惊醒了。(被动性变化)
上述句式共同构成了汉语的变化句式群，而这个群式同活动句式群相对而言。
　　这里需要有几点须加说明：
　　（一）变化同活动是不同的事象类型。一般地说，活动型事象关注的是动作行为本身，不关注动作的结果和所产生的变化；相反，变化类事象类型，关注的是动作行为所产生的结果以及由此发生的变化。从语言的认知类型学角度看，汉语是一种以"变"与"非变"为轴心的语言(张黎 2010)，因此，在语态·句式的层面上也形成了相应的句法表达，这就是汉语的变化类句式群。
　　（二）从认知类型的角度看，汉语的主动句和被动句不是同一层次、同一群类的范畴。汉语的被动句同把字句、使役句、重动句等句式一样，一定要表达一个变化了的事象，因此，汉语的被动句是同把字句、使役句、重动句等以表达事象变化结果为重点的句式共同构成一个变化表达的句式群。而汉语的主动句不一定表事象界变，而只是陈述一个活动性事象。
　　（三）在变化句式系统中，不同的句式表达着不同的变化类型，从而共同构成了变化句系的丰富内涵。简言之就是：使成句表达一个自然型的变化；"把"字句表达一个责任型的变化；被动句表达一个意外的变化；重动句表

达一个非常规型的变化。

3.3.2 在变化句式群中,使成句是基础句式,因为其他句式都式在其基础上加上句式特征义而形成的。这主要是由于:

(一)使成句式同把字句、被字句、重动句是不同层次的句式。使成句式是把字句、被字句、重动句的子事件。反言之,上述句式是包含使成句式的宏事件。

(二)使成句式同把字句、被字句、重动句等都含有使役义,但这种使役义并不是这些句式的显性语法意义。即不是这些句式的最高层次的语法意义。

(三)使成句式表达的是一种以时序为轴的现场行为,是一种客观陈述。而其他句式都或多或少带有一种主观性,表达话者对一个结果性事件的责任者（把字句)、意外性(被字句)、显性动因(使役句)、事件动因(重动句)的主观确认。

3.4 状态句式群

3.4.1 状态的主要特征是能量的保持。状态是指一种均质的态式。状态句式群至少有以下几种类型:

  (1)状态形容词句：那个人傻乎乎的。 房间里阴森森的。
         他总是稀里糊涂的。 那件衣服脏垃八鸡的。
  (2)"V 得"状态句：小王累得满头大汗。 他哭得死去活来。
  (3)"着呢"状态句：小王在床上躺着呢。 田中心里美着呢。
  (4)"V 在"状态句：田中蹲在树下。 小王躺在床上。

从语义看,状态可分临时状态和恒常状态。恒常状态接近于属性/性质,而临时状态接近于活动。这种关系可表示为:

  活动/变化 → 状态(临时状态/恒常状态) → 属性/性质

从这个角度看,状态型容词句适于表属性。"V 得"状态句和"着呢"状态句适于表临时状态,不过"V 得"状态句更侧重于描写该状态,"着呢"状态句更侧重于指示该状态。而"V 在"状态句更适于表恒常状态。

3.4.2 对一种状态,可以有对该状态的描写和评价两种句式。即,V"得"补语句。反过来说,V"得"补语句有如下两种结构:

  a 状态描写句：小王累得满头大汗。 她哭得死去活来。
  b 状态评价句：田中的汉语说得很好。 她的毛笔字写得不错。

描写句和评价句都是带得补语句，但在句法上还是有区别的的。如：

　　　　我认为田中的汉语说得很好。　　　你看，小王累得满头大汗。

　　　　?我认为小王累得满头大汗　　　　?你看，田中的汉语说得很好

a 类属状态句，b 类属心态类。

3.5 属性句式群

3.5.1 属性的主要特征是不需要能量，因此属性既不是能量的传递，也不是能量的保持或恒定。属性是一种定性行为，是话者对某一事物的性质方面的某种断定。从理论上说，属性可以有各种各样的层次和类别。

　　(1)不同层次。如：

　　　　具体行为：　她在吃饭。

　　　　经常性行为：她总吃饭。

　　　　习惯性行为：她爱吃饭。

　　　　恒定性行为：她是饭桶/美食家。

这种例子说明，行为可以有不同层次和不同类别。对于同类行为，可以从属性的角度去观察，越是抽象的，其属性义越强。

　　(2)不同类别。

　　　　恒常性属性：能 V：　　这个桌子能用。　　　　他能说汉语。

　　　　倾向性属性：会/爱 Vp：那里爱下雨。　　　　她总好哭。

　　　　临时性属性：V 得/不 C：英语我听不懂。　　　那个人我看得见。

3.5.2 属性和活动、状态是不同的语义范畴，其句法表现也是不一样的。这主要表现为：

活动：a 句中可带"了、过、着、在"等表动行为的时体助词；

　　　b 可后接动量词；

　　　c 后接趋向、结果补语；

　　　d 可前带"一下子"(瞬变)、"慢慢地"（渐变）之类的表变化的状语。

状态：a 句中不可带"过"；

　　　b 不能后接动量词；

　　　c 不后接趋向、结果补语；

　　　　d 不可前带"一下子"(瞬变)、"慢慢地"(渐变)之类的表变化的状语。
　属性：a 句中不可带"了、过、着、在"等表动行为的时体助词；
　　　　b 不可后接动量词；
　　　　c 不能后接趋向、结果补语；
　　　　d 不能前带"一下子"(瞬变)、"慢慢地"(渐变)之类的表变化的状语。
我们认为，属性和活动、状态是相互对立又相互过渡的语义范畴，其关系为：
　　　　活动→状态→属性
当然，属性、状态和活动之间也是相互渗透的。如：
　　　　他去过一次中国。(动词所表达的一次性行为构成的临时属性)
　　　　他对中国很熟悉。(形容词所表达的状态性属性)
　　　　他是中国通。(名词所表达的类属性)
　3.5.3 属性句的类型为：
　　(1)关系属性句：我是日本人。(说明)　　日本人是她。(指别)
　　(2)比况属性句：我比他高。(比较)　　　他像狗一样。(比况)
　　(3)特征属性句：他黄头发。　　　　　　她身高 1 米 7(恒常)
　　(4)供用属性句：一张床睡两个人。　　　这辆车坐了五个人。
　　(5)范围属性句：十个人病了八个。　　　三筐苹果烂了两筐。
　　(6)两面属性句：大葱卷煎饼。　　　　　蛋炒饭。
　　(7)周遍属性句：家家挂灯笼，户户贴门联。
　　　　　　　　　谁都知道这件事。没有人不知道他。
　　　　　　　　　一点儿也不贵。
　　(8)能性属性句：我看不懂这本书。(施事属性)
　　　　　　　　　泥鳅鱼抓不住。(受事属性)
　　(9)中动属性句：受事型：这车开起来很舒服。　这台电脑用起来真顺手。
　　　　　　　　　施事型：她跑起来没有多少声响。 她走起路来一步三
　　　　　　　　　　　　　扭，活像一条蛇。
　　(10)VP 属性句：打是亲，骂是爱。(判断或诠释)
　　　　　　　　　这样做很不应该。(评议或估量)

讲演开始了。(说明和解释)

(11)计量属性句：他吃了三个面包。　田中去了两次中国。

3.6 心态句式群

3.6.1 主要指反映话者心态的主观性范畴。包括模态，传信，确认，断定等。这一事象类型同其他的表客观的事象类型不同，是一种主观的事象类型。心态表达是指语句话者的心态是句子的语义重心所在。心态句不是陈述一个客观的事件，而是表达话者的某种心相，即心理状态。这种心理状态可以是言谈的，也可以是传信的，可以是评价的，也可以是意愿的。心态句的类型为：

(1)言谈、心理内容句：这种句子在句式上都表现为小句宾语句：这包括如下类型：

  言语类：他说田中不来了。　　　　心态类：我认为他不是日本人。

  感知类：她感到这件事很棘手。　　传信类：听说小王不来了。

(2)确认句：我是去年去的北京。　我是去年去北京的。

     他刚才看电视来着。　我去年在美国来着。

(3)评价句：他的汉语说得很好。　田中的字写得不错。

(4)模状句：明天会下雨的。(会…的)　哈尔滨可冷了。(可…了)

(5)意愿句：他应该好好学习英语。

3.6.2 汉语的镜像结构(张黎 2003)也是汉语所独有的、表达主观和客观对立的语态结构。请看不同类型的示例：

	a	b
时间：	小王<u>早</u>去了十分钟。	小王去<u>早</u>了10分钟。
数量：	田中<u>多</u>喝了一杯酒。	田中喝<u>多</u>了酒。
性质：	她<u>错</u>嫁了人。	她嫁<u>错</u>了人。
状态：	他浓浓地沏了杯茶。	他沏了一杯浓浓的茶。
	他干干净净地打扫了房间。	他把房间打扫得干干净净。
处所：	我<u>在北京</u>住。	我住<u>在北京</u>
起始：	她<u>开始</u>学钢琴了。	她学<u>起</u>钢琴<u>来</u>了。
持续：	她<u>继续</u>写作业。	她写了<u>下去</u>

能性： 我<u>能</u>听懂。　　　　　　　　　　我听<u>得</u>懂。

a 类和 b 类是以核心动词前后成分的功能对立而形成的镜像结构。这种句法表达是英语和日语那样的语言所没有的句法手段。张黎(2003)用"有意"和"无意"的范畴来概括上述 a 类和 b 类句式的不同。即，a 类句式都是有意的、主观性强的、表达话者或动作者的自主性的选择或断定的行为句式，而 b 类句式则和话者或动作者的主体意志无关，是一种无意的、客观性强的、表达行为结果的句式。

四　余论

4.1 本文试图从认知类型学的角度对汉语的语态和句式系统做一个明快的、统一的描写和解释。我们看到，从认知类型学的角度可以把汉语的语态-句式系统划分出现象句式群、活动句式群、变化句式群、状态句式群、属性句式群、心态句式群这六大句式群。我们认为，这种划分不仅避免了已往的多重标准所带来的缺乏系统、杂乱无章的弊端，同时也揭示了许多看似不相关的句式之间内在的、认知类型水平上的关联。

语态和句式，似乎属于两个不同的语法范畴。但通过我们以上的分析可以看出，语态和句式是一个连续统。如果把语态定义为表达同一事象的不同的句子视点的话，那么语态就可以被理解是围绕同一认知图式所产生的一组句式群，从这种意义上说，语态就是句式群。一个句式群在语言的视点上所表现出的共同之处就是该组句式群的共同语态。因此，可以有活动句语态，也可以有现象句语态、变化句语态、属性句语态、状态句语态、心态句语态。语态可以因语言不同而有所不同、而不同的语态系统就构成了不同语言的各自的句式系统。

4.2 拘泥于形态语法所产生的语法范畴来比附汉语语法研究的话，就会把汉语的语态研究的视野仅局限于主动、被动、或中动的争论中，从而误导着对汉语语态本质的理解。同时这也就会把汉语句式的研究仅局限于形态上的机械分类，使汉语的句式研究停留在表面上的描写和分类。相反，如果打通语态和句式的关系，从更广泛的语言事实出发来看汉语的语态和句式系统

的关系的话，就不仅可以对汉语的句式系统和语态有新的、更加切近汉语事实的认识，而且也可以以此来丰富一般语法学理论。

注释

① 本文曾在第六届现代汉语语法国际研讨会（台湾义守大学，2011/12/2-12/5）宣读，并已发表于《汉语学习》2012年第3期。
② 由于本文重点在于汉语语态结构的体系性的总体研究，因此没有对各种具体句式进行具体描写。实际上，每一句式都可进行专题性的具体研究。
③ 参见刘街生(2011)。该文指出，兼语式本质上也是一种句法连动式。
④ 中根绫子(2005)已指出这一点，我们基本上同意她的结论，即动趋式不表示动作的结果。但她认为"爬到了树上"中的"爬到"是动结式，而"爬上了树"中的"爬上"是动趋式。这是我们不能苟同的。按照我们的观点，"到"和"上"都是位移模式。所不同的是，"到"在"之类是点性位移模式，"上""下 进 出 回 过"是线性位移模式。

参考文献

［1］陈平．论现带汉语时间系统的三元结构，［J］ 中国语文，1988(6)．
［2］曹宏．论中动句的语义表达特点，［J］中国语文，2005(3)．
［3］戴浩一． 时间顺序和汉语的语序，［J］黄河译，国外语言学，1988(1)．
［4］范晓.《汉语句子的多角度研究》，［M］商务印书馆，2009．
［5］郭锐．汉语动词的过程结构，［J］中国语文，1993(6)．
［6］刘街生． 兼语式是一种句法连动式，［J］汉语学习，2010(1)．
［7］张黎．"有意"和"无意"——汉语镜像结构中的意合范畴,［J］世界汉语教学,2003(1)．
［8］张黎．汉语"把"字句的认知类型学解释,［J］世界汉语教学，2007(3)．
［9］张黎．汉语位移句语义结构的认知类型学解释,［M］ 《日本现代汉语语法研究论文集》，北京语言文化大学出版社．
［10］张黎．现代汉语"了"的语法意义的认知类型学解释,［J］ 汉语学习，2010(6)．
［11］张黎．汉语"动作-结果"的句法呈现及其认知类型学的解释,［J］对外汉语研究，2010，总第6期，商务印书馆
［12］张黎． 汉语"着"的语法意义及其相关现象的认知类型学解释,［J］日本《中国语教育》，2011，总第9号．
［13］张旺熹．汉语特殊句法的语义研究,［M］北京语言文化大学出版社．

［14］中国社会科学院语言研究所现代汉语研究室．句型和动词，「M」语文出版社，1987。
［15］木村英樹．中国語ヴォイスの構造化とカテゴリ化，「J」日本《中国語学》247号．
［16］中根綾子．動趣式が表す本質的意味—動結式との対照から，「J」日本《中国語学》252号．
［17］柴谷方良．「ボイス：日本語と英語」「講座日本語学」第十巻，明治書院，1982．
［18］益岡隆志．叙述類型論，「M」くろしお出版，2008．
［19］Tai, James H.-Y . (1984) "Verbs and Times in Chinese:Vendler's four Categories," *Lexical Semantics*. Chicago Linguistics Society.288-296.

"把"構文について

The "ba3" sentence structure

続　三義

XU Sanyi

提要　有关汉语的"把"字句，已有许多论述。但是，诸如《实用现代汉语语法（增订本）》中的有关论述还是值得商榷。本文主要对该书中的有关论述进行分析、评述，并结合对《现代汉语八百词》的例句以及其他两篇论文的论述从而指出：汉语"把"字句就是突出"把"字所带宾语，突出这一宾语与谓语动词结构的关系；通过"把"字，将施事（动作者、经验者）与动作（运动：动作、变化、状态）联系起来；"把"字句所表达的就是通过谓语动词结构将"把"字所提示的宾语变成动词谓语结构所提示的结果、状态。

キーワード："把"構文　"把"の目的語　述語動詞構造

目次

0. はじめに
1. 《实用》の"把"構文に関する解説について
2. 《八百词》の"把"に関する解説について
3. 鈴木慶夏先生の説について
4. 王占華先生の説について
5. 結び

0. はじめに

中国語の"把"構文に関して、これまで多くの研究者がいろいろと議論

してきた。たくさんの論文もさることながら、多くの専門書も出版されている。けれどもこれまでの議論の中で、"把"並びに"把"構文に関する議論は必ずしも納得のいかないものがある。ここで筆者は自分のささやかな考えを示して、皆様のご教示を乞いたく思う[1]。本文では、主に《实用现代汉语语法（增订本）》（以下は《实用》）の関係説明を分析し、《现代汉语八百词》（以下は《八百词》）の例文の特徴を指摘し、そしてその他の2編の論文の興味あるところについて意見を述べるに止めたい。

1. 《实用》の"把"構文に関する解説について

1.1　まず、《实用》の"把"構文に関する解説を見てみよう。《实用》は3章に分けて"把"構文について説明している（p.731～751）[2]。

第1章でまず"什么是'把'字句？"を説明し、"'把'字句是指谓语部分带有由介词'把'构成的介词短语作状语的动词谓语句。"と述べたうえで、いくつかの段落に分けて"把"構文の特徴を述べている。

《实用》は"在大多数'把'字句里，介词'把'的宾语与全句的谓语动词之间存在着动宾关系。"として、①～⑥の例（p.731）を挙げて説明している。例①はこうなっている。

①他从自己的座位上把拎包拿起来。（拿拎包）

ここの説明の中で、例文の後ろの括弧の中が《实用》が考えている"全句的谓语动词"と"宾语"である。しかし、例①の"全句的谓语动词"は"拿"に限るものではないことにすぐに気づくであろう。もしただの"拿"なら、"他从自己的座位上把拎包拿"の意味がどう理解できるだろう。したがって、"全句的谓语动词"なら、当然"拿起来"でなければならない。もし"全句的谓语动词"が"动词"そのものにこだわるのであれば、それは"拿"しかないかもしれないが、"把"構文の中で"把"の目的語に呼応するものはただの"全句的谓语动词"ではなくて、"全句的谓语动词结构"でなければならない。例①の"把"連語[3]に呼応している"全句的谓语动词结构"は"拿起来"なのである。つまり、もしただの"全句的谓语动词"

で考える場合、"把"構文の本当の構造は把握することができず、したがって"把"構文の意味も正しく分析することができず、当然のことながら、"把"構文の機能も正しく説明できなくなるからである。

　この後、《实用》は次のような説明をし、"'把'的宾语可以是一个处所词，这个处所词表示的处所与谓语动词存在动宾关系。"そして、例⑦（p.731）を挙げた。

　　⑦下午要来客人，一清早妈妈就把房间打扫得干干净净。（打扫房间）

　ここで、《实用》は"打扫房间"の"房间"を"处所词"としている。しかし、"去房间"の"房间"は"处所词"として働くが、"打扫房间"となれば、ここの"房间"はもはや"处所词"として働くのではなく、普通名詞として働くのである。これは、"打扫桌子"、"打扫地板"の中の"桌子"、"地板"と同様、"打扫"の対象となっていて、"打扫"という行為が行われている場所ではないのである。

　これについては、朱德熙（1982）ですでに指摘されていて、"我惦记着家里"と"我惦记着孩子"は同じ構文で、"家里"と"孩子"はいずれも"惦记"の対象であって、ここの"家里"は本物の"处所宾语"ではない、とある。朱德熙（1982）では、"要区别广义的处所词和狭义的处所宾语"と強調している（朱德熙 1999。p.130）。"房间"が"处所词"であることを否定するのではない。ただ下記の"他把王府井跑遍了"の中の"王府井"と比べれば、ここで"处所词"の使い方などを挙げる必要がないように考えられるだけの話である。

　上の説明の中で、《实用》は動詞の後ろの部分の「補語」などの成分を排除していた。しかし一歩進んで説明するとき、《实用》はまた"有时虽然动词和'把'字的宾语之间不存在动宾关系，但是动词及其补语与'把'字的宾语存在动宾关系。"（p.731）と言って、次の例を挙げている。

　　①　姑娘们把肠子都要笑断了。（笑断肠子）

　ここで《实用》は"把"の目的語が文の述語構造全体と関係していると説明しているが、この説明は正しい。しかし、この後の解説の中では説明

の一貫性に欠けるようなものがある（後述を参照されたい）。ここでは、とりあえず《实用》の説明順に従い、その説明と例文を見てみよう。

　《实用》は次の例文②③（p.732）を挙げ、これらの例文の中の"把"の目的語は述語動詞と"动宾关系"がないと断定している。

　②他把王府井跑遍了，也没找到那家书店。
　③你再把抽屉找一遍，看看那张票子是不是夹在什么东西里边了。

　《实用》はこの2例"把王府井跑遍"と"把抽屉找一遍"の中では、動詞と"把"の目的語との間に"动宾关系"がないという。その理由は分からない。"把王府井跑遍"にしても、"把抽屉找一遍"にしても、"跑遍王府井"や"找一遍抽屉"と言うことができる。もちろん、"跑遍王府井"と"找一遍抽屉"の中では、動詞と目的語の関係は一般的な"动宾关系"、例えば、"吃饭"の中の"吃"と"饭"のような関係ではない。けれども、"吃大碗"や"吃食堂"のような用法の中の"吃"と"大碗"、"食堂"との関係も、一般的な"动宾关系"ではない。しかし、中国語では、その動詞と目的語との関係は立派に成立している。したがって、"跑遍王府井"などのような使い方でも"动宾关系"が成り立っていると考えられる。そのほか、たとえ《实用》の"全句的谓语动词"の言い方に従ってここの動詞は"跑"であって、"跑王府井"という言い方に問題があるから、"把"構文の動詞と"把"の目的語との間に"动宾关系"が成立しないのだ、と言っても、その言い方には問題がある。なぜなら、たとえ"跑遍王府井"という言い方でなくても、"跑王府井"と言っても動詞と目的語の間にやはり"动宾关系"が存在する。もう一歩引いて言えば、たとえ"跑王府井"の言い方にやや問題があるとしても、"找抽屉"なら何の問題もないだろう。"你再找找抽屉看"という言い方には全然問題がないからである。つまり、ここでは"把"の目的語と文の述語動詞構造との間にちゃんとした"动宾关系"が成り立っているのである。

　この問題に関しても、朱徳熙（1982）では"把"の目的語が"可以看成是整个动词结构（述补结构或述宾结构）的受事"と指摘されており、しか

も"把铅笔写秃了"などの例が挙げられている。（朱德熙 1999。p. 211）。

この後、《实用》は"有时'把'的宾语是谓语动词的施事，即动作的发出者，大多有'使''让'的意义。此类'把'字句有的表示不如意的情况。"と述べた後、次のような例を挙げている（p.732）。

① 又把个孩子病了。
② 怎么把特务跑了？

この後、《实用》はまた"把"構文が"不如意"なことを表さないこともあることを述べ、そして、"谓语也可以是一个包含'得'的情态补语，'把'的宾语是谓语和补语的当事者。"と指摘して、次のような例③を挙げている（p.732）。

③ 把他高兴得一夜没睡着觉。

この上に、《实用》は"这种句子有时'得'后的成分可以不说"と述べ、次のような例を挙げている。

④ 看把你累得（的），快歇歇。

ここの説明に関して言えば、まず動態的出来事と静態的出来事という異なる2種類の構文のことを区別しなければならない。動態的出来事を表す構文では、"把"の目的語は述語動詞構造と"动宾关系"を構成している。上記の例①②では"搞"などの"轻动词"を付け加え、"把孩子搞病了"、"把特务搞跑了"と言うことができる。これらは臨時的なレトリック的な使い方で、話し言葉にしか使われない使い方であろう。これに対して、静態的出来事を表す"把"構文では、"把"の目的語が述語及びその補語の"当事者"と言ってもいい場合がある。たとえば、例③に関しては、それを"他高兴得一夜没睡着觉"か"高兴得他一夜没睡着觉"と表現でき、特に"把"を使わなくても表現することができるからである。

《实用》は"有时'把'的宾语是补语的施事"と述べた後、次の例を挙げている。

① 搬家把我搬怕了，再也不想搬家了。（我怕）
② 你看这事新鲜不，他吃龙虾竟把肚子吃坏了。（肚子坏）
③ 有人说睡觉时把头朝南边比较好。（头朝南边）

この中で、例①と③はさておいて、例②に関しては、上記の《実用》の説明と矛盾していると考えられる。上述のように、"姑娘们把肠子都要笑断了。（笑断肠子）"に関して、《実用》は"动词及其补语与'把'字的宾语存在动宾关系"と述べているが、ここでは"把"の目的語が"补语的施事"として述べられている。もし上の観点からなら、ここの"他吃龙虾竟把肚子吃坏了"の"把肚子吃坏了"は、"吃坏肚子"と説明しなければならないが、《実用》はここで"肚子坏"と説明している。これは上記の説明と矛盾するとともに、間違った説明でもある。

　ここの例①の"搬家把我搬怕了，再也不想搬家了。（我怕）"の中の"把我搬怕了"を"搬怕我了"と言っても問題がないだろう。したがって、ここでも"把"の目的語が述語動詞構造と"动宾关系"にあると言って問題がない。例③の"有人说睡觉时把头朝南边比较好。（头朝南边）"に関して言えば、《実用》はここの"把"の目的語が"补语的施事"であると言っているが、しかし、ここの例文の後の括弧の中は"（头朝南边）"となっている。こうなると、ここの説明が何なのか分からなくなる。つまり、この例文の中の動詞は何なのだろうか。もしこの例文の述語動詞は"朝"であれば、その補語はその後の"南边"しかない。しかし、もし《実用》の説明に従って、ここの"把"の目的語が"补语的施事"であるとすれば、"头南边"としか言えず、"头朝南边"ではないので、《実用》のここの説明は成り立たないことになる。もしも《実用》の用例は"有人说睡觉时把头朝向南边比较好。（头向南边）"で、つまり"向"を補えば一応説明は付く。しかし、それはまた別の問題である。（後述を参照されたい。）

　《実用》第一章の説明に関する分析のまとめ。"把"構文では、"把"の目的語と述語動詞構造とが"动宾关系"を構成している。"他从自己的座位上把挎包拿起来"にしても、"把肚子吃坏了"や"搬家把我搬怕了，再也不想搬家了"および"有人说睡觉时把头朝南边比较好"などにいたっても、"把"の目的語は、どれもただ述語動詞のみに関係してその述語動詞の受け手になるのでもなければ、動詞の後の補語にのみ関係してその補語の仕

手になるのでもなく、"把"構文の述語動詞構造全体に関係してその目的語になっているのである。

1.2　《实用》は第二章の"'把'字句的结构"の中で、"把"構文の各種の構造を詳しく述べ、その構造パターンを次のように挙げている（p.733）。

（主语）+"把"+"把"字的宾语+谓语动词+其他成分

そして、"把"構文には、"把"の目的語、述語動詞以外に動詞の後ろにはさらに補語など、その他の成分がなければならず、しかも"把"構文は動詞の目的語、述語動詞及び補語に対しても特別な要求があるとつけ加えられている[4]。

ここの説明に関しては、まず、上述のように、述語動詞というより、述語動詞構造という用語を使えば多くの無駄な説明が省かれる。

ここの第一節"介词'把'的宾语"で、《实用》は"把"の各種の目的語を挙げ、そして次のように述べている。

　　在"把"字句中，谓语总是针对"把"的宾语的，有人甚至认为在句子中"把"的宾语是话题。正因为如此，它必须是听话人可以理解的、确定的事物。也就是说，当说话人用"把"字句时，听话人必须知道宾语所指的是什么。"把"的宾语所指的事物大多是已知的，比如由上文或语境提供。

ここで、《实用》は"谓语总是针对'把'的宾语的"と述べ、この考えは正しいだろう。しかしここでも、その述語は述語動詞のみなのか、述語動詞構造全体なのか、その規定がないのでその本当の意味が分からない。

このほか、《实用》では、"把"の目的語が"听话人可以理解的、确定的事物"でなければならないと強調しているが、《实用》のこの前に挙げた例"今年夏天，他把游泳学会了"、ここに挙げた例"明天不上课，我已经把这个消息告诉全班同学们了"、及びこの後に挙げられている例"刚才我把一个孩子碰倒了"などの中の"游泳"、"这个消息"、"一个孩子"などがどうして"听话人可以理解的、确定的事物"でなければならないのか、そのわけが分からない。

"把"構文で、"把"の目的語が"确定的事物"であることに関しては先行研究でだいたい言及されている。しかし、それが聞き手に関係しているかどうかに関しては言及する必要がないと考えている。"把"構文において、"把"は話し手が言おうとしている物事、文脈などで確認できる物事を限定し、その物事を後ろの述語動詞構造に関係させて、その物事に述語動詞構造が影響を及ぼすのだということを強調するだけでいい。"把"構文の機能に関しては後述するが、それは述語動詞構造のかかわる目的語を強調し、そして"把"の目的語が述語動詞構造とかかわりを持っていることを強調する構文である。"把"の目的語が"听话人可以理解的事物"かどうかは重要ではない。

　ここで、《实用》は例②"马上把她们送进了医院"と例③"他们决心把自己的家乡建设成现代化的新农村"を挙げているが、これらの例文は後述する動詞プラス補語の"送进"、"建设成"の構造である。これら、移動や生成物を表す"动补结构"が"把"構文を要求する。というのは、それは文構造がそうさせているのであって、"把"の目的語が"听话人可以理解的事物"でなければならない必然性がないのである。

　"把"の目的語が"听话人可以理解的事物"でなければならないわけを説明するため、文脈では出たことのない、聞き手にとって新情報である場合の使い方に関して、《实用》は、その場合、"这个宾语常常包含一个修饰语"と述べ、例④～⑥（p.734）を挙げている。しかし、たとえば、例④"老栓把一个碧绿的包，一个红红白白的破灯笼，一同塞进灶里"の場合、どのようにして"把"の目的語が"听话人可以理解的事物"であることを説明しているのか、分からない。その場合、"把"の目的語には修飾語が必要だと言っているが、それなら、"把"構文でない普通の構文中の名詞の前の修飾語についてどう説明するのか、多分難しかろう。

　この後、《实用》は、"有时'把'的宾语包含数量短语'一个'，对听话人来说，是一个新信息，不是定指的"と述べ、同時にまた"但这个宾语还是确指的，是听话人能够理解的"と述べた。これについて、《实用》は例①"刚

才我把一个孩子碰倒了"を挙げた後、次のように述べている。

　　　在这个句子里，"孩子"不是任意一个，而是被"我"撞倒的那个，只是在这个句子里，"孩子"是谁并不重要，说话人只是要告诉对方"撞倒的"是"一个孩子"，而不是"一个老人"、"一个青年"。

　非常にややこしい説明である。もしぶつかって倒した相手は子供であって、老人でもなければ、青年でもないことを強調しようとすれば、必ずしも"把"構文を用いなくてもいい。普通の構文で、"刚才我碰倒了一个孩子"と、その中の"孩子"にだけアクセントをつけて言えば、強調の意味も完全に表すことができる。"把"構文を用いる目的がここにあるわけではなのである5)。

　この後も《実用》は、"'把'的宾语还可以是一类事物或抽象事物，但也是听话人可以理解的"と述べ、次の例を挙げている。

　　①这是个自动售报机，只要你把钱放进这个眼里，报纸就从另一边出来了。
　　②他中文很好，都能把中文诗翻成英文了。
　　③他挥了一下手，似乎要把一切烦恼统统赶走。

　《実用》は例①の"钱"は自動販売機規定のお金で、例②の"中文诗"はその人が翻訳したもので、そして例③の"一切烦恼"はその人のもので、いずれも"确指的、听话人可以理解确认的"だという。これらの説明にはすっきりしないものがある。例①に関しては、その例はいつかの北京市のワンマンバスで、おつりが出ない、お客が自分で1元札や1元コインを用意しておかなければバスにも乗れないような状態を言っているのであろうか。さもなければ、今の常識では、自動販売機なら、新聞1部の定価より多くお金を入れても、自動販売機がお釣りをしてくれるはずである。したがって、例①の"钱"は普通の意味でのお金で結構である。例②に関して言えば、明らかに"能"というその人の能力を言っているのだから、必ずしもすでに翻訳したものに限る必要がない。ポテンシャルな能力を認めてもいいだろう。そして、例③の"一切烦恼"だが、後続の動詞の連用修飾語に"统统"という語があるから、"把"の目的語の中の修飾語"一切"を

省略してもいい。その"烦恼"はその人のものであると言える根拠は、文脈から探せばいいが、特にそれが"听话人可以理解确认的"かどうかは重要ではない。

《实用》第二章第（一）節の説明に関する分析のまとめ。"把这个消息告诉全班同学们"の中の"告诉"（告诉全班同学们这个消息）のような２つの目的語を持つ動詞、"把她们送进了医院"の中の"送〜进〜"（送她们进医院）のような移動を表す連語構造、"把自己的家乡建设成现代化的新农村"の中の"建设成"（建设自己的家乡，使之成为现代化的新农村）のような伝達、生成、使役性の動詞の用法はそれぞれ文法のパターンであって、"听话人可以理解的事物"かどうかとは関係がない。

ここの"把钱放进这个眼里"、"把中文诗翻成英文"、"把一切烦恼统统赶走"などの中の"放进"、"翻成"、"赶走"などでは、"放进"と"赶走"が移動と関係し、"翻成"は上述の生成性動詞構造"建设成"などと似ている。

1.3 《实用》は第二章第（二）節"'把'字句的谓语"の中で、次の種類を挙げている。

1、补语；2、动态助词"了""着"；3、动词重叠式；4、动词后有间接宾语；5、动词前有状语（p.735〜738）。

第２類の例の中で、《实用》は助詞"了"に関して、動態助詞と語気助詞を混同させるような説明をしているようである。例①"吃完晚饭，伙计们准备好了木棍，把灯熄了"の中の文末の"了"は語気助詞の"了"であって、動態助詞の"了"ではない[6]。例②"把杯子里的酒喝了！"と例④"妈妈：把功课做了再看电视。"の中の"了"はその他の例文の"了"と違う。前者は命令文で、その"了"は文末に位置しながら、動態助詞の"了"で、動作の完了を表しているのに対して、例④の"了"は文中に位置して、動作の継起的発生を表し、これも動態助詞である。そのほか、例⑤"下个月我一定把托福考了"に関して、《实用》は"掉"を補うことができるとしているが、しかし、もし直接"掉"を補ったら、"下个月我一定把托福考掉了"となり、変な中国語になるから、その言い方には問題があるように思われる。

この節で、《実用》は動詞の後ろに"着"がつく"把"構文、例①"別走，你把这本书拿着！"例②"別忘了把机票带着。"を挙げ、この場合の"把"構文は"多为祈使句"と指摘した（p.737）。ここの指摘は重要である。本来のSVO構造の中では、たとえば"你拿着这本书！"のように、目的語を従えた動詞は、"着"で動作の進行や状態の継続などの意味に関する命令文を作ることは作れるが、語気の強い命令文はできない[7]。命令文らしい命令文を作る場合、このように、"把"構文の中で初めて実現することができるのである。今までの研究者がこの現象に気がついているだろうが、あまり強調していないような気がする[8]。"把"によって動詞の目的語が動詞の前に繰り上げられたお陰で、述語動詞は自由に解放され、その形態が最大限に発揮でき、もともと動作の進行、状態の継続の命令ができにくい用法も、この"把"構文の中でできやすくなっているのである。このことに関して、筆者としては強調したい気持である。

この後、《実用》はさらに"'把'字句的补语"、"'把'字句中谓语动词的宾语"、"'把'字句中其他状语的次序"、"哪些动词不能作'把'字句的谓语动词"などの小節で関係事項を述べているが、ここでは深く言及しないことにする。

1.4　第三章"什么时候用'把'字句？"（p.745～751）の中で、《実用》は"从表达功能方面来看"という小節の中で、まず言語使用のパターンを"当着眼于某一事物，叙述或说明通过动作该事物发生了什么变化或有什么结果时，可以使用三种方式表达：(1)话题——说明；(2)'把'字句"；(3)'被'字句。"と説明し、そして次のような例を挙げている（p.746）。

①那个碗打破了。（话题——评论）
　妹妹把那个碗打破了。（"把"字句）
　那个碗叫/被妹妹打破了。（"被"字句）

この３種類の文型について次のように説明している。

　话题——说明句，针对的是作为话题的"碗"，在"被"字句中，针对的是动作的受事"碗"，使用"把"句时，针对的也是"把"的宾语"碗"，

可以说"把"的宾语类似话题。但句子中还涉及一个动作者或与"把"字句的谓语动词有关系的事物，这个动作者或有关的事物，发出动作或引起"把"字句谓语所表示的变化或结果。比如上面的句子，动作者"妹妹"引起了"碗"的变化：打破了。因此从广义上说，可以把"把"字句主语所表示的人或事物看作动作变化的引起者、责任者。

ここの説明は、《实用》の"把"構文の機能と"把"構文の主語の意味についての基本的な定義である。割と重要な理論的問題になっているので、《实用》の次に挙げている用例（p.746〜747）を見ながら論を進めることにする。

②你怎么把这么重要的会议都忘了？（"你"是"忘了重要会议"的人，受谴责者）

③A：谁把花瓶打破了？（问"打破"花瓶的人——责任者）

B：是小猫碰倒了以后打破的。

④我把早点买回来了，快吃吧。（动作发出者）

⑤请你把窗户关上。（"你"是被要求"关窗户"的人——动作发出者）

⑥洗衣服把手都洗疼了。（"洗衣服"引起了"手疼"）

⑦看你把眼睛都哭红了，一会儿怎么出去？别哭了。（"你"引起了"眼睛红"）

⑧A：你好像有点不舒服？

B：昨天吃了好多龙虾，把肚子吃坏了。（"龙虾"引起了"肚子坏"）

ここの例の中の"打破""买回来""关上""洗疼""哭红""吃坏"などの動詞構造に関してはこれ以上言及しないことにする。ここで問題にしたいのは、まず、これらの例文の主語、《实用》が挙げている例④、⑤以外に、例②の"你"、例③の"谁"、それから、例⑦の"你"など、いずれも"动作发出者"（動作主・仕手）であり、例⑥、⑧は、動作主が表に出ていないだけで、やはり話し手が動作主になっていること。それから、例②の"你"が"受谴责者"で、例③の"谁"が"责任者"であると言っているが、これはいずれも語用論的な視点からの分析であって、意味論的な分析でないこと。——例②の主語が"受谴责者"であるとの解釈は、それは"怎么"

と反問の語気の組み合わせという構文的意味からきたもので、別に"把"構文自身から得られる意味ではない。例⑤の"你"に関しては、これは"关窗户"という動作を求められた人だと説明しているが、実は、これは命令文の中の主語に関する説明であって——命令文の中の主語はいずれも動作を求められた動作者である——"把"構文の主語に関する説明にはならないこと。例⑥は、字面では"洗衣服"という"动宾结构"が主語になっているが、それが直接"手疼"につながるものではなく、述語動詞構造全体の"洗疼"が"手疼"につながるものであること。もちろん、この文の中では、主語の"洗衣服"と述語動詞構造全体"洗疼"との間に因果関係が存在していることは認められる。——"洗衣服"は"洗疼手"の原因なのである。例⑦に関しては、上記のように、"你"は"动作发出者"で、すなわち、述語動詞構造"哭红"の動作主・仕手であり、"你"は"哭"という動作を通して、目を"红"にさせたのである。したがって、短絡的に"你"が"眼睛红"を引き起こしたとは言えないこと。例⑧に関しては、ここでは明らかに"龙虾"が主語になっておらず、"吃了好多龙虾"によって"吃坏了肚子"という結果が起こったのだから、"龙虾"のみが"肚子坏"を引き起こしたというのも短絡しすぎること、など。(中国語の構文全体で言えることだが)"把"構文を含め、動作主が表層構造に現れてこないことが多いが、動作主以外の主語は色々な意味があるが、"把"構文の場合、例⑥、⑧のように、主語(ここでは、"洗衣服"と"吃了好多龙虾")が原因となっているものが多いだろう。

この後、《实用》は"从句子的结构要求来看"の中で、"把"構文の構造による制約を詳しく分析しているが、おおむね正論である。

2. 《八百词》の"把"に関する解説について

次に《八百词》の"把"に関する解説(p.49〜51)を見てみよう。《八百词》は主に単語に関する解説をしているのであって、構文に関する説明はやや薄い。それから、《实用》の多くの説明は実は《八百词》からの転用と

言ってもいいだろうから、関係記述は上ですでに述べている。したがって、ここでは詳しく述べないことにする。ここに《八百词》の"把"に関する解説、しかもここの議論に関係のある解説のみ挙げることにとどめたい。用例も筆者の関心のある命令文的な用例だけ挙げることにする。

[介]跟名词组合,用在动词前。'把'后的名词多半是后边动词的宾语,由'把'字提到动词前。

　1. 表示处置。名词是后面及物动词的受动者。(関係用例のみ)

　　～衣服整理整理｜～房间收拾一下

　'把'字后边可以是动词短语或小句,但较少。(用例省略)

　2. 表示致使。后面的动词多为动结式。(関係用例のみ)

　　～问题搞清楚

　动词或形容词后面常常用'得'字引进情态补语。(用例省略)

　3. 表示动作的处所范围。(関係用例のみ)

　　你～里里外外再检查一遍

　4. 表示发生不如意的事情,后面的名词指当事者。(用例省略)

　5. 拿;对。(用例省略)

用法特点:

a)｜关于'把'后面的名词。

名词所指事物是有定的、已知的,或见于上文,或可以意会。前面常加'这、那'或其他限制性的修饰语。(関係用例のみ)

　～书拿来(已知是哪本书或哪些书)｜你～这本书借给他｜～书架上的书整理一下

b) 关于'把'字句里的动词。

动词+了(着)。

　～茶喝了｜～介绍信拿着

动词重叠。

　～桌子擦擦｜～院子也打扫打扫

动词是动结式、动趋式。

　　　　～事情办完│～小鸡赶走│～窗户关上│～他叫进来│～用过的东西
　　　放回原处
　　动词＋动量、时量宾语。（用例省略）
　　动词＋介词短语。
　　　　～书放在桌子上│～这封信带给小王
　　动词＋得＋情态补语。（用例省略）
　　动词前面有修饰成分。（関係用例のみ）
　　　　别～废纸满屋子扔│～被子往小孩身上拉││～敌人彻底消灭
　　某些双音节动词可以单个用，不带其他成分。这些词多半是动结式动词。
　　　　～直线延长│～运动场扩大│～温度降低│～时间约定│建议～这条
　　　意见取消
　c）把＋名1＋动＋名2。有几种情况：
　　名2是名1的一部分或属于名1。（用例省略）
　　名1是动作的对象或受动者，名2是动作的结果。（用例省略）
　　名1和名2是双宾语。（関係用例のみ）
　　　　～这件事告诉他
　　名1表示动作的处所，名2是动作的工具或结果。（関係用例のみ）
　　　　～炉子生上火│～瓶里装满水│～伤口涂点红药水
　筆者は実際の使用例を網羅的に統計したことがないが、《八百词》で挙げられている用例は命令文が多い。いくつかの用法は命令文の用例のみである。言語教育の場では、"把"構文は上級段階の教育項目であろうが、日常の言語生活の中では、"把"構文が欠かせないものであろう。有機的に教育の過程に導入し、効率よく学生を指導していくことがこれからの研究課題であろう。

3. 鈴木慶夏先生の説について

　鈴木慶夏（2009）は学生の"把"構文習得の角度から"把"構文を3種類に分けている（『中国語教育第8号』p.132）。
　　Ⅰ　"我把房间打扫干净了"――動詞に補語が後続するもの

Ⅱ "你把书放在沙发上吧"――動詞に前置詞（介詞）が後続するもの
　　Ⅲ "我把鱼都吃了"――タイプⅠと比較して動詞の後方に補語が生起しないもの

　そう分けた理由について、鈴木（2009）ははっきりした論述を避けているようだが、「先行研究によれば」と断ったうえに、「本稿がタイプⅠ、タイプⅡと仮称するものは"把"構文のプロトタイプであり、タイプⅢは非プロトタイプである」と説明し、そして、「タイプⅠ、タイプⅡともに使用頻度が非常に高い」（p.133）と付け加えている。

　類型言語学研究では、言語の「無標」「有標」が一つの基準となる。"把"構文に関して言えば、述語動詞がもっとも単純な形を持つ命令文が「無標」の"把"構文として考えたい。たとえば次のようなものである。

　　把书拿着！
　　把饭吃了！

　鈴木の分類を見てみれば、タイプⅢがむしろ一番構造が簡単なもので、タイプⅠとタイプⅡは次第に構造が複雑になっていく。筆者としては、構造のもっとも単純な"把"構文をプロトタイプと考えたい。命令文を特別なものと考え、それを除外するとすれば、単に構造が単純か複雑かによって、"把"構文を次のように分類しなおすことができる。

　　Ⅰ 我把鱼都吃了。
　　Ⅱ 我把鱼都吃光了。
　　Ⅲ 我把鱼都吃到肚子里了。

　このような分類の仕方で出発し、文型の角度から、学生に色々な組み合わせの訓練をさせることができる。

　　他把课文听了。他把课文听完了。
　　他把书买了。他把书买来了。
　　他把作业交了。他把作业交给老师了。
　　他把电子词典卖了。他把电子词典卖给小林了。
　　他把钱包丢了。他把钱包丢掉了。他把钱包丢在电车上了。

他把秧苗插了。他把秧苗插完了。他把秧苗插在田里了。

4. 王占華先生の説について

王占華（2010）では認知言語学の理論を用い、出来事の構造を分析し、出来事への参加者（仕手、受け手、動作・状態、関係者など）の数から、"把"構文を次のように分けている。

　　二項"把"字句——语用"把"字句
　　三項"把"字句 ——语义"把"字句
　　四項"把"字句 ——语法"把"字句

"二項'把'字句"——"(他)把孩子病了"（孩子、病）は、出来事への参加者の数が2で、"三項'把'字句"——"小张把小李打了"（小张、打、小李）は、出来事への参加者の数が3で、"四項'把'字句"——"他把杂志放回书架"（他、杂志、放回、书架）は、出来事への参加者の数が4である。これらの"把"構文を分析したうえで、"把"構文には"可把句"と"必把句"とがある。"可把句"とは"语用'把'字句"と"语义'把'字句"及び"反映A事件结构的语法'把'字句"（施动者通过在场所的动作使对象移至归着点——"他把树栽在院子里"）のことである[9]。そして、"必把句"とは、"致移必把句"（"把果皮丢在垃圾箱里"）、"致变必把句"（"请把这个句子翻译成汉语"）、それに"认定必把句"（"老师把我们当成自己的孩子"）のことである。教授の順序については、"语法'把'字句"の中の"可把句"（つまりA類）から始め、その後、3種類の"必把句"を教え、最後に"语义'把'字句"を教え、そして、"语用'把'字句"に関しては、簡単に紹介することにとどめたいと、論文は主張している。

ここで王占華先生の詳しい議論を紹介する余裕がないが、その説に絡ませながら、筆者の考えを述べていくことにする。

現代中国語では、ここでいう"二項'把'字句"——"(他)把孩子病了"などは、"把"によって、もともと動作・行為の仕手・経験者を使役の対象として位置づけ、元の動詞・形容詞に使役の意味を持たせ、使役的な動詞

や形容詞に変身させる構文的な手続きによって構成される文である、と定義したい。言い換えれば、"把"は自動詞や形容詞を他動詞化する機能をもつものと考えられる[10]。しかし、もしそうだとすれば、たとえ"孩子病了"の文では参加者は"二項"であっても、"二項'把'字句"においては"(他)把孩子病了"のように、"他"が加わるので、やはり次のような"三項'把'字句"にも近づいているかもしれない。

それから、いわゆる"二項'把'字句"に関してもう少し詳しい分析が必要なのかもしれない。たとえば、"(他)把孩子病了"(孩子、病)のような文は"二項'把'字句"と認められても、論文で挙げられている"別弾(吉他)了，把炉子都弾灭了"のような例では、"弾吉他"という原因項が加えられているので、これはもはや"二項'把'字句"ではなくなっているであろう。ここでは、使役性が前面に出ているものと思われる。

上の《実用》の解説に関する論述の中で、すでに移動や生成性の"把"構文について述べている。王文では、中国語の"把"構文と日本語のSOV構造と相似性があることについて述べていて、そしてそこで挙げられている数種類の"必把句"も、日本語の相対する表現と共通するところがある。しかし、SOV言語としての日本語のOV表現は、普通の表現の仕方であるのに対して、SVO言語としての中国語では、"把"構文はあくまでも変り者である。そして、出来事への参加者に関する分析であるが、王文では、"把"構文Aa+b型（彼は木を庭に植えた/他把樹种在院子里）について、これは"说話者選択a+b[11]为起点"としているが、これも検討する余地がある。本論の「結び」の中でこれについて触れることにする。

5. 結び

中国語の"把"構文は中国語のSVO構文によって極端までに制限された動詞の形態的変化を大いに活用させ、制限された文の述語の役割を大いに発揮させるためにできた新しい表現の仕方である（新しいといってもかなり長い歴史を持つだろうが）。"把"構文は命令文に多く使われるが、"着"

を伴った命令文の用法など、"把"によって目的語が動詞の前に繰り上げられたことによって、述語動詞が自由に解放され、それによって、豊かな述語構造が生まれている。動詞が多くの修飾語を受けるようになり、たくさんの補語を従えることもこのことを物語っている。

"把"構文で、"把"の目的語はいつも述語動詞構造と関係し、ほとんど述語動詞構造の受け手である。

《实用》は、"把"構文では"突出动作者或责任者。也就是说'把'字句句首的名词是不可缺少的"（p.931）として、次のように例を挙げている。

　　刘宝铁：（刚欲走再回头，）把屋里和厨房拾掇拾掇，过日子得有个过日子的样儿么，对不对？你说我说得对不对？

そして、"说话人所以用'把'字句，是认为'屋里'和'厨房'太脏太乱了，主人有责任'拾掇'"（p.931）と述べているが、筆者にはこの例文でそれがいかに"突出动作者"「動作者・仕手を際立たせている」かは、とても読めない。まず、この例文には"句首的名词"がない。それから、"把屋里和厨房拾掇拾掇"ということから、われわれが得られる情報は、話し手が聞き手にある場所の現状をある動作を用いて改変させるという希望しか読み取れない。そのある場所が話し手のもっとも関心を寄せているところである。話し手がもっとも関心を持っている物事、それに対してある行動をとる、そしてその物事の現状を変化させる――このような出来事を述べる際、話し手がもっとも関心を持っている物事に視点を当て、それを"把"によって動詞の前に位置付ける、これが中国語の"把"構文の認知的出発点であろう。その行動を誰が実行するのか、つまりその動作主が誰なのかは、"把"構文の主要な着目点ではない。上述のように、《实用》は"句首的名词是不可缺少的"と言いながら、挙げている例文には聞き手である第2人称の"你"さえ現れてこない。言語の表層構造にも現れないものをどうして強調することができよう。もし、この例文が"突出动作者或责任者"だとすれば、上述のように、それは"把"構文の役割ではなくて、命令文の役割なのである。

王占華（2010）では、"说话者选择 a+b 为起点"として、つまり話し手が

"把"構文を用いるのは動作者・仕手と受け手の両方を際立たせるためであるとしている。しかし、多くの"把"構文、特に命令文などでは、主語が表に出てこない。上述のように、言語形式に現れないものをどうして際立たせることができるだろう。

とどのつまり、"把"構文では、"把"及びその目的語が省略できない、述語動詞構造も省略できない、しかもその動詞構造は普通単純動詞ではなく、ある結果的意味を持つ動詞構造でなければならない。これが"把"構文の現実であって、"把"構文について述べる際十分に気をつけなければならないことであろう。中国語の"把"構文は、ほかでもなく、その目的語を際立たせ、その目的語と述語動詞構造との関係を際立たせる。"把"構文の中で、"把"の存在によって、動作主（動作者、経験者）と動作（運動：動作、変化、状態）の間も関係付けられる。"把"構文は、動作主が"把"によって提示された目的語を述語動詞構造の作用を通してその動詞構造が示す結果・状態にする、ということを表している。"（他）把孩子病了"のような"把"構文もまさに"把"によって、その目的語を述語動詞に関連させ、動作主が"把"の目的語を述語動詞の示す結果・状態にいたらしむことを表しているのである。

本文では"把"構文が"処置"という意味があるかどうかに関しては言及してこなかった。"把"構文に関しては、"処置"という言葉は便利な用語であることが否めない。上述のように、"把"構文はとにかく"把"連語を通して主語と動詞述語構造とを関連させる機能がある。そういう意味では"把"構文を"牽渉句"という用語で呼んでもよかろう。

注

1) 日中対照言語学会 2010 年度春期全国大会の後、改めて何編かの論文を読んでいると、これまでの研究の中で、薛凤生（1987）が本文で言おうとしている"把"の目的語と述語動詞構造に関する基本的な考えに似た論述をしている。しかし、氏の「定性（三）："把"字句中的 B 必須是句子的首要主題（main topic）；定性

(四)："把"字句中的 A 只能是句子的次要主題（secondary topic）——ここの A は "把" 構文の主語を指し、そして B は "把" の目的語を指す（引用者）」の説に関しては、後述を参照されたいが、筆者の同意しかねるものがある。"把" 構文の主語は文の焦点、または強調されるものではないが、命令文も含め、"把" 構文で述べられている対象であることは間違いない。そして "把" の目的語は、文の強調する焦点ではあるが、文の主な主題（"首要主題"）とは認められないと思われる。

2) 第四編第二章第 6 節。この他、第五編第四章第三節で談話の角度から再び取り上げられているが、そこの議論に関しては、本文の第五章・「結び」で触れる。
3) 本文では、"把" とその後の目的語の構造を「"把" 連語」という。
4) ここでは「動詞の目的語」（"动词的宾语"）と言っているが、これは、"把" の目的語以外にも動詞はさらに目的語をとることができる場合のことと考えられる。
5) これに関しては、杉村博文（2000）では素晴らしい論述がある。
6) この文は他からの引用かもしれないが、語りはまだ終わっていない、その後まだ続きがあるという感じがしないわけでもない。したがって、完了を示す動態助詞と考えてもよさそうである。
7) この件に関しては、特に SOV 言語の日本語ではいくらでも作れる。
8) 史金生・胡晓萍（1998）、王学群（2007）では、"把～V 着" が用いられる構文、そして文脈における "把～V 着" 構文の使い方に関して論じている。
9) "语用'把'字句"、"语义'把'字句" 及び "语法'把'字句" などに関する詳しい論述は、王占華（2010）を参照されたい。
10) 現代中国語では、こうした使い方も発達しているようである。最近、中国で流行している "被" の使い方もこうした流れである。もともと "留学" などの言葉は、受け身的な表現の "被" で修飾することはないが、"被" が持つ受け身的な意味が独り歩きになるにつれて、もともと用いられないこれらの用法にも飾ることができるようになり、出来事の受け身化を表すようになっている。
11) ここの a+b とは、動作者・仕手と動作対象のことを指す。

参考文献

吕叔湘 1980 《现代汉语八百词》商务印书馆。
朱德熙 1982 《语法讲义》，商务印书馆。

薛凤生 1987 试论"把"字句的语义特征《语言教学与研究》第 1 期
冯胜利 1997 《汉语的韵律、词法与句法》 北京大学出版社
史金生・胡晓萍 1998 动词带"着"的"把"字结构 《语言教学与研究》
朱德熙 1999 《朱德熙文集第一卷》，商务印书馆。
张伯江 2000 论"把"字句的句式语义《语言研究》2000 年第 1 期（总第 38 期）
杉村博文 2000 论现代汉语"把"字句"把"的宾语带量词"个" 《世界汉语教学》，2002 年第 1 期
刘月华等 2001《实用现代汉语语法（增订本）》商务印书馆 2001 年 5 月
王学群　2007　『中国語の"V 着"に関する研究』　白帝社
輿水優・島田亜実 2009『中国語わかる文法』大修館書店 2009 年 4 月 10 日
鈴木慶夏 2010「非専攻中国語教育からみた"把"構文教学の現状と課題——"把"構文の何が難しいのか」『中国語教育第 8 号』2010 年 3 月
王占華 2010「事件構造と叙述視点における文法整合："把"構文の再認識」日中対照言語学会月例会 2010 年 3 月 20 日

[付記]この論文は日中対照言語学会 2010 年度春期全国大会において発表した際、参会者から多くの貴重なご意見をいただいた。この場を借りて、感謝の意を表する。

汉语被动句研究说略

On the Studies on Passive Constructions in Chinese

尹　洪波

YIN Hongbo

要旨　本稿は中国語受身文研究をめぐる以下の五つの問題、即ち、（ⅰ）受身文の分類、（ⅱ）「被」の性質、（ⅲ）受身文の意味特徴、（ⅳ）受身文と関わるその他の文型、（ⅴ）受身文の二次的拡張について述べた。本稿の目的は、主として先行研究の問題点を指摘し、その問題をどのように解決すべきかを述べるところにある。本稿は諸先行研究を評価すると同時に、筆者なりの意見も述べている。中国語受身文に関しては、まだまだたくさんの課題が残されているが、今後、通時的研究、なかでも、多言語に跨る類型論的な視点からの研究が期待される。

キーワード：受身文の分類　意味特徴　相関文型　二次的拡張

目录

0. 引言
1. 被动句的分类
2. "被"的性质
3. 被动句的语义特征
4. 被动句与相关句式的关系
5. 汉语被动句的二次扩展
6. 余论

0. 引言

对汉语被动句[1]的研究,最早可上溯到中国第一部语法学专著《马氏文通》。马建忠(1983:160—166)共归纳出了古代汉语表示被动的六种格式。汉语的被动式,和处置式(diposal construction)(又叫"把"字句)同为汉语研究的热点和难点。

自马建忠至今110多年间,学界对汉语被动句进行了不间断的探索。这些探索涉及不同的理论、方法、角度:既有传统的结构主义理论,又有形式主义、认知功能主义的理论;既有共时的研究,也有历时的研究;既有描写,也有解释。这些探索也涵盖句法、语义和语用等不同层面,揭示了汉语被动句的许多重要的语言事实和规律,为下一步的研究奠定了良好的基础。然而,毋庸置言,我们对汉语被动式的认识还是比较肤浅的,仍然存在很多悬而未决的问题。外国留学生根据老师讲授的有关被动句的语法知识,经常造出不合格的句子,他们提出的许多问题我们常常难以作出令人满意的解答。

本文的主要目的是摆问题。如何解决这些问题,除陈述别人的观点外,有时也提出自己的意见,聊备一说,是否合适,大家可以批评。本文所讨论的内容,主要涉及汉语被动句的以下五个方面:(i)被动句的分类,(ii)"被"的性质,(iii)被动句的语义特征,(iv)被动句与其他相关句式的关系,以及(v)被动句的二次扩展。

1. 被动句的分类

基于不同的目的,从不同的角度,学界对汉语被动句作了不同的区分,具体如下:

1.1 无标记被动句和有标记被动句

这一区分涉及汉语被动句的范围。汉语里哪些句子是被动句,哪些不是?学界存在分歧。看下面的例子:

(1)她被(让/叫/给)洪水冲走了。

(2)衣服洗完了。

(3) 这种产品很受消费者欢迎。

(4) 这辆车开起来很快。

例句（1）含有"被、让、叫、给"，是有标记的被动句。例句（2）没有任何表示被动的形式标记，但意义上显然是"衣服被洗完了"，宋玉柱（1991：33）称这类句子为"意义上的被动句"，也有人叫做"意念被动句"，也就是所谓的"受事主语句"。例句（3）含有经受义的动词"受"，类似的动词还有"遭（受）、挨、蒙受"等几个。有人把这类句子叫"被动动词句"。例句（4）属于汉语里典型的中动句（middle construction）。[2]

上述四类句子，除（1）类大家一致认为是被动句外，其余是不是被动句皆有争议。笔者认为，（4）类句子不应该归入被动句，中动结构有自己独特的句法语义特点，（何文忠 2005：9—14）"中动结构并非就是传统语法所说的意念被动句或受事主语句，将它们混同是一个错误的观念。"至于（2）类、（3）类句子应不应该划入被动句，只是标准从宽从严的问题。但是，也并非是个无所谓的问题。如果承认例句（2）是个无标记的被动句，那么相对于"衣服被洗完了"来说，将涉及到汉语被动句的一个重要问题，即"被"字的隐现问题：什么时候必须用"被"？什么时候不能用"被"？什么时候两可？

1.2 长被句和短被句

长被句是指紧接于"被"后的名词性成分出现的被动句。例如：

(5) 小尼姑被阿 Q 拧了一把。

短被句是指指紧接于"被"后的名词性成分不出现的被动句。例如：

(6) 小尼姑被拧了一把。

传统的分析法认为，"被"字句中的施事短语可以省略（吕叔湘等 1980），这等于承认短被句是长被句省略施事得来的，二者之间存在结构上的联系。生成语法学家区分长短被句，认为二者是通过不同的推导方式得到的，不承认二者之间存在结构上的联系。对此，石定栩（2008：111—117）提出了批评，认为至少部分短被句是省略了施事的长被句。

长短被句之间到底是否有结构上的联系？如果有联系，哪一个是基础的？哪一个派生的？这些问题仍然没有解决，值得进一步讨论。

笔者认为除了理论论证推导外，还应该结合汉语被动句的历时发展来分析。根据杨伯峻、何乐士（2001：685—686），汉语含有"被"字的被动句最初为萌芽于战国末期的"被+动"结构。例如：

（7）厚者被戮，薄者见疑。

（杨伯峻、何乐士 2001：685—686）由于助词"被"不能在动词前引进施动者，因此这种句式没有怎么发展就被淘汰了。代之而起的是起源于两晋时期的能够引进施动者的"被+宾+动"格式。这种格式的出现在汉语被动句发展史上具有重要的意义，（王力 1957：1—16）"因为它为现代汉语被动式奠定了基础；现代汉语的被动式绝大多数是带关系语的。"

对杨伯峻、何乐士的论述，我们有一个推论：如果杨伯峻、何乐士的观点正确，那么我们自然会得出结论：先有短被句，后有长被句。如果说二者之间存在结构上的联系，也应该是长被句是短被句添加施事得来的，而不是相反。还有一个质疑：无施事短语的被动式是最基本的被动式（Keenan & Dryer 2007）。但是，为什么最基本的"被+动"格式反而被"被+宾+动"格式所替代？难道仅仅是因为前者的助词"被"不能在动词前引进施动者？为什么说前者中的"被"是助词，后者中的"被"是介词？

1.3 直接被动句和间接被动句

汉语的被动句除了"NP$_1$+ 被（NP$_2$）+ VP"这种结构外，有时 VP 后面还会再带一个 NP，即"NP$_1$+ 被（NP$_2$）+ VP + NP$_3$"，形成所谓的"保留宾语被动句"。这种现象王力（1980：427，1989：281—282）就曾讨论过。例如：

（8）张三被（土匪）杀了。

（9）张三被（土匪）杀了父亲。

例句（8）是直接被动句，其中"张三"受直接影响；例句（9）是间接被动句，其中"张三"受间直接影响，"张三的父亲"受直接影响。

生成语法学家十分看重 1.2 和 1.3 两种区分。这是因为长短被句和直接间接被动句，涉及不同被动句的格局，关系到被动句的生成机制和推导方式，具有重要的理论意义。但是，笔者认为这种区分，当"保留宾语"为身体部位

名词时，未必讲得通。例如：

（10）孔乙己被丁家打断了一条腿。

在例句（10）中，说"腿"是直接受影响者这没问题，说孔乙己是间接受影响者，总有些不太那么理直气壮，因为"腿"是孔乙己的腿，没有孔乙己，哪来的孔乙己的腿？

间接被动，也许用于下列这类句子更为合适。例如：

（11）许多国家被美国建立了军事基地。

（12）他被后面的司机摁了一喇叭。

在例句（10）中，动词"建立"的宾语不是"许多国家"而是"军事基地"，和"许多国家"没有句法上、语义上的直接关系。"许多国家"所受的影响，是"美国建立了军事基地"这一事件导致的。例句（12）类此。

2."被"的性质

许慎（1963：172）指出："被，寝衣，长一身有半。"可见，"被"最初是个名词，指一种较短小的被子。后来由名词"被子"义引申为动词"覆盖、披"，再引申为"施加、施及"，再引申为"遭受、蒙受"的意义。当表"遭受、蒙受"义的"被"位于动词前，表示受事遭受某种事件，即可看作被动标记了。例如：

（13）厚者被戮，薄者见疑。

例句（13）中的"被"是个实义动词，表示"遭受、蒙受"，其后直接跟动词"戮"，这是古汉语中典型的被动句。

"被"从最初古汉语里的实词，经过语法化最终演变为现代汉语里的虚词，这是学界共识。然而，对于现代汉语里表被动的"被"的句法性质，看法不一，主要观点有三：即介词说、动词说和双重地位说。介词说是学界传统的主流看法，理由是"被"不具备动词的典型的语法特征："被"不能带表示体貌的动态助词，不能重叠，不能以"被不被"的形式充当问句的主要疑问成分等。介词说认为"被"的语法功能是引出施事。吕叔湘（1980：67）、中国社会科学院语言研究所词典编辑室（2005：61）、李珊（1994）等皆持该观点。

最早讨论"被"的词性的大概是洪心衡（1956：21—29），他认为应该把

"被"看作动词。高名凯（1957：200—211）、桥本万太郎（1987）、黄正德（Huang 2001）、邓思颖（2004，2008）也持动词说。冯胜利（1997：151—189）运用形式句法的管约理论十分严谨地论证了被的性质，结论是：就句法而言，"被"是个动词性的语素，其基本性质就是必须以一个子句为补述语。因此，"被"字结构可以分析为：

（14）s[NP₁ 被 [NP₂ V NP]]

但是，如果认为"被"是个动词性的成分，根据生成语法"约束 B 原则"（Binding Principle B），却又不能解释为何例句（15）合格，而（16）不合格：

（15）*张三ᵢ被打了他ᵢ。

（16）张三被炸掉了一条腿。

石定栩（2005:38—48）在考察证据真伪的基础上，对动词说做出辩证，权衡利弊得失，得出的结论是："被"并不像动词，更像介词，但又不能简单地归入介词。

第三种观点是"双重地位说"。这方面的论述可参见石定栩（1997、2005），石定栩、胡建华（2005）。该观点的主要内容是：汉语被动句的"被"有两个：即作为被动标记（动词）的"被₁"，和介词"被₂"。根据"双重地位说"，长被句例（17）的"被"为介词"被₂"，"被车"组成一个介词短语；短被句例（18）的"被"为被动标记"被₁"。这样，短被句便不存在所谓介词悬空（preposition stranding）的问题。

（17）张三被车撞伤了。

（18）张三被撞伤了。

理论上，长被句例（17）有两种推导方式：一是在短被句例（18）的基础上添加一个介词短语生成例（19）的结构，即：

（19）*张三被车被撞伤了。

但是例（19）不合格，原因是有两个同音的"被"同时出现。然而，根据"同音删略"（haplology）规则，便可删除其中一个"被"（即被动标记），从而得到合格的例（17）。如果介词和被动标记不同音，比如例（20）的介词"叫"和被

动标记"给"，它们则可以共现，无需删除其中之一。

（20）张三叫车给撞伤了。

二是把被动标记"被₁"分析为中心语选择动词短语为其补足语，先生成例（21）这样的短被句结构。例（17）中的 VP 可以受介词短语"被 NP"的修饰，从而形成例（22）这样的长被句（石定栩、胡建华 2005）。这样，例（22）会出现两个同音的"被"相连的情况，通过"同音删略"规则，其中一个会被删除，或者两个相连的"被"在音韵上合二为一，最终生成只有一个"被"的长被句。

（21）[Passive P 被 VP]

（22）[Passive P 被 [VP [PP 被 NP] VP]]

"双重地位说"解决了介词悬空问题，但同时又带来了其他问题。例如，根据"双重地位说"，理论上可以有例（23）这样的句子，但事实上不合格。

（23）*张三被在大家面前骂了一顿。

"双重地位说"所带来的问题还有不少，更详细的论述请参见邓思颖（2008）。需要一提的是，曹道根（2011：308—319）对"双重地位说"又有新的发展，他把"被₂"处理为可以例外授格的介词，即将它视为长被句中特有的小句标句成分（complementizer）。

关于"被"的性质，除上述三种观点外，还有其他观点。例如，吕叔湘（1982：38）认为"见、受、被""颇有点象一种表示被动性的副词或词头"，并且把被动式分析为如下结构："止词——（见、受、被）动词——（于）起词"。杨伯峻、何乐士（2001：685—686）认为在"被+动"结构，"被"是助词，在"被+宾+动"结构中是介词。丁声树等（1979：95-103）把"被"看作次动词。

学界关于"被"的性质的争论，反映了"被"的性质的复杂性。如果跳出共时平面的圈子，从历时的角度看，也许会更为客观，而且也大可不必争论不休。"被"从动词演变为介词，期间经历了一个语法化的过程，这是大家都同意的。Hopper & Traugott（1993/2003）提出了一个著名的语法化公式："A＞A/B（＞B）"。这个公式的意思是说：某个语言形式 A 演化出形式 B，经历 A 和 B 共存阶段，最后可能完全取代 A，也可能没有取代 A，而是 A 和 B 长期共存。根据这一公式，我们可以建立起"被"从动词到介词的演变公式："被

$_动$>被$_动$/被$_介$>被$_介$"。如果真像公式所言,"被"的性质并不难确定,无非三种情况,或者介词,或者动词,或者有时是介词有时是动词。但是生成语法学家绞尽脑汁的努力证明,事实并非那么简单,往往是按下葫芦浮起瓢,怎么也摆不平一个"被"字。其实这并非他们无能,而是语言的复杂性使然。Hopper & Traugott 的公式,只是为了研究的方便,把复杂的问题做简单化处理。实际上,语言演变绝非如此简单。某个语言形式 A 演化出形式 B,B 绝不是一个与 A 毫无联系的东西(或许我们应该用 A_1 好些),往往是 A 中有 B,B 中有 A,异同交织,藕断丝连。"被"字也正是如此:一方面,从"被$_动$"演变出来的"被$_介$"与原来的"被$_动$"既有同又有异;另一方面,和"被$_介$"并存阶段的"被$_动$"也不可能和最初的性质完全一样;再一方面,最终取代"被$_动$"的"被$_介$",与"被$_介$""被$_动$"并存阶段的"被$_介$"也不可能完全同质。我想这大概是造成学界对"被"的性质看法不一的根源。因此,也许我们把 Hopper & Traugott 公式"A>A/B(>B)"修正为"A>A_n/B_n(>B)"更为科学。

语法学家们,区分出不同性质的"被",这对于深刻认识其性质固然很有意义。但是,对于语言教学来说则没有多少意义。如果是为了对外汉语教学,我们不妨说只有一个"被",只不过这个"被"是多功能的。

3. 被动句的语义特征

吕叔湘(1965:205)指出使用"被"字句在语义方面是有种种限制的。"被"字句到底有哪些方面的语义限制,或者说"被"字句的语义特征有哪些?对此吕先生只是说"有些'把'字句改成'被'字句之后,多了一层不满、不以为然的意思",没有详细讨论。在吕先生之前,王力(1985:88)指出:"被动式所叙述,若对主语而言,是不如意或不企望的事,如受祸,受欺骗,受损害,或引起不利的结果等等。"这大概是对汉语被动句语义特征或者句式意义的最早概括。桥本万太郎(1987)的观点与王力基本相同。学界曾经有人对王力先生的这一观点提出质疑,理由是有些被动句所叙述的,对主语而言并非是不如意的。例如:

(24)彭德怀 1955 年被授予中华人民共和国元帅军衔。

(25) 元豹被从板凳解下来，松绑。

　　其实这类现象，王力（1980：433—434）早已注意到了："五四以后，汉语受西洋语法的影响，被动式的适用范围扩大了。不一定限于不幸或者不愉快的事情，但是一般只在书面语上出现。在口语中，被动式的基本作用仍旧是表示不幸或者不愉快的事情。"

　　在讨论汉语被动句语义特征的文献中，木村英树（1997）是十分重要的一篇。木村英树非常有说服力地论证了被动句的主语所担当的语义角色不等于"受事"，而是"受影响者"（affactee）。张伯江（2001）探讨了被字句和把字句在句式语义和句子结构方面的异同，认为被字句与普通"主动宾"句比较，其余语义特点是"强影响性"。他们的看法与王力先生的观点相比，概括力更强一些。然而与王力的观点并不矛盾，因为影响有积极和消极之分，显然王力所说的"不幸或者不愉快"也是一种影响，只不过是一种消极影响。李宗江（2004）从认知的角度，根据方言和其他语言的材料，并且通过统计数据得出结论：汉语被动句的语义特征是表示"有损""遭受义"，并且口语和书面语存在差别，这种语义特征在前者中的比例要比后者高得多。即使拿新进出现的"被自杀/就业"类被动格式来看，被动句的基本的意义还是表示遭受一种不愉快、不如意的事情（详细分析见下文"5.汉语被动句的二次扩展"）。所有这些，都证明王力的观点今天仍然是站得住的。后人提出的种种观点，无非是在王力"不幸或者不愉快"基础上的一些修修补补。

　　还有两点需要指出：一方面，（张敏2000）"汉语里含被动标记的被动句通常含不幸意味，这个特性不仅仅为汉语所独有，它也体现在东亚、南亚和东南亚包括汉藏语、台语、孟高棉语在内的多个语言里，是一项区域特征。"另一方面，确实有的语言被动式不存在语义上的这一限制，例如斯瓦西里语，（周换琴 1992）"斯语中表示主语与谓语动词是一种被动关系就可以用一般被动式句子，在语义上并没有愉快不愉快的限制。"

4. 被动句与相关句式的关系

　　被动句与相关句式的关系，这实在是个异常复杂的问题。先看下面一组

例句:

  (26) a. 衣服被我洗了   b. 我把衣服洗了
    c. 衣服被洗了   d. 衣服洗了
    e. 衣服我洗了   f. 这些衣服洗起来很容易。

(26) a和c分别是长被句和短被句；b是把字句，也是主动句；d是中性句[3]；e可以分析为话题句，也可以分析为主谓谓语句；f为中动句。仅从这一组例句就可以看出，"被"字句与相关句式的关系至少涉及以下几个方面：(i) 被动句与把字句/主动句，(ii) 有被句和无被句（如果承认汉语存在无标记被动句的话），(iii) 被动句与受事主语句，(iv) 长被句与短被句，以及 (v) 被动句与中动句等等。

  这些句式之间有哪些异同？它们同义转换的条件和范围是什么？为什么我们平时说话总是宁愿用中性句或把字句，一般不愿意采用被动句？

  这些问题对于对外汉语教学具有很大的应用价值，但是涉及被动句的句法、语义、语用甚至韵律多个层面，因而极其复杂。学界已经对这些问题做了一些探索和研究。傅雨贤（1986）专门讨论了被动句式和主动句式的变换问题，其中提到的两类不能转换为主动句的被动句值得注意：

  (27) 人就是可怜地被不可知的"风"支配着！

  (28) 有一个夏天，我被脚气病缠在家里。

宋玉柱（1991）对被动句与"把"字句的转换条件也有所论及。但是傅文和刘文的研究，都是从动词语义类的角度去描写"被"字句和"把"字句的句法语义特点以及二者之间的变换关系。事实上，单纯从动词的角度，有些事实很难说清楚。例如：

  (29) a. 标语擦了。 b. 标语被擦了。
  (30) a. 小王擦了。 b. *小王被擦了。

例句（29）和（30）的动词完全相同，但是前者 a 可以变换为 b，后者却不能。这种差异显然是由于作主语的名词"标语"和"小王"的不同语义特征造成的。王静和王洪君（1995）在刘月华等（1983：753—760）和王惠（1992）的基础上，以配价理论为主要框架，在《普通话三千常用词表》范围内，考

查了单个动词被字句、动结式被字句与无被句同义转换的条件。二王的研究不再囿于单纯从动词语义类的角度，而是从名词的语义特征与动词论元的语义特征潜能的匹配的角度研究被动句与其他句式的转换问题，解释了许多重要的语法现象和规律，解决了一些过去未能解决的问题。但是，她们没有考察双音节动词的情况。(张伯江 2001)"语法不是像搭积木游戏一样把组成成分简单变换一下位置就组成新的格局，语言表达看中构式（construction）远胜于看重构件（component）。"因此，要想更为深刻地认识"被"字句和"把"字句之间的关系，除了考察句式的构件之外，还要重视整个构式的性质。张伯江（2001）则运用功能认知语言学理论，深入细致地考察了"被"字句与"把"字句在句式语义和句子结构方面的异同。"被"字句和"把"字句跟普通"主动宾"句比较，都以强影响性和弱施动性为特点，"把/被句"都蕴涵强影响性，而且具有结构上的共性。张文重视对"把"字句、"被"字句整体句式语义特点的发掘，多有创见，把"被"字句和"把"字句这两种句式的研究向前推进了一大步。

关于被动句和相关句式的异同、同义转换的条件、范围等这些问题的研究，仍然局限于"被"字句和"把"字句。学界对"被"字句和其他相关句式的研究探索还比较薄弱，这方面的成果也相对较少，比如"被"字句和中动句。二者在句法、语义上有何异同？中动句到底是不是意念被动句？学界单独讨中动句的文献已有不少，但是跟被动句进行比较的则很少见到。

5. 汉语被动句的二次扩展

大家知道，汉语被动句在语义上曾经有个限制，即常用来表示不如意或者不愉快的事情。五四之后，由于受外语的影响，这一限制在一定程度上被打破，尤其是在书面语中。也就是说，表示如意的或者愉快的事情也能用被动句表达。这可以算作汉语被动句的**第一次扩展**。

2008年10月15日，"被自杀"在网络上出现，随后"被X"这类说法在网上大量流行，打破了汉语"被"字被动句使用的许多规则，主要情况有三：第一，X可以是不及物动词或者动宾结构，例如：被就业、被结婚、被离婚、被失踪、被增长、被跳楼等。第二，X可以是形容词，例如：被幸福、被富

裕、被和谐、被开心等。第三，X 还可以是名词，例如：被小康、被中产、被富豪、被奥数、被特长、被专家、被潜规则、被精神病等。我们把上述现象称之为汉语被动句的二次扩展。此外，有时甚至 X 本身就是个被动结构，例如"被采访"，（沈家煊 2010）实际上是"被（说成）被采访"，两个邻接的"被"字合为一个了。

这种现象出现后，不少人纷纷撰文，从社会、语言等不同的角度予以讨论。彭咏梅、甘于恩（2010）认为这种"被"字结构的准确含义是："在不知情或非自愿、不真实的情况下，非自主地遭遇某种境况。"黄正德（2011）运用生成语法理论，联系古代汉语里意动（mental causative）等词类活用现象，剖析了这种现象复杂的生成方式和推导过程，并且认为这种新兴的结构是先前意动用法的重现，不过不是综合性的，而是分析性的表达方式。

上述二位的分析，对笔者很有启发，但是我并不同意他们的看法。笔者认为这种新兴的"被"字结构生成的语用动因是经济性原则，生成机制是语义综合，其生成方式可以表示如下：

a.实际情况不是 X + b.人家强说是 X → c.被[强说成]X → d.被 X

在上述生成过程中，最为关键的是"强说"，这是"被 X"生成的语义基础。因为事实明明不是 X，可是人家（例如法院、公安局、媒体等官方机构）为了某种目的偏偏强说成是 X，这是一种公然的欺骗，对于当事人来说，显然是一种"不愉快的甚至不幸的遭遇"，汉语里包装这种语义的最合适的结构模子当然是"被"字结构。因此，a 和 b 两部分语义综合起来便产生出 c"被强说成 X"。由于"被"本来就具有"被迫"的意思，c 可以进一步通过语义综合达到最简形式"被 X"。

跟原来相比，这种新兴的被动格式，有同有异。相同点是所表达的基本含义与原来并没有多少不同，仍然是表示"遭受"义，更为具体准确的含义应该是："明明不是 X 却被人家强说成是 X"。不同之处有三：首先，"被 X"的 X 的范围扩大了，X 不仅可以是及物动词、不及物动词、形容词，甚至可以是名词、数词。其次，不管 X 是褒义、中性还是贬义，整个格式表达的意义一律为"不情愿、不愉快的事"。第三，这种新兴的被动格式在语义上具有高度

的综合性，而不是分析性。

6. 余论

　　本文主要论述了汉语被动句研究的五个方面：(i)被动句的分类，(ii)"被"的性质，(iii)被动句的语义特征，(iv)被动句与其他相关句式的关系，以及(v)被动句的二次扩展。还有不少方面没来得及讨论，比如：汉语被动句的标记为何庞杂多样？"被"等被动标记语法化的机制是什么？汉语被动句的断代研究和专书研究问题，被动句中状语的位置以及语义指向问题，上古汉语的被动式有无形态变化问题等等。4)

　　如果从《马氏文通》的问世算起，汉语被动句的研究已经走过了110多年。经过几代学人的努力，已经取得了丰硕的研究成果。同时也应该看到，过去的研究主要局限于现代汉语书面语，对古代汉语、方言、民族语言、外语以及口语里的被动式关注还很不够。目前我们观察到的有关汉语被动句的一些现象和规律，也许只是冰山一角，还有很多深层次的问题还没有弄清楚。要想把汉语被动句的研究推向深入，今后必须加强历时的研究，尤其是跨语言的对比研究。

附注

1) 汉语被动句，也有人称之为被动式（passive construction）或"被"字句。严格地讲，三者并不完全等同。"被动句"的概念最为宽泛，有时可能包括无标记的被动句。"被动式"不一定是被动句，可能是一个主动句的内嵌成分，例如：被狗咬了一口的那个女孩去医院了。虽然这个句子含有被动式"让狗咬了一口"，但是整个句子是主动句。"被"字句范围最窄，因为它只包括用"被"表示被动的被动句，不包括用"叫、让、给"表示被动的句子以及所谓的无标记被动句。为称说方便，本文未作严格区分。

2) 学界认为，在主动句和被动句之间还存在中动句。中动句通常是非事件性的，主要作用是说明主语的某种内在属性，例如英语的"This kind of book sells well."汉语的"桃源石很硬，磨起来很不容易。"详见Ackema P. & Schoorlemmer, M.（1994）、Stroik（1995）、宋国明（1997：273—282）、戴曼纯（2001）和曹宏（2004）等。

3) 吕叔湘（1965）把既不用"把"也不用"被"的句子叫做中性句。
4) 《公羊传·庄公二十八年》："春秋伐者为客，伐者为主。"后面的注解说："伐人者为客，长言之；见伐者为主，短言之；皆齐人语。"对此，《马氏文通》说："是齐人以'伐'字之声短声长，以为外动受动之别。"果真如此，显然上古汉语至少在齐地的被动式是有形态变化的。

参考文献

曹宏（2004）论中动句的句法构造特点，《世界汉语教学》第 3 期，38—48 页。
曹道根（2009）汉语被动句的事件结构及其形态句法实现，《现代外语》第 1 期，1—12 页。
曹道根（2011）"被"的双重句法地位和被字句的生成，《当代语言学》第 1 期，73—81 页。
戴曼纯（2001）中动结构的句法特征，《外语学刊》第 2 期，31—36 页。
邓思颖（2004）作格化和汉语被动句，《中国语文》第 4 期，291—301 页。
邓思颖（2008）汉语被动句句法分析的重新思考，《当代语言学》第 4 期，308—319 页。
丁声树（1979）《现代汉语语法讲话》，北京：商务印书馆。
冯胜利（1997）《汉语的韵律、词法和句法》，北京：北京大学出版社。
傅雨贤（1986）被动句式与主动句式的变换问题，《汉语学习》第 2 期，1—7 页。
高名凯（1957）《汉语语法论》（修订本），北京：科学出版社。
何文忠（2005）中动结构的界定，《外语教学》第 4 期，9—14 页。
洪心衡（1956）《汉语语法问题研究》，上海：新知识出版社。
胡建华、张卫东（2010）论语态与思维方式的关系，《外语学刊》第 3 期，89—92 页。
蒋绍愚（2009）近代汉语的几种被动式，《陕西师范大学学学报》（哲学社会科学版）第 6 期，87—92 页。
李红梅（2004）《最简探索：框架》下对 "被"字结构的再探索，《现代外语》第 2 期，173—178 页。
李临定（1986）《现代汉语句型》，北京：商务印书馆。
李珊（1994）《现代汉语被字句研究》，北京：北京大学出版社。
李宗江（2004）汉语被动句的语义特征及其认知解释，《解放军外国语学院学报》第 6 期，7—11 页。
刘月华（1983）《实用现代汉语语法》，北京：商务印书馆。Pp. 753—761 页。
陆俭明（2004）有关被动句的几个问题，《汉语学报》第 2 期，9—14 页。
吕叔湘（1965）被字句、把字句动词带宾语，《中国语文》第 4 期。
吕叔湘（1982）《中国文法要略》，北京：商务印书馆。

吕叔湘、朱德熙（1979）《语法修辞讲话》，北京：中国青年出版社。85—90 页。

吕叔湘等（1980）《现代汉语八百词》，北京：商务印书馆。

马建忠（1983）《马氏文通》，北京：商务印书馆。

木村英树(1997)汉语被动句的语义特征及其结构上之反映,Cahiers de linguistique‐Asie orientale, vol. 26 n° 1, 1997. pp. 21-35。

彭咏梅、甘于恩（2010）"被 V 双"：一种新兴的被动格式，《中国语文》第 1 期，57—58 页。

桥本万太郎（1987）汉语被动式的区域发展，《中国语文》第 1 期。

沈家煊（2002）如何处置"处置式"，《中国语文》第 5 期，388—91 页。

沈家煊（2010）世说新语三则评说——被自杀・细小工作・有好酒，《当代修辞学》第 4 期，93—95 页。

石定栩（2005）"被"字句的归属，《汉语学报》第 1 期，38—48 页。

石定栩、胡建华（2005）"被"的句法地位，《当代语言学》第 3 期，213—24 页。

石定栩（2008）长短"被"字句之争，《青海民族学院学报》(社会科学版) 第 3 期，111—117 页。

石定栩（1999）"把"字句和"被"字句研究，徐烈炯主编《共性与个性：汉语语言学中的争议》，北京：北京语言文化大学出版社。111—38 页。

宋国明（1997）《句法理论概要》，北京：中国社会科学出版社。

宋玉柱（1991）《现代汉语特殊句式》，太原：山西教育出版社。33—57 页。

王灿龙（1998）无标记被动句和动词的类，《汉语学习》第 5 期，15—19 页。

王惠（1992）从及物性系统看现代汉语的句式，《语言学论丛》第十九辑，北京：北京大学出版社。193—252 页。

王静、王洪君（1995）动词的配价与被字句，沈阳、郑定欧主编《现代汉语配价语法研究》，北京：北京大学出版社，90—118 页。

王力（1955/1985）《中国现代语法》，北京：商务印书馆。

王力（1957）汉语被动式的发展，《语言学论丛》，第一辑，上海：新知识出版社。1—16 页。

王力（1980）《汉语史稿》，北京：中华书局。

王力（1989）《汉语语法史》，北京：商务印书馆。281—282 页。

吴庚堂（1999）"被"的特征与转换，《当代语言学》第 4 期，25—37 页。

吴庚堂（2000）汉语被动式和动词被动化，《当代语言学》第 4 期，25—37 页。

熊仲儒（2003）汉语被动句句法结构分析，《当代语言学》第 3 期，206—221 页。

徐杰（1999）两种保留宾语句式及相关句法理论问题，《当代语言学》第 1 期，16—29 页。

徐杰（2001）《普遍语法原则与汉语语法现象》，北京：北京大学出版社。

许 慎（1963）《说文解字》，北京：中华书局。

杨伯峻、何乐士（2001）《古汉语语法及其发展》（下），北京：语文出版社。

袁毓林、徐烈炯（2004）再论处置性代词句，《中国语言学论丛》第3辑。北京：北京语言文化大学。46—62页。

张伯江（2001）被字句和把字句的对称与不对称，《中国语文》第6期，519—24页。

张伯江（2009）《从施受关系到句式语义》，北京：商务印书馆。

张敏（2000）语法化的类型学及认知语言学考量，温州：中国第9届近代汉语学术研讨会。

中国社会科学院语言研究所词典编辑室（2005）《现代汉语词典》（第5版），北京：商务印书馆。

朱德熙（1982）《语法讲义》，北京：商务印书馆。

Ackema P. and Schoorlemmer, M (1994) The middle construction and syntax-semantics interface. Lingua, (93), 59-90.

Ackema, P. & M. Schoorlemmer (1995) Middles and nonmovement. Linguistic Inquiry 26: 173- 197.

Fagan, S. M. B. (1988) The English middle. Linguistic Inquiry 19: 181- 203.

Hole, D. (2006) Extra argumentality: Affectees, landmarks, and voice. Linguistics 44, 2: 383−424.

Hopper, P.J. & E.C. Traugott (1993/2003) Grammaticalization. Cambridge: Cambridge University Press.

Hu, Jianhua (胡建华) and Pan Haihua (潘海华) (2009) Decomposing the aboutness condition for Chinese topic constructions. The Linguistic Review 26, 2−3:371−84.

Huang, C-T. J. (黄正德) (1989) Pro-drop in Chinese: A generalized control theory. In O. Jaeggli and K. Safir, eds., The Null Subject Parameter. Dordrecht: Kluwer. Pp. 185−214.

Huang, C-T. J. (2001) Chinese passives in comparative perspective. Tsing Hua Journal of Chinese Studies, 29 (1), 423−509.

Huang, C-T. J. (2011) On bei xiao-kang(小康) and the putative birth of a new syntactic construction. Programme of the 19th Annual Conference of IACL, PP.19.

Huang, C-T. J., Li, Y-H. A. & Li Yafei (2009) The Syntax of Chinese, Cambridge: Cambidge University Press. Pp. 112-152.

Keenan, Edward L. & Dryer, Matthew S. (2007) Passive in the world's languages.

In Shopen, T. ed.　Language typology and syntactic description. Cambridge: Cambridge University Press. pp.325–361.

Li, Yen-hui Audrey(李艳惠)（1990）Order and Constituency in Mandarin Chinese. Dordrecht: Kluwer Acdemic Publishers.

Pan, Haihua and Hu Jianhua（2008）A semantic-pragmatic interface account of (dangling) topics in Mandarin Chinese.　Journal of Pragmatics 40: 1966−81.

Shi, Dingshu（石定栩）（1997）Issues on Chinese passives.　Journal of Chinese Linguistics 25: 41−70.

Stroik, T.（1992）Middles and movement. Linguistic Inquiry 23: 127-137.

Stroik, T.（1995）On middle formation: A reply to Zribi-Hertz. Linguistic Inquiry 26: 165-171.

Xu, Liejiong（徐烈炯）（1999）A special use of the third-person singular pronoun. Cahiers de Linguistque AsieOrientale 28, 1: 3−22.

中国語の"被留学"について
On the *"bei liuxue"* in Chinese

王　学群
WANG Xuequn

提要 本文以最近几年流行的"被…"结构为考察对象,就其结构上的特点、用法以及语用特征等进行了考察。目前来看,结构上"被"近似接头词,主要附在双字的动词或名词或形容词上,动词的例子较多,名词、形容词的例子较少。从用法上来看,此结构可以表示四种意义。在语用上,均为主体非自愿、非知情,时常带有说话人或作者的讽刺或不满等语气。但该结构还处于初期发展阶段,有待今后的发展情况而进一步考察。

キーワード:"被…"構造　意味用法　非意志性　非真実性　風刺性

目次
1. はじめに
2. 構成上の特徴
3. 意味用法
4. 語用的な含み
5. 再検討
6. おわりに

1. はじめに

　数年前から受身の形態"被"を非構文的な場合に用いる用法がよくネットや新聞に現れるようになった。ネット上において 2007 年に起きたある

事件がきっかけとなり[1]、この新しい"被…"構造が盛んに使われるようになったと言われている。それ以来、ネット上から一般的な市民へ、そして一般的な新聞へ、さらに人民日報へと広がりを見せている。

　先行研究として、筆者の調査範囲内では、王灿龙(2009a. pp65-66)〈"被"字的另类用法－从"被自杀"谈起〉《语文建设》第 4 期と王灿龙(2009b. pp57-58)〈"被就业"并等于"被迫假就业"〉《语文建设》第 10 期と彭咏梅/甘于恩(2010. pp57-58)〈"被ₓ"：一种新兴的被动格式〉《中国语文》总第 334 期が挙げられる。

　王灿龙(2009a・b)は、主に"被自杀"と"被就业"の背景や意味について述べ、彭咏梅/甘于恩(2010)は、"被ₓ"構造、今までの受身との違い、語用的な色彩などについて、ある程度考察している。しかし、2 ページという枚数で、ほとんどがその事実を指摘しているだけであり、十分な考察とは言えない。本稿では、この新しい"被…"構造の構成上の特徴、意味用法、語用的な含みなどを中心に、いくつかの側面から検討する。

2. 構成上の特徴

　上述したように、2007 年に起きたある事件をきっかけに、この新しい"被…"構造が盛んに使われるようになったと言われているが、最初に出た"被…"構造は"被自杀"であると言われている。特徴として、"被…"構造は、

"被自杀、被代表、被就业、被自愿、被捐款、被失踪、被留学、被开心、被小康、被幸福"

などのように、基本的に、"被"＋二文字の動詞と少量の名詞・形容詞からなる[2]。そして、同構造の動詞は他動詞もあるが、自動詞が圧倒的に多い。この点において、一般に他動詞と共起する受身文の場合とは、明らかに異なる。

　(1) 今天去人事局报到, 要网上填写一些东西, 费了很多劲, 发现不能填写, 最后, 发现, 我<u>被就业</u>了。莫名其妙, 什么都不知道, 我就业了, 而且, 薪金是

1000.（www.tianya.cn/2009-07-31）

(2) 报告预测了未来十年最具潜力的城市，一线城市中，北京、上海、天津、重庆成为最被专家们看好的城市。（http://house.people.com.cn/2010.4.27）

(3) 网友A:又被专家了！！！！专家说：轻轨噪音可通过消音屏障解决，你们信吗?????
网友B:又被所谓"专家"忽悠了。大家坚决反对。（http://webcache.googleusercontent. com/2010.5.19）(王:楼房建在轻轨旁边)

(4) 今天看到两条新闻，国家统计局认为2020年国家完全可以实现小康社会，国家住建部官员说再过十年中国将有三分之二的家庭住进新房。心里真是振奋，十年后，我也要被小康了。（中华杂志网 2009-11-02）

(5) 新华社《瞭望东方周刊》等主办的"2009年度中国最具幸福感城市"26日在西安揭晓，杭州、成都、宁波、西安、昆明、长沙、南京、银川、南昌和长春等十大城市入选。（12月27日新华网）我们被增长过、被就业过、被自愿过、被代表过，现在又要被幸福了。（525ww.cn/2009.12.8）

(6) 备受大家关注的枣园刘村城中村改造工作正式启动了，借此之际，灞桥区委、区政府向长期以来关心城市建设和城市发展的广大人民群众表示亲切的慰问和良好的祝愿！向所有理解和支持拆迁工作的被拆迁人致以崇高的敬意！（中共西安市灞桥区委 西安市灞桥区人民政府2010年4月22日）（他動詞・本来の用法）

(7) 前天下午5时，在一德路372号经营香料果皮店铺的蔺先生夫妇声称遭遇了"被拆迁"，自己在"红线"以外的房子屋顶被紧挨着地铁拆迁工地的勾机钩坏了。而在事故现场附近的越秀区地铁拆迁办公室一德路站，一名工作人员称这个事情"无可奉告"。（http://news.dichan.sina.com.cn2010-4-14）

例(1)の"被就业"は、"被"と自動詞の"就业"との組み合わせであり、例(2)の"被专家"の中の"专家"は動作主としての用法であり、例(3)の

"被专家"は、"被"と名詞の"专家"との"被…"構造の用法である。例(4)の"被小康"は"被"と名詞/形容詞(?)[3]の"小康"との場合であり、例(5)の"被幸福"は"被"と形容詞の"幸福"との場合である。例(6)(7)の場合、"拆迁房子""拆迁了一大片儿房子"などを考えると、他動詞と考えられる。例(7)の"被拆迁"は"被…"構造の用法になる。整理してみると、例(2)(6)は本来の用法であり、その他は本稿の考察対象である。

以上の例文から見れば、"被…"構造は、何も挿入できない緊密性の高い組み合わせである。言い換えれば、"被…"構造は1つの受動的な動詞として使われており、"被"がその受動的な動詞の内部の一部分になっているのである。この意味では、本構造は語構成というレベルにとどまっていると考えられる。

3. 意味用法

周知のように、"被…"構造は多様な場面で使われているが、いったい幾つの意味用法があるかについては、まだ解決されていない。"被自杀"を例にして検討すると、下記に挙げる四つの意味が考えられる。

 a. 何かの圧力で自殺する。　　　　　　　（受害者死亡。不得已自杀。）
 b. 他殺の可能性が高いが、自殺とされる。　（受害者死亡。蒙受。）
 c. 元気でいるのに自殺したとされる。　　　（受害者活着。蒙受。）
 d. 抹消される。（比喩的な"被枪毙"に近い）（比喩。从…消失。）

たとえば、以下の例はそれに当たるであろう。

（8）众所周知，随着中央反腐力度的加大，腐败分子的落马也呈不断上升的趋势，而没有被反出来的仍在位上的隐形的腐败官员，心理就会承受着巨大的压力，就会终日不安，严重的还会"自杀"。去年，因承受不了压力而自杀的官员就多达16起。进入2010年后，在短短个把月的时间里，官员"自杀"的消息在媒体上也频频曝光。当然，这些官员是"自杀"还是"被自杀"，笔者无法考证，只能依报道而论。（http://opinion.people.com.cn/

2010 年 2 月 21 日)(a)

(9) 小余最后表示,家属看到余学亮尸体上的多处伤痕后,就强烈怀疑他不是自杀,而是"被自杀"。(http://society.people.com.cn/2009 年 09 月 01 日来源:《广州日报》)(b)

(10) 杨丞琳"被自杀"三年了!(c)
编辑用各大搜索引擎检索了下,发现关于"杨丞琳凌晨跳楼自杀""杨丞琳自杀"的传闻在 2007 年便有了,从搜索引擎的检索出的静态页来看,最早的一篇出现在 2007 年 4 月 23 日。看来,杨丞琳是"被自杀"了,而且已经"被自杀"了三年!

此后在 2009 年,又相继冒出一些关于杨丞琳跳楼自杀的传闻,看来杨丞琳不仅是"被自杀",而且还是"被连环自杀"!编辑看到在一些网站上关于杨丞琳自杀的报道,有些更配了一些所谓的"杨丞琳跳楼血迹斑斑现场图",有些网友看了报道留言表示伤心,有些网友则表示怀疑。不想却是假新闻,看来如此假消息的不实报道真是害人不浅!(http://www.ifensi.com 2010-05-07)(c)

(11) 白岩松网上"被自杀",回应称"生活还那样"。
(http://ent.qq.com/2009.10.29)(c)

(12) 强市论坛的帖子又被自杀了。(九江论坛 2008.7.11)(d)

(13) 大学毕业生就业形势日益严峻,在统计就业率的背景下,部分高校的毕业生"被就业$_1$",即学校要求没就业的毕业生自己随便找个章盖在协议书上证明自己就业;而现在网帖曝光称也出现了个别"被瞒着就业"的情况,毕业生自己不知情就已经就业了。(a 不得已假就业)

"被就业$_2$。"不是个别现象
网友"别怕"说自己曾被学校安排去参观一个电池公司,随即就被"就职于"该公司了。网友"顺时针"也反映,"临近毕业前几天,学校通知没有签的就业协议收上来,等离校前再发给我时,就业协议已经签了,我已经光荣就业了!"(b 不知情假就业)

"被就业₃"猫腻由来已久部分高校采取措施保证就业率早已不是新闻，早在 2006 年安徽省教育厅就曾公开批评"<u>一些高校采取扣押毕业证等方式，要求没就业的学生提供就业协议书，结果逼得学生造假，甚至跑到学校附近的小店盖个章冒充接收单位。</u>"而高校因为毕业生未能完成就业指标而扣押毕业证的新闻也时有发生。(a 不得已假就业)（凤凰网 2010.5.17）

例(8)では、圧力によってやむを得ず自殺したと考えられる。例(9)(10)(11)では、本人が自殺していないのに誤報道で自殺したとされている。例(12)ではアップロードした"帖子"が消えたことを表している。例(13)はやや長い漫画混じりの文章である。下線部からわかるように、同じ"被就业"でも例(13)の[1]と[3]は「a」用法で、また[2]は「b」用法である。また、用例から見れば、「a」「b」「c」の用例が多くみられるが、「d」の用例は少ないようである。なお、漫画に描かれた言葉は、左から順でみていくと、"恭喜你被录用、就业协议书、课本、盖一下，这个才给你、毕业征、某×大学、就业协议"などである。

4. 語用的な含み

本稿で検討する"被…"構造は、2007 年に起きたある事件をきっかけに盛んに使われ始めるようになった新しい用法であるが、1 つの表現としてまだ安定していない面もある。それでは、最初に生まれた"被自杀(2008)"か

ら見ていこう。

(14) 2008年3月13日凌晨4时55分，阜阳市颍泉区豪华办公楼"白宫"举报人李国福在安徽省第一监狱医院死亡。(2008年04月22日来源：中国青年报)

(15) 新世纪的头十年快要过去了，各种各样的"被"层出不穷，有些令人颇为惊诧，甚至匪夷所思："被代表"，"被和谐"，"被就业"……已然不足为奇。至2008年3月，<u>多次举报阜阳市颍泉区豪华办公楼"白宫"的李国福在安徽省第一监狱的"被自杀"，使"被"系列的惊人程度达到极致</u>。(http://theory.people.com.cn/2010年1月29日)

(16) 我们把发生过这些事情的地方叫"悲伤之地"，或者叫"诅咒之地"，都尽量绕开那些地方行进。后来不需要了，因为标志了这些<u>被自杀</u>袭击的地点已经遍布了整个巴格达地图。
(http://military.people.com.cn/ 2005年11月2日)(本来の用法)

　例(15)(16)から分かるように、"被自杀"が生まれた背景として、一般市民、特に"网民"の警察などへの不信感があると言えよう。従って、あることに対して、否定的な考え(・疑念・懐疑)などを"被…"構造によって表そうとしているのではないかと思われる。たとえば

　"被增长"

　この言い方から、実際"没有增长、虚假的"という否定的な含意が考えられる。

　"被下岗"

　この言い方から"并非自己愿意下岗或不得已"という、本人の希望と異なることが考えられる。

　"被幸福"

　この言い方から、他人から見ては幸福であるが、当事者から見ては"不幸福或不是自己所期待的幸福"ということになる。

"被和谐"

この言い方には、"不和谐或并非自己所想要的"という意味合いが込められる。

本構造では、知らないうちに「された」とか、自分が希望していないのに「された」ということなので、当事者が被害を被ったと強く感じるのであろう。従って、本構造は話し手(書き手)の気持ちを代弁していると思われる。このような気持ち(モーダルな意味)については、次の例(17)(18)から読み取れる。特に下線部と波線部とに、その気持ち(モーダルな意味)が示されている。

(17) 如今某些新闻网络跟帖里，以极高频率出现的"被自杀"一词，就<u>充分体现了中国网民利用博大精深的汉语言调侃当前法治现状的"智慧"</u>。(大洋新闻 2008-06-26 信息时报)

(18) 可能没有几个人在现实中没有遭遇过不幸的"被"。<u>捐款不是出于自己的意愿，而是领导强制将部分工资扣下来作为捐款，这是"被捐款"。没有授权某个人代表自己去行使某种权利，那个人却理直气壮地宣称代表自己，这是"被代表"。自己的生活根本不幸福，却被统计数字描述为"平均幸福指数很高"，这是"被统计"；根本不想违法行贿，却被现实逼着去以行贿寻求不输在起跑线上，这是"被腐败"</u>……以"被"字为前缀的词组，它实质上描述的是一种"受人摆布"的不自由状态，一种弱势的权利受强势的权力任意玩弄的被动状态。(2009年07月30日 中国青年报)

そのように見てくれば、"被"がある場合とない場合では、たとえば"我<u>被</u>就业了。"と"我<u>就业</u>了。"のように、受動的な性格と能動的な性格との違いがあることは明らかである。そして、"被…"という受動構造によって例(17)(18)のような話し手（書き手）の気持ちが表されていると考えられる。

5. 再検討

次の例(19)は、[""被××"文化正在流行]というテーマで書かれた文章である。この文章は"大洋新闻、2009-08-07、信息时报"からである。

(19) "被增长"，继"被就业"之后横空出世，源于国家统计局 7 月 29 日公布的数据。国家统计局当日发布统计数据表明：上半年全国城镇单位在岗职工平均税前工资为 14638 元，比上年同期增长 12.9%。但央行调查统计司 7 月 28 日公布的城镇储户问卷调查却显示，今年二季度城镇居民当期收入感受指数为-8.6%，比一季度大幅下降 20 个百分点，是 1999 年开展调查以来的最低水平。央行的调查显示，伴随着"收入感"的明显下降，居民对未来收入预期也不乐观，消费意愿下降，储蓄和投资意愿增强。

两个统计迥异的数据一出，立即引起网民议论，不少人对国家统计局的工资统计数据提出质疑，直称自己的工资<u>"被增长"</u>了。国家统计局陷入争议旋涡。

大学生"被就业"、非正常死亡者"被自杀"、捐款人"被自愿"、老百姓"被统计"、居民收入"被平均"……近来，"被××"文化在网络流行，<u>网民感慨自己被悄无声息地与多数人捆绑在一起，营造着虚假繁荣</u>。

笔者昨日上网浏览了一下，发现国家统计局本轮的郑重回应，并未完全消除网民的疑虑。

针对国家统计局人口就业司司长冯乃林特别强调的"教师平均工资增速快于企业"之说，新华网友"枫的遐想"称，"本人是来自江苏徐州的一名普通教师，我们的工资直到现在也没见增长一分钱，真不知这位马局长所指的教师工资增长是来自何方！"

(20) 实际上，现代社会需要的不仅仅是同情，更要有理性。用一种情绪化的语言伤害的可能是一个群体。还有，"被增长"、"被平均"、"被代表"、"被捐款"等 "被"字头词语也被发明，并迅速流行。<u>这</u>

些无一不说明：生造和使用这些扎眼的词汇，除了达到一些耸人听闻的效果，发泄个人对时代和社会现象的不满之外，不仅不利于推动问题的解决，而且还在无形中伤害着一部分人、一部分群体的敏感的心。(http://fashion.people.com.cn/ 2010 年 04 月 19 日 14:11　来源：《浙江日报》)

例(19)(20)から、この"被…"構造の使用については、異なる意見があることが分かる。例(20)の考え方は分からないことではないが、やはり何と言っても"被…"構造の使用によって、社会の中に存在する暗い一面を暴きたい、またはからかいたいという話し手(書き手)の心的な態度が伺える[4]。そういうことがあるからこそ、それなりの市民権が得られていると言えよう。

6. おわりに

以上、"被…"構造について述べてきたが、この構造は基本的に1つの受動的な動詞で、本構造の"被"は接頭辞的である。その構造が用いられる文には、"虚假、不真实"、"不得已"、"非愿意"、"非所希望"、"不知情"などの含みが存在する。それによって、「からかう」、「不満」、「憂慮」などの表現効果が読み取れる。

本稿のテーマの"被留学"について、＜走出"被留学"的尴尬＞(人民日報海外版 2009.9.25)という文章の中で、次のように述べている。

　　　有一些学生既不知道自己为什么要出国，也对海外学习生活完全没有做好准备，就"不明不白"地出了国。如此被动地留学选择也被一些留学生自嘲为"被留学"。
　　　留学专家认为"被留学"主要指以下几种情况：因为就业压力，盲目出国留学躲避；因为父母要求，不情愿地出国留学；自愿留学，但不了解自己，随便找个所谓热门专业就读。

こうして見れば、"被…"構造は時代の発展の過程の中で生まれた、人々の様々な暗い社会現象に対しての批判的な気持ちを代言する新しい表現の中の一つであろう。

　2010年に、「CCTV大富」では、テレビドラマ≪老大的幸福≫が放映された。五人兄弟であるが、老大だけは東北の故郷に残され、あとの四人は北京で生活している。それで、老大を北京に呼んで幸せな暮らしをしてもらいたいと、老二、老三、老四、老五は考える。しかし、弟や妹の手によって設計された幸せは、果たして老大が求めている幸せなのだろうか。もしかすると"被幸福"ではないかと疑われる。ドラマはまさにこの線に沿って展開していく。

　やや余計な話であるが、日本語には"被…"構造がないものの、日本でもそれに近い出来事が沢山あると思われる。たとえば、時事通信社の世論調査(2010.5.14)では、民主党支持率19.1％。これは全国の成人男女2000人を対象に個別面接方式で実施し、回収率は68.8％(1376人)だった。しかし、各テレビ局の司会者(キャスター)たちは、これを使って国民全体から支持を得ていないとすり替える。勿論筆者は民主党支持者ではないが、中国ではこのようなことをよく"被…"構造で表現し、その特別な表現効果を書き手が出そうとしている。

　上記では、日本語には"被…"構造がないと言ったが、中国語のような語用的な含みのある使い方がない、ということである。決してそういう構造的な使い方がないわけではない。たとえば、

　　被爆者　被選挙者　被選挙人　被扶養者　被保険者　被相続人　被告人　被補助人

　ただし、前述したように、これらには"被…"構造のような語用的な含みがない。また、日本語と同様、中国語にもこのような使い方もある。

注

1) その事件は最終的に次のような結果となった。

　　阜阳市颍泉区区委原书记张治安受贿、报复陷害和颍泉区人民检察院原检察长汪成报复陷害案，芜湖市中级人民法院于 2 月 8 日做出一审判决，认定张治安犯受贿罪，判处死刑，缓期二年执行，剥夺政治权利终身，并处没收个人全部财产；犯报复陷害罪，判处有期徒刑七年，两罪并罚，决定执行死刑，缓期二年执行，剥夺政治权利终身，并处没收个人全部财产。汪成犯报复陷害罪，判处有期徒刑六年。一审宣判后，张治安、汪成均提出上诉。

　　省高级人民法院依法审理后，于 3 月 31 日下午进行了公开宣判。省高级人民法院认为，一审判决认定的事实清楚，证据确实、充分，定罪准确，量刑适当，审判程序合法，故终审裁定驳回张治安、汪成的上诉，维持原判。被告人亲属、被害人及其亲属、多家媒体记者及群众等 50 余人到庭旁听了宣判。

2) "被"＋二音節単語という構造的な特徴について、彭咏梅/甘于恩(2010)にも同様な指摘がある。

3) "小康"は名詞としても形容詞としても使われる。たとえば、次の例である。"全面建设<u>小康</u>社会、<u>小康</u>水平、<u>小康</u>人家；同时步入小康、走上总体小康、实现了小康。"下線部の"小康"は形容詞で、波線部の"小康"は名詞と考えられる。

4) 2010 年 3 月 5 日の《重庆日报》に掲載された次の文章をぜひお読みになっていただきたい。特に下線部の中国全国政治協商委員会委員、西南大学文学院院長劉明華の考えに留意していただきたい。

　　　　"被时代"成为流行语　委员呼吁增强政府公信力
(http://2010lianghui.people.com.cn/ 2010 年 03 月 05 日来源：《重庆日报》)

　　应届大学毕业生明明还未找到工作，却发现校方档案显示自己已经和一家从未听说过的公司签了聘用合约，为大学生就业率作出贡献，是为"被就业"；在经济不景气、日子难过的情况下，很多人还在为"保薪"奋斗，统计数据却显示居民人均收入大幅增长，是为"被增长"……

　　"被增长"、"被就业"、"被自愿"……随着"被字句"开始红遍网络，有人惊呼中国即将走进"被时代"。昨日，全国政协委员、西南大学文学院院长刘明华称，这种说法荒诞但值得思考，"'被时代'传播的是信任危机，如果不及时进行整治，将对政府公信力造成严重损害。"

　　现状

"被时代"成为流行语

"'被'的现象存在于很多地方。"刘明华告诉记者,例如在许多高校有一个"潜规则",毕业生如果不将就业协议书交到学校,学生很有可能拿不到毕业证。为了拿到毕业证,有的学生到企业实习一两天,便拿着就业协议请企业签字盖章,弄得企业老板一头雾水。有的干脆造假,做一个假就业协议书。于是,学生就这样"被就业"了。

刘明华透露,铜梁县有学生家长反映,孩子读小学要交 9000 元"慰问金"。铜梁县教育局局长接受采访时称,此费系家长"自愿"缴纳,这是"被自愿"。最让人担忧的还是那句"被和谐",比如人们下班,顺手在马路集市的摊贩那里买点便宜东西,某一天为创建文明街道,摊贩一下子都不见了,人们就会说"被和谐"了。

刘明华认为,随着一个又一个"被"事件的发生,政府公信力将越来越受到公众质疑。

原因

利益驱使"被时代"

"每一个'被'故事的发生,无不与利益紧密挂钩。"刘明华告诉记者,这些利益中,有的是经济利益,有的是名誉利益,有的则是政治利益。例如,"被就业"的背后,高校可以用高就业率,在政府面前捞到"荣誉利益",还有以此为招牌多招学生的经济利益。铜梁县的"被自愿",说白了就是为谋利找幌子。

刘明华介绍,2009 年 2 月,江苏省对南通市辖下各县市的小康达标情况进行随机电话民意调查。当地政府要求受访群众熟记事先统一下发的标准答案,如"家庭人均年收入",农村居民必须回答 8500 元,城镇居民必须回答 16500 元;"是否参加社会保险或保障"必须回答"参加了";"对住房、道路、居住环境是否满足"必须回答"满意"。于是,那些原本在小康水平之下的群众,一夜之间就"被小康"了。

"'被小康',获取的就是政治利益。"刘明华说,数字大了,政绩就越显著,领导干部获得晋升的机会就越大。

建议

健全法规严惩责任者

<u>刘明华认为,"被时代"的出现,不是偶然现象,是政府信息与群众感受不一样的现实反映,实质就是公信力降低的体现。虚假的就业率、不真实的数据发布、</u>

工资的虚假增长等，折射出的是政府信任危机，如何挽回公众对政府部门的信任感，已经不容回避。

刘明华认为，社会发展需要讲究轻重缓急，在目前这个阶段，"公共权力姓公"的理念，应该排到"以经济建设为中心"的前面。为了完成各种形式的指标，大大小小的官员都在"制造繁荣"、"制造和谐"。老百姓已经很不愿意生活在一个"被繁荣"、"被和谐"的社会中。必须建立法规，让"被事件"制造者为自己的行为埋单，还公信于社会。

为此，他建议建立倒查机制，对"被事件"的制造者进行追责，如建立公务员诚信机制，对说假话、报虚假数据、隐匿事实真相的官员实行责任追究制，一旦发现即加以严惩。

同时，需要建立政府官员诚信考评制度，对官员的政绩体系量化考评，一旦发现有问题，进行严格追究。如对统计部门发布的数据，进行逐一核实，一个数据是如何出来的，是否得到相关部门认可，都应该有个说法。

此外，还要健全监督机制，邀请由党代表、人大代表、政协委员、市民等组成的监督员队伍，进行监督。（戴娟　文峰）

参考文献

王灿龙　2009〈"被"字的另类用法－从"被自杀"谈起〉《语文建设》第 4 期
王灿龙　2009〈"被就业"并等于"被迫假就业"〉《语文建设》第 10 期
彭咏梅/甘于恩　2010〈"被$_{双}$"：一种新兴的被动格式〉《中国语文》总第 334 期

編集後記

　日中対照言語学会から『日本語と中国語のヴォイス』をお届けいたします。本論集は、主として 2010 年 5 月 23 日(日)に高千穂大学で日中対照言語学会が主催した、「ヴォイス特集大会」での研究発表をもとに、日本と中国の 15 名の研究者が執筆したヴォイスに関する論文集です。

　執筆者の多忙さによるためでしょうか、原稿執筆の遅れが少々あり、出版までに 2 年 5 ヶ月あまりの長い歳月を経て、ようやく出版できる運びとなりました。

　本論集に掲載された論文は、日本語のヴォイスに焦点を当てるものもあれば、中国語、または日中両言語の対照に焦点を当てるものもあります。どれも、日本語と中国語のヴォイスについて、先行研究を踏まえ、査読者からのご指摘をよく受け入れ、様々な視点から豊富な実例を使い考察した労作です。それぞれ、執筆者はこれまでにない新しい学説を打ち出しています。

　本論集がヴォイスに関する日本語・中国語または日中両言語を研究している皆様に対し、少しでもお役に立つことができれば、執筆者・編集者一同にとって何にも勝る喜びであります。

　本論集または個別的な論文の内容などについて、何かご意見やご感想などがありましたならば、直接執筆者、あるいは出版社を通しても構いませんので、ぜひご指導・ご教示ください。

　最後に、本論集の出版にあたって、経費などの面では、これまでどおり白帝社社長佐藤康夫氏より多大なご支援を戴き、編集などの面では、同社の岸本詩子氏に大変お世話になりました。心から感謝の意を表します。

2012 年 10 月 1 日
編集者

英文目次

Special Contribution

A Japanese-Chinese Contrastive Study on the "Voice"—Centering on the Passive Voice— ....NAKAJIMA Etuko

On the Meaning of Voice and Other Related Issues— In Search of New Approach to Grammar — ....TANAKA Hiroshi

Contrastive Studies in Japanese and Chinese

The Chinese Passive"*Beiziju*"and its Equivalent Japanese
.... TAKAHASHI Yasuhiko

Concerning the Expression of the Japanese Passive in Chinese
............ZHANG Yanhong

How to Teach a Causative expression and how to translate the following Japanese ....TAKESHIMA Tsuyoshi

Passive Constructions in Japanese and Mandarin Chinese
............LI Suocheng

Construal Contrast Research on Japanese-Chinese Passive Sentence
............WANG Lijin

The passive voice of the same characters in Japanese and Chinese
............HE Baonian

Japanese "cases" and structure of Chinese Prepositions
 — the relationship between "De-" cases and "Bèi-" structure
............LIAO Yuwen

Studies in Japanese

The Meaning and Function of Japanese Sentences with Causative
Verbs in Conditional Clauses ·············derived·············HAYATSU Emiko

A Study on the Voice of Paired Intransitive Verbs in Japanese
·· YAO Yanling

Studies in Chinese

The Classification of Chinese Sentence System on Cognitive Typology
——and on the problem of the Chinese Voice ················ZHANG Li

The "ba3" sentence structure ···XU Sanyi

On the Studies on Passive Constructions in Chinese ········YIN Hongbo

On the *"bei liuxue"* in Chinese ································WANG Xuequn

執筆者紹介(掲載順)

中島悦子　　元国士舘大学教授・博士（文学）
田中　寛　　大東文化大学教授・博士（文学）
高橋弥守彦　大東文化大学教授
張　岩紅　　大連外国語学院教授
竹島　毅　　大東文化大学准教授
李　所成　　北京外国語大学講師・博士(言語文学)
王　黎今　　雲南大学准教授・博士(応用言語学)
何　宝年　　南京林業大学准教授・博士(言語コミュニケーション)
廖　郁雯　　昭和女子大学非常勤講師・博士(文学)
早津恵美子　東京外国語大学教授・博士(文学)
姚　艶玲　　大連外国語学院教授・博士(比較社会文化)
張　黎　　　大阪産業大学教授・博士(文学)
続　三義　　東洋大学教授
尹　洪波　　北京外国語大学准教授・博士(言語文学)
王　学群　　東洋大学教授・博士(文学)

日本語と中国語のヴォイス

2012 年 10 月 25 日　初版発行

著　者　日中対照言語学会
発行者　佐藤康夫
発行所　白帝社
〒171-0014 東京都豊島区池袋 2-65-1
TEL 03-3986-3271
FAX 03-3986-3272（営）／03-3986-8892（編）
http://www.hakuteisha.co.jp

Printed in Japan　　　ISBN978-4-86398-110-2
落丁本・乱丁本はお取り替えいたします。

中国語文法の意味とかたち
――「虚」的意味の形態化と構造化に関する研究――

木村英樹 著　A5判 ■3990円

現代中国語の文法的現象を取り上げ、文法的意味と形態、および文法的意味と構造の対応のありようを明らかにする。自然言語の多様性と普遍性の観点に立った考察と分析を進め、孤立語における文法のあり方を知る重要な知見を提供。第Ⅰ部ダイクシスをめぐって　第Ⅱ部アスペクトをめぐって　第Ⅲ部ヴォイスをめぐって　第Ⅳ部構文をめぐって　付・索引

汉语意合语法研究
――基于认知类型和语言逻辑的建构

张黎 著　A5判 ■5040円

第1章 意合语法的理论研究／第2章 汉语时制的认知类型学研究／第3章 汉语动相的认知类型学研究／第4章 汉语语态和句式的认知类型学研究／第5章 汉语主观性结构的认知类型学研究／第6章 汉语方所结构的认知类型学研究／第7章 意合语法的理论争鸣（附录）。付・索引。

統辞論における中国語名詞句の意味と機能

小野秀樹 著　A5判 ■4800円

「名詞述語文」、「目的語前置と題述文」などをめぐって、詳細な例文分析と新しい視点から問題を提起し、日中対照の観点も取り入れた名詞句研究の専著。

中国語の"V着"に関する研究

王学群 著　先行研究をふまえながら、多くの例文を緻密に分析。動詞の分類という観点を取り入れながら本質を追究する。

■2520円

現代中国語の空間移動表現に関する研究

丸尾誠 著　現代中国語の移動動詞を中核として構成される空間移動表現の諸相について考察する。

■4830円

中国語 談話言語学概論

王福祥 著　高橋弥守彦・続三義 訳　（1994年、外語教学与研究出版社）の翻訳。中国語を、まとまり性のある2つ以上の文から1編の文章まで、大きな単位で分析するための格好の概説書。

■13650円

雑誌 日中言語対照研究論集

日中対照言語学会 編集　日中両言語の対照および中国語学・中国教育に関する論文を掲載。

年1回刊行　A5判 ■2100円

白帝社　〒171-0014 東京都豊島区池袋2-65-1　TEL 03-3986-3271　FAX 03-3986-3272
info@hakuteisha.co.jp　http://www.hakuteisha.co.jp/　＊価格は税込